Taalgids

Nuwe Taalgids

A. Coetser

Maskew Miller
Longman

Maskew Miller Longman (Edms) Bpk.
Howardrylaan, Pinelands, Kaapstad

Kantore in Johannesburg, Durban, Port Elizabeth, Kimberley,
King William's Town, Pietersburg, Nelspruit, Umtata,
Mafikeng en Windhoek, en verteenwoordigers oral in suidelike Afrika.

© Maskew Miller Longman (Edms) Bpk. 1992

Alle regte voorbehou. Geen gedeelte van hierdie boek mag
gereproduseer word in enige vorm of op enige manier,
elektronies of meganies, insluitende fotokopiëring,
plaat- of bandopnames of deur enige inligtingsbewaring-
en ontsluitingstelsel sonder die skriftelike verlof van die
kopiereghouers nie.

Eerste uitgawe 1992

ISBN 0 636 01198 4

Geset in 9.5 op 12 punt Centennial
Ontwerp en geset deur Maré Mouton Kommunikasie
Omslagontwerp deur Maré Mouton
Gedruk deur Creda Press

Inhoud

Voorwoord

1 Leestekens 3
1.1 Komma 3
1.2 Punt 16
1.3 Vraagteken 17
1.4 Uitroepteken 18
1.5 Stippels 19
1.6 Aandagstreep 19
1.7 Dubbelpunt 20
1.8 Kommapunt 22
1.9 Aanhalingstekens 22
1.10 X-teken 26
1.11 Hakies 26
1.12 Bronverwysings en bibliografie 28
1.13 Solidus (skuins streep) 31
1.14 Pyl(-tjie) 34

2 Klem 35

3 Hoofletters 36
3.1 Die sewe gevalle van hooflettergebruik 36
3.2 Plek en wyse van hooflettergebruik 41

4 Verskillende spelwyses sonder betekenisverandering 55
4.1 Woorde wat op meer as een manier geskryf kan word 55
4.2 Enerse enkel- en meervoude 56

5 Los en vas skryf 58
5.1 Sonder betekenisverandering 58
5.2 Met betekenisverandering 62
5.3 Verbindings wat net los geskryf kan word 65
5.4 Verbindings wat net vas geskryf kan word 67

6 Die skryfwyse van verbindings 69
6.1 Al 69
6.2 Heel 70
6.3 Hoog en hoogs 71
6.4 Hoër 72
6.5 Naas 72
6.6 Net 73
6.7 Nog 73
6.8 Nou 74
6.9 Raak 74

6.10	Reg	74
6.11	So	75
6.12	Steeds	76
6.13	Sterk	76
6.14	Stil	77
6.15	Swaar	77
6.16	Te	78
6.17	Ten	78
6.18	Ter	79
6.19	Toe	79
6.20	Tot	80
6.21	Van	80
6.22	Veel	81
6.23	Ver en vêr	81
6.24	Vir	82
6.25	Vlak	82
6.26	Vol	82
6.27	Voor	83
6.28	Waar	84
6.29	Half	84
6.30	Halwe	85

7 Enkele riglyne vir los en vas skryf 86
7.1 Samestelling van selfstandige naamwoorde 86
7.2 Werkwoordkonstruksies 89
7.3 Plekbywoorde en werkwoorde 90
7.4 Byvoeglike naamwoorde en bywoorde 90
7.5 B.nw.- s.nw.-konstruksies 93
7.6 Self + voornaamwoord 95
7.7 Aan, op, af, in, om, uit, reeds, toe, langs, eens 95
7.8 Die skryfwyse van telwoorde 96

8 Deelteken 102

9 Koppelteken 105
9.1 Skeiding van woorddele 105
9.2 Koppeling van woorde 107
9.3 Aanduiding van verhoudings tussen woorde 110
9.4 Weglatings- en onderbrekingsteken 110

10 Verbindingsklanke 115

11 Meervoud 117
11.1 Woorde met meer as een meervoudsvorm 117
11.2 Woorde met meer as een skryfvorm 117
11.3 Enerse enkel- en meervoudsvorme 118

11.4	Meervoud by die eerste deel van 'n samestelling	118
11.5	Meervoudsvorme van die uitgange -ing/-vorm/-middel	119
11.6	Nét meervoud- of enkelvoudsvorm	120
11.7	Meervoude by SI-, fisiese, geld- en enkele ander eenhede	121
11.8	Enkel- en meervoud by bevolkingsgroepe	123
11.9	Meervoudsvorme wat spelprobleme lewer	124
11.10	Meervoudsvorme by saamgestelde range	126
11.11	Alfabetletters – meervoud en verkleining	126
11.12	Meervoud by nommers, bladsye, hoofstukke, ens.	127

12 Verkleining 128

13 Verledetydsvorme 129

13.1	Met en sonder ge-	129
13.2	ge- se posisie in saamgestelde werkwoorde	131

14 Byvoeglike naamwoorde 135

14.1	Attributiewe en predikatiewe b.nwe.	135
14.2	Trappe van vergelyking	137
14.3	Die uitgange -te en -de	140
14.4	Die d van bv. beroemd, verbaasd, en beleefd	140
14.5	Die uitgange -iek(e) en -ies(e)	142

15 Lettergreepverdeling 144

16 Woordkeuse 146

Woorde en uitdrukkings waarmee dikwels probleme ondervind word.

17 Woorde wat dikwels verkeerd gespel word 173

18 Vertaling van name uit ander tale 174

19 Engelse plekname 178

20 Goeie Afrikaanse woorde 179

21 Letterlike vertalings 181

22 Sinsbou en die probleme daarvan 182

22.1	Inleidend	182
22.2	Onnodige lang sinne	184
22.3	Onnodige inligting in sinne	185
22.4	Werkwoord aan einde van sin?	186
22.5	Vae en onduidelike betekenisoordrag	186
22.6	Doeltreffende sinne	187
22.7	Verledetydsgebruik in sinne	189
22.8	Lydende vorm	192
22.9	Of- en dat-sinne	193

22.10 Refleksief 193
22.11 Waarop, -in, -by, -tydens, -na, -agter, -voor, -onder, -oor, -uit 194
22.12 Swem/swemmery; loop/lopery; stap/stappery speel/spelery as selfstandige naamwoorde 194

23 Spasies by afkappingswoorde 196

24 Onderskeid tussen manlik en vroulik 197

Voorwoord

Hierdie gids is gerig op taalgebruikers van wie verwag word om "korrekte" Afrikaans te gebruik in sowel skryf- as spreeksituasies. Met "korrekte" Afrikaans word bedoel die variëteit wat min of meer as *Standaardafrikaans* bekend staan en wat deur die gemiddelde standaardspreker in min of meer "korrekte" gebruiksituasies as aanvaarbaar geag word. Sulke gebruiksituasies sluit onder andere in openbare optredes soos toesprake en vergaderings, amptelike gesprekke, formele briefwisseling, openbare geskrifte, eksamens en amptelike dokumentasie soos verslae, persuitreikings, aankondigings ensovoorts – kortom: alle gevalle waarin "korrekte" Afrikaans van die betrokke taalgebruiker verwag word.

Die meeste taalgebruikers waarvan hier bo sprake is, het nie naskoolse opleiding in Afrikaans nie. Daarom probeer ons in hierdie boek in die taalbehoeftes van taalgebruikers met 'n matriekkwalifikasie in Afrikaans voorsien. Die vertrekpunt, terminologie en kennisbasis sluit dus direk aan by wat die taalgebruiker min of meer in matriek geleer het. Aan baie taalgebruikers word in die werk- en ander situasies taaleise gestel wat moontlik nie in skoolsillabusse gedek is nie, of wat die betrokke taalgebruikers vergeet het, of wat hulle nooit onder die knie gekry het of ernstig opgeneem het nie! In baie gevalle is hulle taalaanleg relatief swak, of val die taal nie binne hulle belangstellingsveld nie. Die skrywer hoop om selfs vir taalgebruikers van Afrikaans vir wie dit nie hulle moedertaal is nie, iets te bied wat hulle kan help om Afrikaans met vrymoedigheid en "korrek" te gebruik.

U sal oplet dat die woord *korrek* telkens in aanhalingstekens geplaas is. Die rede hiervoor is dat die skrywer maar alte bewus is van die slaggate waarin 'n mens met die term *korrekte* en die kwessie van taalnormering en -regulering kan trap. Natuurlik gaan daar meningsverskil oor en kritiek op sommige van die uitsprake in hierdie werk wees – ook oor die beginsel van taalvoorskriftelikheid. Dit is ook so dat sommige ou gebruike mettertyd in onbruik geraak het en byvoorbeeld nie meer op dieselfde manier as vroeër in die 1991-uitgawe van *Afrikaanse woordelys en spelreëls* opgeneem is nie. Daar sal dus ook soms verskil wees met bestaande woordeboeke.

Die werklikheid is dat taal nie staties is nie en voortdurend groei en verander. Daar is daagliks taalgebruikers van allerlei aard wat taalantwoorde soek wat nie geredelik beskikbaar is nie. Hierdie boek wil vir sulke mense 'n praktiese handleiding wees.

1 Leestekens

Hoekom gebruik 'n mens leestekens in skryftaal?
Daar is net een rede vir leestekens: om lees te vergemaklik. Wat in spreektaal met stembuigings en pouserings bewerkstellig word, word in skryftaal met leestekens weergegee. In spreektaal word die einde van stel-, vraag-, bevel- en ander sinne met bepaalde stembuigings en pouseringslengtes aangedui. Dít word in die skryftaal met punte, vraagtekens en uitroeptekens weergegee. Die bespreking hier onder sit die rol en funksies van die verskillende leestekens kortliks uiteen.

1.1 KOMMA

Die komma dui bepaalde pouserings binne sinne aan. Daar is sowat nege moontlike gebruike van 'n komma in 'n sin:

(a) By aanspreekvorme

In 'n direkte aanspreeksituasie word na die aangesprokene se naam, titel of ander aanspreekvorm 'n komma geplaas (om die kort pousering wat in spreektaal voorkom, weer te gee):

Meneer, waar werk u?
Piet, jy bly maar treurig.
Dames en here, u is baie welkom.
Ek wil u vra: meneer, weet u waarvan u praat?

(b) Na tussenwerpsels

Na 'n tussenwerpsel is daar in spreektaal 'n kort pouse. Hierdie pouse word in skryftaal deur 'n komma aangedui:

Sjoe, dit is warm.
O gonna, my skoene is weg.
O, maar dit is mooi.

(c) In lyste

Wanneer 'n lys sake langs mekaar in sinsverband opgenoem word, word die individuele items d.m.v. kommas van mekaar onderskei:

Ek het vir Kersfees 'n vliegtuig, vier albasters, 'n pop, 'n nuwe fiets, twee fluitjies en 'n ballon gekry.

(d) 'n Komma voor *en* en *of*

'n Komma word nie in 'n enkelvoudige sin voor *en* en *of* gebruik nie:

Ek hou van koffie en beskuit.
Jy kan gaan of bly.

3

Tog is daar uitsonderings. Indien groepe items byvoorbeeld opgenoem word wat telkens deur *en* gevoeg word, sal die *en* tussen die laaste twee groepe deur 'n komma voorafgegaan word, bv.:

Ons kinders hou van brood en konfyt, roomys en stroop, kool en karringmelk, rys en vleis, en koffie en beskuit.

Dieselfde met *of*: indien *of* in 'n enkelvoudige sin herhaaldelik sinsdele inlei, is die komma voor *of* gebruiklik, soos in:

Jy kan vis eet, of 'n voorgereg met garnale in, of gegarneerde wildsvleis, of selfs nét nagereg.

'n Mens kan dus nie absolutisties wees en beweer dat voor *en* en *of* geen komma gebruik mag word nie. Daarenteen moet die gebruik van die komma voor elke *en* en *of* as oordadig en foutief afgekeur word. Die aard van elke sin, soos hierbo toegelig, sal die gebruik van die komma bepaal.

Dieselfde beginsel as by die enkelvoudige sin kan na die saamgestelde sin deurgetrek word. In die volgende sin is 'n komma voor *en* onnodig.

Jan eet brood en Sannie drink vrugtesap.

Indien die saamgestelde sin lank en lomp raak, en die konstituerende dele word deur *en* gevoeg, is die gebruik van 'n komma voor die betrokke *en* toelaatbaar, bv.:

Jan het met sy heropgeboude Ford l600L aan 'n moordende motorwedren oor tienduisend kilometer deur Wes-, Noord- en Oos-Afrika deelgeneem, en Piet het met sy tweemotorige vliegtuig drie maande lank aan vlugte op die Suid- en Noordpool deelgeneem.

By *of* geld dieselfde uitgangspunt:

Julle kan hier slaap of tot by tant Annie ry.
Jy kan die betrekking as assistentvoorman by die nuwe sementfabriek naby Johannesburg aanvaar, of jy kan besluit om jou liewer deur verdere studie beter te kwalifiseer.

Natuurlike spraak en pousering behoort bepalend te wees wanneer besluit word om in hierdie gevalle 'n komma te gebruik al dan nie.

(e) Byvoeglike naamwoorde en kommagebruik
Daar is 'n verskil tussen die volgende twee sinne:

(1) Die baie lang bome groei geil.
(2) Die baie, lang bome groei geil.

In sin *(1)* is daar nie noodwendig baie bome nie, maar die bome is baie lank. In sin *(2)* is daar baie bome én die bome is lank. *Baie* én *lang* in sin *(2)* dui op bome en is daarom byvoeglike naamwoorde. *Baie* in sin *(1)* dui nie op *bome* nie, maar op *lang* en is daarom nie 'n byvoeglike naamwoord nie, maar 'n bywoord – daarom word daar nie 'n komma tussen sin *(1)* se *baie* en *lang* gebruik nie. Tussen 'n reeks byvoeglike naamwoorde word kommas gebruik, soos in:

Ek hou van mense met wakker, opgewekte, vriendelike en warm oë.
Dié oudleerling is vriendelik, tegemoetkomend, hulpvaardig en slim.

Soms is dit beter om, indien daar net twee byvoeglike naamwoorde in 'n sin is, liewer die voegwoord *en* in plaas van die komma tussen die twee byvoeglike naamwoorde te gebruik, bv.:

Die see-eend is vet en gesond.
Die vet en gesonde see-eend gaan geslag word.

In die volgende sinne is die betekenisverskil wat deur die komma teweeggebring word, baie duidelik:

(1) Sy is 'n gawe ou dame.
(2) Sy is 'n ou gawe dame.
(3) Sy is 'n gawe, ou dame.
(4) Sy is 'n ou, gawe dame.

In die eerste twee sinne is die *ou* 'n gevoelsmatige uiting en wil nie noodwendig op 'n hoë ouderdom wys nie. In matriektaal sê ons hulle is bywoorde. By sinne *(3)* en *(4)* is die *ou* nie gevoelsmatig nie, maar wil spesifiek na die dame se hoë ouderdom verwys. *Ou* is in hierdie geval 'n byvoeglike naamwoord. Om saam te vat: tussen twee of meer byvoeglike naamwoorde word kommas geplaas; tussen 'n bywoord en 'n komma kom daar normaalweg nie 'n komma nie.

(f) Tussen werkwoorde
Bestudeer die werkwoorde in die volgende sinne en die rol van die komma:

(1) Die kinders sal kan begin swem.
(2) Die man wat daar loop, werk hard.

Taalgebruikers sal kan vra hoekom daar geen komma tussen enige van die vier werkwoorde in sin *(1)* is nie, terwyl daar wel 'n komma tussen die twee werkwoorde in sin *(2)* is. Antwoord: sin *(1)* is 'n enkelvoudige sin, en 'n enkelvoudige sin bestaan uit slegs een gesegde of werkwoorddeel. Die vier werkwoorde in sin *(1)* vorm saam een gesegde. Sin *(2)* is 'n saamgestelde sin – d.w.s. dit is uit meer as een sin saamgestel, in hierdie geval uit die volgende twee sinne:

(3) Die man werk hard.
(4) Die man loop daar.

Elk van hierdie twee sinne het 'n eie werkwoorddeel of gesegde. Om die twee sinne saam te voeg om een sin – sin *(2)* – te vorm, is albei sinne se gesegdes in die saamgestelde sin opgeneem en het langs mekaar te staan gekom. Om aan te dui dat die twee werkwoorde in sin *(2)* tot twee verskillende gesegdes behoort, word 'n komma tussen die twee werkwoorde geplaas. 'n Mens kan dus sê: tussen werkwoorde wat tot verskillende gesegdes behoort, word 'n komma geplaas, bv.:

Die meisie wat daar loop, is lank.
Wanneer 'n minister oorsee is, is sy adjunkminister in beheer.
'n Man wat hard werk, moet baie eet.
Die kinders wat siek is, lê in die hospitaal.
Die mense by wie ek woon, word my ouers genoem.
As ek aangeval word, word ek gewoonlik flou.

Indien een of albei die gesegdes in 'n saamgestelde sin ontkenning bevat, word die komma na die herhalings-*nie* van die eerste gesegde geplaas, bv.:

Wanneer ek nie werk nie, slaap ek.
Hoewel ons nooit werk nie, het ons baie geld.
Voordat hy nie sê dat hy nie die werk wil doen nie, moet jy niks sê nie.

Dit spreek vanself dat daar geen komma na *nie* in die volgende sin nodig is nie, omdat daar net een gesegde in die sin is:

Ek sal nie vandag by die see wil begin vakansie hou nie.

(g) Uitheffing van bysinne en ander sinsdele

Sin *(2)* by (f) hier bo is uit twee sinne saamgestel en is daarom 'n saamgestelde sin. 'n Saamgestelde sin soos sin *(2)* bestaan uit 'n hoofsin en 'n bysin. Die hoofsin is in hierdie geval *Die man werk hard* en die bysin is *wat daar loop*. Sin *(2)* kan d.m.v. die komma op twee maniere geskryf word:

Die man wat daar loop, werk hard.
Die man, wat daar loop, werk hard.

Die komma wat in die tweede geval voor *wat* staan, bring 'n nuanseverskil in die sinsbetekenis na vore. Sonder die komma voor *wat* val die sinsfokus meer op die hoofsin, maar mét die komma word die aandag meer op die bysin gevestig. Deur bysinne en ander sinsdele met kommas as 't ware te omsluit, word hulle uitgehef, soos die volgende voorbeelde ook duidelik uitwys:

Die mense by wie ek gaan kuier, is baie arm.
Die mense, by wie ek gaan kuier, is baie arm.
Deur boeke wat ek lees, word my geesteslewe verryk.
Deur boeke, wat ek lees, word my geesteslewe verryk.

Die man en sy vrou was in 'n ongeluk betrokke.
Die man, en sy vrou, was in 'n ongeluk betrokke.
Hy loop met sy hoed op sy kop die kerk binne.
Hy loop, met sy hoed op sy kop, die kerk binne.
Die voëlnessies wat op die grond lê, is uitmekaar geskeur.
Die voëlnessies, wat op die grond lê, is uitmekaar geskeur.

Dieselfde geld saamgestelde sinne waarvan óf die hoofsin óf die bysin óf albei 'n ontkenning bevat, bv.:

Die voëlnessies wat nie op die grond lê nie, is uitmekaar geskeur.
Die voëlnessies, wat nie op die grond lê nie, is uitmekaar geskeur.
Die man wat vir moord aangekla is, het nie geweet wat hy doen nie.
Die man, wat vir moord aangekla is, het nie geweet wat hy doen nie.
'n Student wat nie leer nie, kan nie sukses behaal nie.
'n Student, wat nie leer nie, kan nie sukses behaal nie.

(h) By voegwoorde

Enkelvoudige sinne word onder andere deur voegwoorde met mekaar verbind om saamgestelde sinne te vorm, bv.:

Die kapteine is beseer. + Sy gaan Saterdag speel.
Die kapteine is beseer, **maar** *sy gaan Saterdag speel.*
Die bokser is bang vir die geveg. + Sy opponent is baie sterk.
Die bokser is bang vir die geveg, **want** *sy opponent is baie sterk.*
Die sekretaresse wil nie kom werk nie. + Daar is baie werk.
Die sekretaresse wil nie kom werk nie, **omdat** *daar baie werk is.*
Laat die dokter jou inspuit. + Jy gaan oorsee.
Laat die dokter jou inspuit, **voordat** *jy oorsee gaan.*
Die dames wil gaan werk. + Hulle kan geld verdien.
Die dames wil gaan werk **sodat** *hulle geld kan verdien.*
Ek sal die motor was. + Jy maak die kos gaar.
Ek sal die motor was, **terwyl** *jy die kos gaarmaak.*
Ek was die motor. + Jy maak die kos gaar.
Ek was die motor **en** *jy maak die kos gaar.*

Uit die voorbeeldsinne hier bo blyk dit dat daar voor sommige voegwoorde kommas gebruik word en voor ander nié. Die gebruik van die komma voor voegwoorde is nie rigied vasgelê nie, maar hang nou saam met sinslengtes en natuurlike pousering en asemhaling in gesproke taal: wanneer die sinsdele voor en/of na die voegwoord lank is, tree daar in gesproke taal voor die voegwoord 'n natuurlike pousering in. Hierdie natuurlike pousering word in geskrewe taal deur 'n komma vóór die voegwoord (nie daarná nie!) weergegee.

Daar is egter voegwoorde waarby die komma normaalweg nie gebruik word nie, omdat daar selde natuurlike pouserings voor hierdie voegwoorde voorkom. Voorbeelde is *en, dat, nadat, voordat, of ens.* Indien hierdie voegwoorde by lang sinsdele ingespan word, kan kommas gerus aangewend word. Net so is daar voegwoorde waarby kommas normaalweg gebruik word, maar wanneer dit in kort sinomgewings voorkom, is die komma nie verpligtend nie. Taalgebruikers moet hulle laat lei deur die sinslengtes en -struktuur, asook die taalsituasie en betekenisnuanses waarmee voegwoorde gepaard gaan.

Wanneer 'n sin met 'n voegwoord begin, móét daar 'n komma wees tussen die twee werkwoorde wat tot verskillende gesegdes behoort, bv.:

Dat die boere swaarkry, is waar.
Terwyl jy bad, skeer ek gou.
Nadat ons gewerk het, gaan ons ontspan.
Hoewel hulle nog jonk is, is hulle baie verstandig.
Toe ons daar kom, was almal weg.

Hier volg 'n lys wat as voegwoorde kan deurgaan (hoewel sommiges as voegwoordelike bywoorde bekendstaan) en wat dikwels gebruik word. Hou rekening met hulle wanneer komma-aanwending ter sprake is:

alhoewel, hoewel, en, of, as, indien, want, waar, dat, omdat, voordat, nadat, terwyl, aangesien, sodat, mits, tensy, tog, nietemin, dus, daarom, tog, vervolgens, intussen, buitendien, dog, nogtans, tot, sodra, toe, enersyds, andersyds, trouens, inteendeel, ondanks, desondanks ens.

Dieselfde reëling t.o.v. kommas voor voegwoorde geld saamgestelde sinne waarin ontkenningsdele voorkom, bv.:

Hoewel hulle nie meer jonk is nie, is hulle baie onervare.
Die opponente wil nie vuilspel uitroei nie, aangesien hulle dan geen verskoning het as hulle verloor nie.

Indien 'n sin met *om* begin, kom daar om bepaalde sintaktiese redes, wat ons nie in hierdie bespreking sal dek nie, nie 'n komma tussen die twee werkwoorde wat oënskynlik tot verskillende gesegdes behoort nie:

Om te werk doen my goed.
Om so stil te sit stel my nie tevrede nie.
Om nie te werk nie doen my goed.
Om nie te werk nie stel my nie tevrede nie.

Indien sinne wat met *om* begin, lank en lomp raak, lyk die komma tussen die werkwoorde wat tot verskillende gesegdes behoort, tóg wenslik:

Om na die tweede algemene vergadering van die Vereniging van Staatsamptenare vir 1990 weer terug kantoor toe te gaan, verg buitengewone inspanning van 'n gewone staatsamptenaar.

Let ook op die volgende sinne wat saamgevoeg kan word:

As jy die motor gebruik, kan jy tot by die winkel ry en brood koop.
+ Om tot by die winkel te ry en brood te koop, kan jy die motor gebruik.
= As jy die motor gebruik om tot by die winkel te ry, kan jy brood koop.

'n Gewone bysin plus 'n infinitiewe gedeelte (d.w.s. *As jy die motor wil gebruik* plus *om tot by die winkel te ry*) vorm die eerste deel van die sin. Dit is nie verkeerd om 'n komma tussen *ry* en *kan* te gebruik nie. In 'n saamgestelde sin waar die eerste deel van die sin bestaan uit 'n infinitiewe gedeelte plus 'n bysin, gevolg deur die res van die sin, is dit eweneens nie verkeerd om 'n komma tussen die twee gesegdes te gebruik nie, bv.:

Om die motor te gebruik as jy wil gaan brood koop, is pure luiigheid.

Wanneer "voegwoorde" in enkelvoudige sinne gebruik word, is hul woordfunksies dikwels gewysig en tree hulle nie konsekwent meer as voegwoorde op nie. Die pouseringsfunksie verval in die meeste gevalle ook en daarom word kommas in enkelvoudige sinne nie meer voor sodanige woorde gebruik nie, bv.:

Ek gaan nou maar loop.
Hy het toe tóg my klere gewas.
Ek is nou slimmer as vroeër.
Hulle ry môre of oormôre.
Die toekoms lyk donker. Nogtans sal ek jubel.
Ons het baie probleme. Desondanks gaan ons voort.
Sy gaan met vakansie. Sy ry trouens vandag al.

Om in populêre taal oor vakterme soos onderwerp-, gesegde- en voorwerpsin te skryf, lewer heelwat probleme. Tog moet daar iets oor kommagebruik in hierdie verband gesê word. Kom ons let op die volgende sin:

Ons besef dit.

Ons kan *dit* in hierdie sin soos volg uitbrei:

Ons besef dat rommelstrooi verkeerd is.
Ons besef wanneer ons iets in die vullisblik kan gooi.

In hierdie twee sinne is geen kommagebruik nodig nie. Nou kan ons laasgenoemde twee sinne nog verder uitbrei:

Ons besef dat rommelstrooi verkeerd is en dat dit die omgewing benadeel.
Ons besef dat as rommelstrooi verkeerd is, ons al baie oortree het.
Ons besef wanneer ons iets in die vullisblik kan gooi, dit nie op die vloer gegooi moet word nie.

Hierdie sinne is bloot ingewikkelder konstruksies van sinne wat vroeër by voegwoorde behandel is. Indien taalgebruikers verstaan wat vroeër oor kommas by voegwoorde en by werkwoorde wat tot verskillende gesegdes behoort, gesê is, sal hulle die ingewikkelder toepassings hier bo ook kan verstaan. Dieselfde beginsel geld by sinne waarin ontkenning voorkom:

Ons besef nie wanneer ons iets in die vullisblik kan gooi, dat ons geleer het om netjies te wees nie.
Ons besef nie wanneer ons iets in die vullisblik kan gooi, ons geleer het om netjies te wees nie.

Kommas word vóór voegwoorde gebruik en nie daarna nie, soos blyk uit die bespreking hier bo. Indien 'n parentetiese gedeelte – raadpleeg (o) vir die betekenis hiervan – direk na 'n voegwoord ingelas en met kommas aangedui word, kan 'n komma na die betrokke voegwoord ingespan word, maar andersins nie. 'n Voorbeeld van so 'n parentetiese inlassing is:

Jy kan hier kom kuier, maar, soos ons ooreengekom het, dan sal jy moet help werk.

(i) By kontrastering
In sinne kom dikwels kontrasterende of teenstellende dele voor wat met die komma van mekaar onderskei kan word, bv.:

Hy is die grote, sy die kleine.
Ek bak, sy brou.
Hier word gewerk, nie gespeel nie.
Plesier is kortstondig, vreugde blywend.
Sukses verg moeite, mislukking kom vanself.

(j) Natuurlike sinspouses
In bykans al die gevalle in (a) tot (i) hier bo word kommas in die skryftaal gebruik op plekke waar daar by gesproke taal binne sinne natuurlike pouserings voorkom. In al die bogenoemde gevalle vind dit op relatief vaste, reëlmatige plekke plaas – juis dáárom kon dit onder bepaalde hofies gekategoriseer word.

In lang sinne wil sprekers soms op minder vaste (of dan: minder reëlmatige) plekke effens pouseer. Hierdie soort pousering kan in spreektaal met 'n komma aangedui word. Waarskuwing: waak teen te veel kommas. Taalgebruikers wat onseker is oor die plekke waar kommas gebruik moet word, is geneig om te veel kommas te gebruik. 'n Nuttige riglyn is: gebruik kommas op die plekke wat as reëlmatig uitgewys is (vgl. (a) tot (i) hier bo), maar gebruik dit daarna op minder reëlmatige plekke suinig en oordeelkundig. Oormatige kommagebruik gee aanleiding tot horterige en stotterige sinne; oordeelkundige kommagebruik lei egter tot sinvolle sinsverdeling en heldere betekenisweergawes. Enkele sinne waarin kommas op minder reëlmatige plekke (d.w.s. by ander natuurlike pouses in sinne) voorkom, is:

Mnr. Van der Merwe het 'n verbasende aantal olieverfskilderye in sy private kunsversameling gehad, 1 238 altesaam.
Ons sal weer twee banke gebruik, een voor en een agter.
Kom ons kyk na 'n platespeler, 'n alledaagse voorwerp wat in die rondte draai.

(k) Komma wat voorsetsel vervang
In bepaalde konstruksies kan die komma 'n voorsetsel vervang, bv.:

Ek woon in Smitstraat op Calitzdorp.
Ek woon in Smitstraat, Calitzdorp.
Hy werk by die SAUK in Aucklandpark in Johannesburg.
Hy werk by die SAUK in Aucklandpark, Johannesburg.
Die geld is geskenk deur die Voorsitter van Alkoholiste-Anoniem.
Die geld is geskenk deur die Voorsitter, Alkoholiste-Anoniem.

(l) Komma voor *ensovoorts* en *naamlik*
Taalgebruikers twyfel dikwels of hulle 'n komma voor *ensovoorts* moet gebruik. Indien 'n lys items opgenoem en met *ensovoorts* (of: *ens.*) afgesluit word, word daar **nie** 'n komma voor *ensovoorts* gebruik nie, want die woord *ensovoorts* (of sy afkorting) is nie deel van die lys items wat opgenoem word nie:

Ek hou van roomys, kool, karringmelk, springmielies, boontjies ensovoorts.

Wanneer die items wat opgenoem word uit langerige sinsnedes bestaan, word aanbeveel dat daar ter wille van duidelikheid voor *ensovoorts* tóg 'n komma gebruik word, soos in:

Die predikant het gesê dat ons mekaar moet liefhê, die kommunikasiekanale moet oophou, wedersydse respek moet betoon, mekaar moet dien, ensovoorts.

Dit is nie verkeerd om die komma ook hier voor *ensovoorts* weg te laat nie.

By *naamlik* is daar twee gebruikwyses, soos deur die volgende twee sinne geïllustreer:

(1) Die inbreker was aggressief; hy het naamlik op my gespring en my begin wurg.
(2) Suid-Afrika het drie kampioene, naamlik Gert de Wet, Dawid Wiebenga en Hans Swart.

Dit is voor die hand liggend dat daar geen rede is waarom 'n komma voor *naamlik* in sin *(1)* geplaas moet word nie.

In sin *(2)* word *naamlik* bywoordelik gebruik, voorafgegaan deur 'n pouse en gevolg deur 'n lys items wat opgenoem word. In sulke konstruksies word 'n komma voor *naamlik* geplaas.

(m) Komma tussen herhalende voornaamwoorde
'n Komma word nie tussen voornaamwoorde geplaas wat direk na mekaar volg, soos in die volgende sinne, nie:

Hier gaan ons ons Moses teëkom.
Ek wil vir julle julle punte voorlees.
Jy moet hulle hulle geld gee en ontslaan.
Die man wil u u geld teruggee.
Die man wil vir jou jou geld teruggee.
Hierdie skade gaan my my besittings kos.

Ook tussen die volgende herhalingsvorme is 'n komma onnodig:

Ek wil Pa Pa se geld teruggee.
As Ma Ma se medisyne drink, sal Ma herstel.

(n) Komma en betekenis
Kommaverskuiwing in sinne kan betekenisverandering teweegbring en daarom moet die komma korrek en oordeelkundig gebruik word. Die klassieke voorbeeld is dié Nederlandse sin:

Mijn vrou Griet, in de hemel is zij, niet in de hel, dat weet ik wel.
Mijn vrou Griet, in de hemel is zij niet, in de hel, dat weet ik wel.

Nog 'n voorbeeld is:

'n Persoon wat op my arm steun, ondervind lewe.
'n Persoon wat op my arm steun ondervind, lewe.

(o) Parentese (met kommas, hakies en aandagstrepe)
Parentese is die verskynsel waartydens 'n parentetiese sin (of: inlassin) as 'n addisionele stuk inligting in die middel van 'n sin ingelas word. By die sin *Die visarend se roep is baie aandoenlik* kan die volgende inligting by wyse van parentese bygevoeg word: *dié soort wat in die Krugerwildtuin voorkom*. Dit kan op die volgende drie maniere geskied:

Die visarend – dié soort wat in die Krugerwildtuin voorkom – se roep is baie aandoenlik.
Die visarend (dié soort wat in die Krugerwildtuin voorkom) se roep is baie aandoenlik.
Die visarend, dié soort wat in die Krugerwildtuin voorkom, se roep is baie aandoenlik.

Parentese kan d.m.v. kommas, hakies en aandagstrepe aangedui word. Is hierdie drie wyses van parentese-aanduiding in alle opsigte uitruilbaar? Ja, maar daar is sekere neigings, soos hier onder verduidelik word.

(i) Aandagstrepe word gewoonlik gebruik wanneer die inlassin relatief lank is en 'n redelik onafhanklike boodskap dra. In die sin *Die Minister van Openbare Sake – hy het gister verjaar – is vanoggend oorlede* het die inlassin nie direk iets met die hoofsin te make nie en tree dus relatief onafhanklik op. Dit is nie verkeerd om die inlassin in hierdie geval met kommas of hakies aan te dui nie, maar aandagstrepe is in gevalle van onafhankliker inlassinne gebruikliker.

Aandagstrepe by parentese kan ook as 'n nuttige afwisselingshulp dien wanneer daar heelwat parentetiese gevalle in 'n geskrewe stuk voorkom wat deur kommas en hakies aangedui is. In 'n sin waarin daar om dwingende redes baie kommas (en selfs hakies) voorkom, sal parentese liefs met aandagstrepe aangedui word, soos in:

Die kunsversamelaar het werke van Mileto (d'Azille, 1832), Du Bondu (twee van sy eerste vooroorlogse waterverfskilderye), Ospalta (die laaste een van sy olieverfskilderye) en Visqueri (uit sy mitereeks) gekoop, maar nie in moderne skilderye – daarvan het hy oorgenoeg – belanggestel nie.

Na of voor 'n aandagstreep word geen leesteken soos 'n komma, kommapunt of punt gebruik nie. Die aandagstreep vervang hierdie ander leestekens, ook in die geval van parentetiese sinne. Die vetgedrukte gedeelte in die volgende sin kan ook as 'n inlassin optree (die betekenisvariasie wat so intree, word by (g) hier bo bespreek):

*Die blou woonwa **wat ek gister gekoop het**, is vol rooi merke.*

Indien hierdie vetgedrukte deel m.b.v. aandagstrepe parenteties aangewend word, verval die komma tussen *het* en *is*, omdat die aandagstreep ander leestekens vervang:

Die blou woonwa – wat ek gister gekoop het – is vol rooi merke.

'n Inlassin wat met aandagstrepe aangedui word, kan daarom nie aan die einde van 'n sin gebruik word nie. Indien die inlassingedeelte egter 'n vraag is of 'n uitroepteken nodig het, is dié betrokke leestekens toelaatbaar:

Jenny Jockson – wanneer laas het ons van haar gehoor? – tree vanaand in die stadsaal op.
Daar is diepseeduikers wat – bid jou dit aan! – 'n vrees vir visse het.

(ii) Hakies (normaalweg die halfmaansoort) word gewoonlik gebruik om parentese aan te dui wanneer die inlassin direk op die voorafgaande saak betrekking het, of wanneer dit 'n langerige verduideliking van die voorafgaande saak behels, soos in:

Die masjien (onthou nou: dit word met water óf lug verkoel) kan in warm weer (soos hier by ons) topomwentelingsnelhede bereik.

Dié inlasgedeeltes is, anders as by die inlassinne wat met aandagstrepe aangedui word, grootliks van die voorafgaande sake afhanklik vir hul betekenis. Vergelyk in hierdie opsig die voorbeeldsinne van (a) en (b) hier bo.

Hakies bied by parentese die grootste variasiemoontlikhede. Dit kan (en moet in sommige gevalle) saam met leestekens gebruik word, selfs aan die einde van 'n sin, soos die volgende gevalle duidelik illustreer:

Elkeen sit op sy plek (dié wat met blou gemerk is); niemand roer nie (nie eers die woeligste kleinding nie).
Die politikus beweer (sonder om hom te skaam, nè!) dat hy die land se probleme (wéét hy van almal?) sommer gou-gou sal kan oplos.

Let op:
Voor die begin van 'n hakie sal nooit 'n leesteken (bv. 'n komma) kom nie – nádat 'n hakie gesluit het, kan 'n leesteken (bv. 'n komma) wél gebruik word:

Op 'n plaas wat min boorgate het (en waar die reënvalsyfer laag is), sukkel 'n boer om aan die lewe te bly.

Hierdie sin sou sonder die parentetiese hakies in elk geval 'n komma voor *sukkel* gekry het – kyk by (f) – en daarom bly die komma behoue by die gebruik van hakies:

Op 'n plaas wat min boorgate het en waar die reënvalsyfer laag is, sukkel 'n boer om aan die lewe te bly.

Kyk hoe die komma in die volgende parentesegevalle aangewend word:

Die tennisspeler wat voor is in hierdie pot, moet hard werk om te wen.
Die tennisspeler wat voor is, in hierdie pot, moet hard werk om te wen.
Die tennisspeler wat voor is (in hierdie pot), moet hard werk om te wen.
Die tennisspeler wat voor is – in hierdie pot – moet hard werk om te wen.

Op die Hoëveld waar dit oop is soos nou, kan 'n mens vry asemhaal.
Op die Hoëveld waar dit oop is, soos nou, kan 'n mens vry asemhaal.
Op die Hoëveld waar dit oop is (soos nou), kan 'n mens vry asemhaal.
Op die Hoëveld waar dit oop is – soos nou – kan 'n mens vry asemhaal.

As die son bak en die kraaie gaap, dan wil ek veld toe.
As die son bak, en die kraaie gaap, dan wil ek veld toe.
As die son bak (en die kraaie gaap), dan wil ek veld toe.
As die son bak – en die kraaie gaap – dan wil ek veld toe.

Hakies kan by parentese ook by wyse van afwisseling gebruik word in 'n sin met baie kommas:

Wat kenmerkend van die Afrikamens is, is die deelname van die hele gemeente tydens die erediens, die belangrikheid van ritmiese bewegings, tongespraak, rukkings en fisieke skokke (toegeskryf aan geëmosionaliseerde ingryping), uitroepe en danse.

(iii) Parentese kan ook om bepaalde sintaktiese en semantiese redes m.b.v. kommas aangedui word. Let op die betekenisverskil wat die gebruik van kommas in die volgende sin teweegbring:

(1) By die partytjie vertel André die tandarts dat hy gaan trou.
(2) By die partytjie vertel André, die tandarts, dat hy gaan trou.

In sin *(1)* is geen parentese ter sprake nie en is André en die tandarts twee verskillende persone. In sin *(2)* word *die tandarts* parenteties aangewend en is André en die tandarts een en dieselfde persoon. Hierdie parentese kon ook met hakies of aandagstrepe bewerkstellig word, maar dit is gebruikliker om in sulke gevalle kommas te gebruik. In vloeiender sinne en by sintakties spontaner en natuurliker inlassinne sal die parentese eerder deur kommas aangedui word. Parentese d.m.v. hakies of aandagstrepe bewerkstellig 'n prominenter onderbreking in die sin, en doen dan ook opvallender aan, terwyl kommas meer met die sins- en betekenisstruktuur van die hele sin te make het.

Daar moet onderskei word tussen parentetiese en nieparentetiese gebruik van sake soos name en datums in 'n sin. Die name en datums in die volgende sin is nieparenteties:

Ek gaan Dinsdag vir Jan in die hospitaal kuier, want hy het op die twaalfde Januarie verjaar en ek het daarvan vergeet.

In die volgende sin is die name en datums parenteties aangewend:

Ek gaan môre, Dinsdag, vir my beste vriend, Jan, in die hospitaal kuier, want hy het verlede week, die twaalfde Januarie, verjaar en ek het daarvan vergeet.

Dit is soms moeilik om te besluit of 'n naam of datum parenteties gebruik moet word of nie. Die nieparentetiese gebruik is vloeiender en daarom aan te bevele. Laat u deur die gebruiksverband lei.

Wanneer inlassing van vraag- of uitroepdele plaasvind, moet die parentese verkieslik d.m.v. hakies aangedui word, omdat kommas, soos aandagstrepe, nie saam met ander leestekens (bv. die vraag- en uitroepteken) gebruik word nie.

Opsommenderwyse: daar is drie wyses van parentese-aanduiding.

Hoewel die drie wyses dieselfde funksie verrig, verskil hulle t.o.v. styl, moontlikhede en gebruikswyses van mekaar. Taalgebruikers moet sowel die gebruiksituasie as die funksiemoontlikhede van hierdie drie wyses in gedagte hou wanneer oor parentese-aanduiding besluit word.

1.2 PUNT

Waar die komma die relatief kort pouserings binne-in 'n sin aandui, word die punt primêr gebruik vir die relatief lang pousering aan die einde van 'n stelsin.

'n Punt kom nie in die middel van 'n sin voor nie, behalwe wanneer dit by 'n afkorting gebruik word. Na só 'n punt gaan die sin normaalweg met 'n kleinletter aan die begin van die volgende woord voort, tensy daar ander redes vir 'n beginhoofletter by die volgende woord bestaan.

Oor punte by afkortings is daar groot onsekerheid by taalgebruikers. Daar is drie kategorieë:

(1) Dié waar punte gebruik móét word.
(2) Dié waar daar 'n keuse t.o.v. puntgebruik toegelaat word.
(3) Dié waar punte nie gebruik word nie.

'n Benadering wat deesdae dwarsoor die wêreld posvat, is een van gebruikersvriendelikheid in geskrewe werk. Volgens hierdie benadering behoort die skrywer van 'n stuk dit vir die leser daarvan so maklik en gerieflik moontlik te maak om dit te lees. Dit is belangrik dat die leser 'n afkorting (met kleinletters, veral) in die middel van 'n sin nie verwarrend vind nie. As die skrywer daarom meen dat sy leser 'n afkorting sonder punt(e) verwarrend gaan vind, gebruik hy duidelikheidshalwe die punt by sulke afkortings. Afkortings waarby punte gebruik móét word, soos by (1) hier bo, sluit by hierdie benadering aan. Die vraag is nou by watter afkortings punte gebruik moet word.

As vertrekpunt behoort te geld dat punte by alle afkortings gebruik moet word. By kleinletterafkortings (bv. *kon.* = koninkryk en *i.b.* = in bevel) moet punte gebruik word, omdat daar 'n moontlikheid vir verwarring is. Al uitsonderings hier is die afkortings vir SI-eenhede (bv. ℓ = liter en g = gram) en wiskundige begrippe (bv. *kosek* = kosekans).

Punte is ook verpligtend by die afkortings van grade, diplomas, toekennings en sertifikate:

M.A. (Magister Artium), T.H.O.D. (Transvaalse Hoër Onderwysdiploma), S.T.R. (Sertifikaat in die Teorie van Rekeningkunde) en *T.G.D. (Toekenning vir Getroue Diens)*

By afkortings wat net uit hoofletters bestaan, het die taalgebruiker 'n keuse, bv.:

R.D.B. of *RDB*, *G.M.R.* of *GMR* en *S.A.T.* of *SAT*

By voorletters voor, vanne en afkortings van titels word die gebruik van punte aanbeveel, hoewel dit nie verpligtend is nie.

By akronieme word geen punte gebruik nie:

YSKOR of *Yskor*, *NAKOS* of *Nakos* en *MEDUNSA* of *Medunsa*. ('n Akroniem is 'n afkorting – gewoonlik 'n naam wat as 'n woord uitgespreek word.)

By simbole (bv. H_2O, en π) word geen punte gebruik nie.

Wanneer 'n afkorting waarby 'n punt gebruik word, aan die einde van 'n sin staan, geld die afkorting se punt tegelykertyd as afsluiting van die punt – daar word dus nie nog 'n punt geplaas nie, bv.:

Ek hou van roomys, kool, karringmelk ens.

Indien die sin met 'n ander leesteken (soos die vraag- of uitroepteken) afgesluit word, behou die afkorting die punt, bv.:

Op die strand is drank, meisies, geld ens.!

1.3 VRAAGTEKEN

Aan die einde van 'n vraagsin word 'n vraagteken i.p.v. 'n punt gebruik. 'n Vraagteken kan ook na 'n vraende voornaamwoord of na 'n vraende inlassin gebruik word. Voorbeelde van hierdie verskillende gebruike van die vraagteken is:

Hoekom luister jy nie?
Werk jy vandag?
Wie? Wanneer? Waar? Hoe?
'n Man wat sê hy is die beroemde Jan Odendaal (wie is dit?), beweer dat hy al die dorp se probleme gaan oplos (hoe?) as hy tot burgemeester verkies word.

Dit gebeur dikwels dat 'n vraagsin deel van 'n stelsin word. In so 'n geval verval die vraagteken:

Gaan hy vandag werk? + Ek wonder. = Ek wonder of hy vandag gaan werk.

Stilisties is dit moontlik om 'n stelsin sintakties net so te hou en dit as 'n vraag in te span. Die sin *Hy is moeg.* kan geskryf word as *Hy is moeg?* en daarmee word eintlik gevra of die *hy* moeg is.

Direk voor of na 'n vraagteken kan nie 'n ander leesteken, soos 'n punt, komma, kommapunt of dubbelpunt, gebruik word nie. By parentese (soos reeds aangedui) kan daar wel 'n aandagstreep of hakie na 'n vraagteken kom, maar nie 'n komma nie. 'n Hele vraagsin kan ook in hakies geplaas word. Om bepaalde stilistiese redes kan 'n uitroepteken en 'n vraagteken (of omgekeerd) ook saam gebruik word, bv.:

Het hy nie geweet hy is besig om 'n kind te verwurg nie?!
Hy was glo sy hande in onskuld na sy kind se dood!?

Twee of drie vraagtekens (net nie meer as drie nie!) kan ook saam gebruik word, byvoorbeeld om 'n bepaalde effek te bewerkstellig, soos beklemtoning of ontsteltenis:

Wat moes ek meer gedoen het om my kind se lewe te red???

1.4 UITROEPTEKEN

By 'n bevel, uitroep of selfs 'n wyse van beklemtoning kan 'n uitroepteken gebruik word, soos in:

Staan op aandag!
Haai, kom hier!
Haai! Kom hier!
Hierdie werk is nie reg nie!

Die uitroepteken word dikwels stilisties aangewend om bepaalde effekte te bewerkstellig. In die volgende sin word spot weergegee:

My man dink hy kan sy duim op my hou (!) deur my met liefde te oorlaai.

Verbasing spreek uit die parentese in:

Die ou man met die houtbeen het 'n volle twintig meter (en nie 'n sentimeter minder nie!) ver gespring.

Die volgende vetgedrukte gedeeltes wil eerder uitroepe as vrae wees:

*Die ou man het 'n volle twintig meter **(kan jy dit glo!)** ver gespring.*
*Die ou man het 'n volle twintig meter ver gespring. **Is dit nie verstommend nie!***

'n Uitroepteken kan ook saam met 'n vraagteken gebruik word, soos in sommige van die voorbeelde van vraagsinne hier bo geïllustreer is. In die geval van 'n stelsin wat as vraagsin ingespan word, word die uitroepteken eerste geskryf, gevolg deur die vraagteken.

Soms word 'n uitroepteken saam met *sic* gebruik: (*sic!*); dit is egter nie verpligtend nie.

Twee of meer uitroeptekens (net nie meer as drie nie) kan saam gebruik word om byvoorbeeld 'n uitroep te beklemtoon of om 'n bepaalde stilistiese effek te verkry:

Nadat hy my wou vermoor, sê hy hy is lief vir my!!
Ek sê nie weer nie: bly stil!!!

1.5 STIPPELS

Stippels (ook **beletselteken** genoem) is 'n stylmiddel en kom selde in alledaagse taalgebruik voor. Dit kan ook weglatingspuntjies genoem word, hoewel sommige meen dat daar 'n verskil tussen stippels en weglatingspuntjies is. Vir die doel van hierdie bespreking word hulle as sinonieme beskou. In die poësie word dit ellipties aangewend en in die drama staan dit in die plek van 'n onvoltooide sin of woord, soos wanneer 'n spreker in die rede geval is en hy nie 'n woord kon voltooi nie, of 'n vloekwoord net tot by 'n bepaalde letter geskryf word sodat die betekenis duidelik blyk sonder dat die volle woord geskryf is. By 'n onvoltooide sin word gewoonlik drie stippels en by 'n onvoltooide woord twee stippels gebruik:

Ek sien die son ondergaan ...
Hy was so kwaad dat hy ons almal net wou opd..

By kort woorde wat aanstoot gee, word dikwels die eerste en laaste letter geskryf, met 'n stippel vir elke letter wat tussenin kom. 'n Ander gebruik van stippels is om funksionele pouses tussen woorde of tussen herhalende woorde wat om emosionele of ander redes in 'n sin voorkom, aan te dui:

Ek ... ek ... ek ... wil nies!
My kind ... pa is bekommerd ... oor jou, my kind.

By aangehaalde dele word weglatingspuntjies (gewoonlik drie) gebruik wanneer woorde uit die direk aangehaalde deel weggegelaat word. Die volgende woorde kan byvoorbeeld aangehaal word:

Dit is 'n feit dat alle vigslyers se psigiese belewings en sosiale gedragspatrone geradikaliseer is.

In die aanhaling word die woorde *en sosiale gedragspatrone* weggelaat, dan lyk dit só:

As ons aanvaar dat "alle vigslyers se psigiese belewings ... geradikaliseer is", sal daar groter empatie vir hierdie kategorie pasiënte wees.
of
Die skrywer maak die volgende bewering: "Dit is 'n feit dat alle vigslyers se psigiese belewings ... geradikaliseer is."

1.6 AANDAGSTREEP

Die parentetiese gebruik van die aandagstreep is reeds behandel. Die aandagstreep kan egter ook gebruik word om d.m.v. onderbreking of pouse die aandag pertinent te vestig op dit wat na die aandagstreep volg:

Daar staan hy toe – net soos hy in die wêreld gekom het.
Dit is die moderne mens – 'n slaaf van gejaagdheid.
Ek het verlede nag baie gedroom – van jou.

1.7 DUBBELPUNT

Na 'n dubbelpunt volg óf 'n verduideliking óf 'n lys items of sake wat langs of onder mekaar gestel word. Voorbeelde van die eerste gebruik is:

Jan, jy het net een probleem: jy is lui.
Ek wil dit ondubbelsinnig stel: die VVO handhaaf dubbele standaarde.

Voorbeelde van items wat langs mekaar na 'n dubbelpunt verskyn, is:

Die polisie het die volgende wapens op die toneel gevind: pistole, masjiengewere, handgranate, rewolwers en kleefmyne.
'n Boerdery moet bestaan uit: 'n kundige boer, getroue plaaswerkers, vrugbare grond, werkende plaasimplemente en gunstige weer.

Taalgebruikers wil dikwels die sake na die dubbelpunt onder mekaar noem en dit soms ook met nommers aandui. Indien die ondermekaargeskrewe lys telkens uit net een woord bestaan, is leestekens daarna nie nodig nie en kan die woorde desnoods met 'n kleinletter begin, behalwe as die hoofletter verkies word, bv.:

Elke werknemer moet die volgende besit:
potlode
liniale
penne
Tedelexoptelmasjiene
uitveërs en
skryfboeke

(Die *en* na die tweedelaaste woord is natuurlik nie noodsaaklik nie.)

Dit kan ook soos volg gedoen word:

Elke werknemer moet die volgende besit:
(1) potlode
(2) liniale
(3) penne
(4) Tedelexoptelmasjiene
(5) uitveërs en
(6) skryfboeke
of
Elke werknemer moet die volgende besit:
Potlode
Liniale
Penne
Tedelexoptelmasjiene
Uitveërs
Skryfboeke

of

Elke werknemer moet die volgende besit:
(1) Potlode
(2) Liniale
(3) Penne
(4) Tedelexoptelmasjiene
(5) Uitveërs
(6) Skryfboeke

Indien die lys uit frases bestaan, word elke frase met 'n kommapunt afgesluit en die volgende frase met 'n kleinletter begin:

Ek verwag van elke werknemer om:
betyds by die werk op te daag;
getroue werk te doen;
lojaal aan die hoofbestuur te wees;
die minimum vakansie te neem; en
geen salarisverhogings te verwag nie.

(Die *en* na die tweedelaaste saak kan weggelaat word.) Die ondermekaargeskrewe lys kan ook genommerd aangebied word:

Ek verwag van elke werknemer om:
(i) betyds by die werk op te daag;
(ii) getroue werk te doen;
(iii) lojaal aan die hoofbestuur te wees;
(iv) die minimum vakansie te neem; en
(v) geen salarisverhoging te verwag nie.

Indien die lys sake onder mekaar telkens 'n volsin is, word elke saak met 'n punt afgesluit en die volgende een met 'n hoofletter begin:

Elke werknemer moet die volgende pligte nakom:
1. Kontroleer soggens elke voorraadlys.
2. Moenie tydens kantoorure rondloop nie.
3. Voer opdragte stiptelik uit.
4. Handel korrespondensie daagliks af.
5. Sluit kantoordeure aan die einde van elke dag.

Dit gebeur soms dat sinsdele onder mekaar met 'n kommapunt geskei word en met 'n kleinletter begin, maar dat een sinsdeel met 'n volsin gevolg word. Dit is lastig, omdat 'n volsin nie met 'n kommapunt geëindig kan word nie. Sluit 'n mens die volsin met 'n punt af, moet die volgende frase met 'n hoofletter begin, maar dan is dit uit pas met die ander frases. Die beste is om al die frases as volsinne te herformuleer (en dan punte en hoofletters te gebruik), of om die volsin as frase te herformuleer en d.m.v.

'n komma of aandagstreep met die voorafgaande frase te verbind. Volsinne en frases deurmekaar deug nie.

Die dubbelpunt word ook gebruik by direkte rede of by karakters in dramastukke. Na die spreker se naam volg 'n dubbelpunt, en daarna die woorde wat hy sê. (By aanhalingstekens sal weer hierna verwys word.)

1.8 **KOMMAPUNT**
Die kommapunt is presies wat die naam sê: 'n samestelling tussen 'n komma en 'n punt, ook wat funksie betref. 'n Kommapunt is nie so 'n finale afsluiting van 'n sin soos 'n punt nie, maar dui ook nie net 'n relatief kort pousering soos dié van die komma aan nie. Die kommapunt is gewigtiger as die komma. Die kommapunt se funksie kom daarop neer dat dit twee afsonderlike gedagtes oor dieselfde saak skei. Die afsonderlike gedagtes hoort saam en kan nie in afsonderlike sinne geplaas word nie; tog is duidelike skeiding binne een sin nodig, bv.:

Ons leef in gevaarlike tye; oral word ons deur misdadigers bedreig.
Dierebeskermingsverenigings leef in weelde; kinderbeskermingsverenigings sukkel om 'n menswaardige bestaan te voer.
Ek is lief vir jou; kom ons trou.

'n Kommapunt word dikwels gebruik om 'n voegwoord in 'n sin te vervang:

Ons wou hom 'n vennoot in die sakeonderneming maak, maar hy het nie belanggestel nie.
Ons wou hom 'n vennoot in die sakeonderneming maak; hy het nie belanggestel nie.
Die pasiënt is bekommerd, want hy moet 'n ernstige operasie ondergaan.
Die pasiënt is bekommerd; hy moet 'n ernstige operasie ondergaan.

1.9 **AANHALINGSTEKENS**
(a) Direkte woorde
Aanhalingstekens word normaalweg gebruik om 'n spreker se direkte woorde weer te gee. Dit word gedoen deur die direkte woorde met dubbele aanhalingstekens te begin en op dieselfde wyse (d.w.s. met dubbele aanhalingstekens) af te sluit. In Afrikaans kan die aanvangsaanhalingstekens onder- of boaan die reël aangebring word – laasgenoemde gebruik is die algemeenste. In albei gevalle word die slotaanhalingstekens boaan die reël geplaas:

Die beskuldigde se woorde aan die magistraat was: "Niemand het die reg om my te ondervra nie."
Die beskuldigde het gevra: "Wie gee jou die reg om my te ondervra?"
Die beskuldigde het geskree: "Ek weier om te antwoord!"
Hy mymer ingedagte: "Ek sien die son ondergaan ..."

Let daarop dat die slotleesteken (vraagteken, stippels, punt, uitroepteken) eerste kom en daarna die slotaanhalingstekens.

Die sinne hierbo kan ook omgedraai word sodat die direkte rede eerste staan. Dit sal dan só lyk:

"Wie gee jou die reg om my te ondervra?" het die beskuldigde gevra.
"Ek weier om te antwoord!" het die beskuldigde geskree.
"Ek sien die son ondergaan ..." mymer hy ingedagte.
"Niemand het die reg om my te ondervra nie," was die beskuldigde se woorde aan die magistraat.

Let daarop dat die punt in hierdie geval in 'n komma verander, en dat die slotaanhalingstekens in elke geval ná die betrokke leesteken (vraagteken, stippels, komma, uitroepteken) kom.

Die direkte woorde kan ook deur die indirekte woorde onderbreek word. Dan word die lees- en aanhalingstekens soos volg aangewend:

"Wie gee jou die reg," het die beskuldigde gevra, "om my te ondervra?"
"Ek sien," mymer hy ingedagte, "die son ondergaan ..."
"Niemand het die reg," sê die beskuldigde, "om my te ondervra nie."
"Ek weier," skree die beskuldigde, "om ondervra te word!"

In elke geval waar die aanhalingstekens gesluit word, kom die leestekens (kommas in elke eerste geval en die uitroep-, vraagteken, punt en stippels aan die einde) eerste en daarná die aanhalingstekens. Kyk ook na die volgende wyses waarop die sinne direk hier bo hanteer kan word:

"Ek sien die son," mymer hy. "Dit verdwyn agter die horison ..."
"Nee!" skree die beskuldigde. "Ek weier om ondervra te word."
"Ek laat my nie ondervra nie," sê die beskuldigde. "Niemand het die reg daartoe nie."
"Mag jy my ondervra?" vra die beskuldigde. "Het jy die reg daartoe?"

Aanhalingstekens kan ook gebruik word om iemand se direkte woorde in die middel van 'n gewone stelsin aan te haal:

Die President het gesê die "lae lakke" moet in hegtenis geneem word.

In bogenoemde voorbeeld doen iemand in sy eie woorde verslag van wat die President gesê het, maar haal dan twee woorde direk aan. Dit word gewoonlik deur dubbele aanhalingstekens gedoen.

(b) Titels

In populêre geskrifte word die titels van boeke, tydskrifte, koerante ens. dikwels in aanhalingstekens weergegee. In wetenskaplike geskrifte word sodanige titels onderstreep, kursief of vet gedruk, of selfs in hoofletters geplaas. Laasgenoemde wyses van titelaanduiding word aanbeveel.

(c) Woorde uit 'n ander taal
Taalgebruikers gebruik dikwels 'n Engelse woord in 'n Afrikaanse teks en plaas dit dan in aanhalingstekens. Die aanhalingstekens in sulke gevalle regverdig nie die gebruik van Engelse woorde in Afrikaanse tekste nie, maar kan hoogstens aanduidend wees van die gebruik van 'n andertalige woord wat nie in Afrikaans erkenning geniet nie.

(d) Beklemtoning
Aanhalingstekens kan nie gebruik word om woorde te beklemtoon, uit te hef of spesiale aandag te gee nie – daarvoor moet kursivering, vet druk of onderstreping gebruik word.

(e) Dubbel en enkel aanhalingstekens
Hier bo is daarop gewys dat dit 'n algemeen aanvaarde praktyk is om direkte aanhaling met dubbele aanhalingstekens aan te toon. 'n Aanhaling binne aanhaling word met enkele aanhalingstekens weergegee, bv.:

Die advokaat het soos volg betoog: "Edelagbare, ek maak beswaar daarteen dat u my kliënt as 'n 'misdadiger van die eerste water' bestempel het."

In die advokaat se woorde is van die regter se woorde, naamlik *misdadiger van die eerste water*, direk aangehaal.

Dit kan ook gebeur dat 'n aanhaling binne 'n aanhaling in nóg 'n aanhaling voorkom ('n derde aanhaling dus). Hierdie derde aanhaling word met drie aanhalingstrepies aangetoon, soos in:

Die referent het afgesluit met die verhaal van 'n dwelmverslaafde van Kaapstad: "Dames en here, die arme tiener kon nie eens meer 'die plesier van 'n '"trip"' wolke toe' geniet nie, in so 'n toestand was hy."
Die referent sluit af met: "Dames, die tiener kon nie eens meer 'die plesier van 'n '"trip"'' geniet nie."

Let op hoe elk van die drie stelle aanhalingstekens gebruik en afgesluit word. In al die sinne hier bo word die aanhalingstekens heel aan die einde van die sin **ná** die laaste leesteken (punt, vraagteken ens.) geplaas, **omdat die volledige sin 'n direkte aanhaling is.** Wanneer 'n sin nie 'n direkte aanhaling is nie en in die laaste deel van die sin 'n direkte aanhaling voorkom, word aanhalingstekens **vóór** die slotleesteken geplaas. Dit is omdat die aanhaling, anders as wanneer die hele sin 'n direkte aanhaling is, deel van die niedirekte sin is en met die slotleesteken afgesluit word:

Piet het gesê dat hy hou van mense wat die waarheid "naak en kaal wil aanhoor".

Hoewel bostaande sin in die indirekte rede is, is Piet se direkte woorde deel van die sin en kom die punt ná die aanhalingstekens.

(f) 'n Aanhaling binne 'n aanhaling

'n Aanhaling binne 'n aanhaling is reeds behandel. Indien die tweede aanhaling aan die einde van die eerste aangehaalde sin voorkom, word die tweede aanhaling se slotaanhalingsteken (wat enkel is) eerste geplaas, dan die slotleesteken van die sin en dan die eerste aanhaling se (dubbele) aanhalingstekens, soos in:

Die advokaat sê: "Edelagbare, hiér is die bewysstuk wat u noem 'die bewys wat nie bestaan nie'."

As u nie verstaan hoekom die punt aan die einde tussen die enkele en dubbele aanhalingstekens staan nie, vat die enkele aanhalingstekens weg – dan kom die punt vóór die dubbele aanhalingstekens, nie waar nie? Vat dan die dubbele aanhalingstekens weg – die punt sal in so 'n sin heel aan die einde wees, nie waar nie? Meng nou die twee en die resultaat is soos in die voorbeeldsin hier bo. Die volgende sinne illustreer dit duidelik:

Hier is die bewysstuk wat hy noem "die bewys wat nie bestaan nie".
Die advokaat sê: "Edelagbare, hiér is die bewysstuk wat kamma nie bestaan nie."
Die advokaat sê: "Edelagbare, hiér is die bewysstuk wat u noem 'die bewys wat nie bestaan nie'."
Die advokaat vra: "Wil u kom kyk na my 'bewysstuk met verdoemende getuienis'?"

'n Mens kan natuurlik ook sinne maak wat eindig op aanhaling-leestekenkonstruksies soos '"., '"' '". en '"' "., bv.:

Die regter sê: "Hierdie 'bewysstuk' is '"non-existent'"."
Die regter het ontstoke beweer dat bewysstukke in "hierdie hof is in die woorde van Nothling 'totally but totally '"contradictory in terminis"' ' ".

Lesers kan gerus bepaal of aanhaling-leesteken-konstruksies soos die volgende moontlik is – die skrywer dink nie so nie: .'", . '"' ' ", '"' '"

(g) Aanhaling binne wetenskaplike geskrifte

In wetenskaplike geskrifte word bronne dikwels aan die einde van 'n reël erken. Indien die sin met aanhalingstekens eindig, kom die punt nié voor die aanhalingstekens nie, maar ná die sluithakie na die bronverwysing, omdat die sin eers na die bronverwysing afgesluit word:

Charleton het gesê: "Wetenskapsbeoefening is en bly partikulier" (Charleton 1968:47).

Indien die sin op 'n vraag, uitroep of met stippels eindig, kom die vraag-, uitroepteken of stippels binne die aanhalingstekens en na die bronverwysing kom 'n punt:

Charleton het gevra: "Is wetenskapsbeoefening partikulier?" (Charleton 1968:47).
Charleton het uitgeroep: "Vir wetenskapsbeoefening is daar geen gelyke nie!" (Charleton 1968:47).
Charleton het gemymer: "Vir wetenskapsbeoefening is daar geen gelyke nie ..." (Charleton 1968:47).

(h) Aangehaalde paragrawe
Taalgebruikers wat 'n paar paragrawe in die direkte rede skryf, begin elke paragraaf met aanhalingstekens om aan te dui dat die volgende paragraaf steeds in die direkte rede weergegee word (sonder om die vorige paragraaf met aanhalingstekens af te sluit). Hierdie praktyk is nie verkeerd nie, maar ook nie verpligtend nie. Dit is ook in orde as die taalgebruiker slegs aan die begin en die einde van die direk aangehaalde teks aanhalingstekens gebruik.

Sommige uitgewers gebruik ander stelsels om aanhalingstekens mee aan te dui, bv. «...». Hoewel dit nie as verkeerd bestempel kan word nie, is dit so ongebruiklik dat geen verdere bespreking daaraan gewy word nie.

1.10 X-TEKEN
Die X is streng gesproke nie 'n leesteken nie, maar word gebruik om twee woorde of sinne teenoor mekaar te stel, soos in:

bleik x *blyk*
Ek was my. x *Ek was siek.*

Die x-teken word nie in normale sinsgebruik aangewend nie, maar in voorbeeldgevalle en in tabelle. Dit kom ook voor by afmetings van voorwerpe, bv.:

6 m x *30 cm* x *120 mm*
8 m x *6 m* x *2 m*

1.11 HAKIES
(a) Algemene gebruik
By parentese is uitvoerig na die gebruik van hakies gekyk. Hakies se funksies is egter nie net tot parentese beperk nie – dit kan ook gebruik word om deur invoegings en aanvullings bykomende inligting te gee, byvoorbeeld nadelige bedrae of die bedrae van die vorige jaar by afrekeningstate en huwelikstatusaanduiding wat vroue in hakies na hulle vanne gee. Hakies binne hakies kom ook dikwels voor. In sommige kringe van taalgebruik is halfmaanhakies binne halfmaanhakies ontoelaatbaar en word blokhakies as die tweede stel gebruik:

[( )] of ([ ]).

In ander taalgebruikskringe is halfmaanhakies binne halfmaanhakies geen probleem nie en kom dit algemeen voor, bv.:

Ek weier om te aanvaar dat alle mense (veral dié uit 'n subekonomiese klas (soos Delport beweer)) té vakansiebewus is.

(b) Blok- en krulhakies

Blokhakies word ook in ander kontekste gebruik, soos om fonetiese simbole aan te dui en in natuurwetenskaplike formules en bewerkings.

Krulhakies, { }, het in gewone taalgebruik bykans geen gebruiksfrekwensie nie; in wiskundige bewerkings en dergelike formulerings het dit egter 'n besliste plek. Taalgebruikers kan self daaroor besluit.

(c) Foute in hakies aangedui

Die gebruik by veral skoolkinders om verkeerde woorde of frases in hakies te plaas om daardeur die foutiwiteit van die deel in die hakies aan te dui, moet liefs nie aangemoedig word nie; dit pas nie binne die funksie van hakies nie. Foutiewe antwoorde moet liewer netjies deurgehaal word.

(d) Hakies by aanhalings

Wanneer sinne of sinsdele uit 'n primêre bron in 'n sekondêre geskrif aangehaal word, verskil die aangehaalde deel se sintaktiese patroon dikwels van dié in die sekondêre geskrif. In so 'n geval word die sintaksis van die aangehaalde deel aangepas om by die sekondêre bron se woordvolgorde aan te pas. Die woorde van die aangehaalde deel wat verander word, word in hakies geplaas om aan te toon dat hulle in die primêre bron anders geplaas is, maar verander is om by die sintaktiese patroon van die sekondêre geskrif aan te pas. 'n Sin in die oorspronklike bron lui só:

Die mensdom staan voor groot en opwindende uitdagings.

Nou word hierdie sin soos volg aangehaal:

Ek lees in 'n boek dat die mens voor "groot en opwindende uitdagings (staan)".

In die oorspronklike bron kom *staan* vóór *groot en opwindende uitdagings*, maar in die sekondêre bron word dit sintakties op 'n ander plek geplaas en daarom kom hy in hakies.

Indien die hele sin aangehaal word, het 'n mens met 'n ander probleem te kampe, naamlik dat die hoofletter-d aan die begin van die sin in die middel van die sekondêre sin te staan kom. In so 'n geval word die *d* met 'n kleinletter geskryf en in hakies geplaas om aan te dui dat hy in die oorspronklike sin met 'n hoofletter geskryf is:

Ek lees in 'n boek dat "(d)ie mensdom voor groot en opwindende uitdagings (staan)".

Die omgekeerde kan ook gebeur, naamlik dat die laaste deel van 'n sin uit 'n primêre bron aangehaal word, maar aan die begin geplaas word. Dan word die eerste letter van die aangehaalde deel met 'n hoofletter geskryf en in hakies geplaas om aan te dui dat die betrokke woord in die oorspronklike bron nie met 'n hoofletter geskryf word nie. In die primêre bron staan:

Verstedeliking het noodsaaklik geword, want plakkers veroorsaak baie sosiale probleme.

In 'n primêre geskrif word van *plakkers* af soos volg aangehaal:

Die volgende bewering word in 'n boek gemaak: "(P)lakkers veroorsaak baie sosiale probleme."

Omdat *plakkers* aan die begin van 'n sin staan, word dit met 'n hoofletter geskryf; die hakies dui aan dat die *p* in die aangehaalde werk nie met 'n hoofletter geskryf is nie.

Daar is nog enkele ander funksies waarby hakies betrokke is, maar wat nie problematies is nie of so selde voorkom dat dit nie hier bespreking regverdig nie.

1.12 BRONVERWYSINGS EN BIBLIOGRAFIE

By wetenskaplike geskrifte en studente-opdragte moet bronverwysings in bibliografieë aangedui word. Verskillende stelsels kan gevolg word, omdat universiteite en redaksies van wetenskaplike tydskrifte verskillende stelsels aanvaar. Nie al die stelsels gaan hier behandel word nie – slegs die stelsel wat die algemeenste aanvaar word.

(a) Bronverwysing

Die tradisionele manier van bronverwysing in 'n teks is om 'n voetnoot by die sin te plaas en onderaan die bladsy of aan die einde van die hoofstuk die volledige bron te verstrek. Hierdie werkswyse is besig om in onbruik te raak.

Voetnote word deesdae gereserveer vir addisionele bespreking van die aangeleentheid waarby die voetnote geplaas word. Die jongste gebruik by bronverwysing is 'n verkorte bronbeskrywing by die sin:

Die ware werklike word as onsigbaar gesien (Harries 1938:238) en daar word gestreef na 'n "uiteindelike versoening tussen mens en natuur" (Dallmayr 1981:146).

Hierdie verkorte bronbeskrywing bestaan uit die outeur se van (sonder 'n komma daarna), die aangehaalde werk se publikasiedatum, 'n dubbelpunt en dan die bladsynommer waarvandaan die inligting gehaal is. Die aangehaalde werk word dan volledig in die bibliografie uiteengesit.

Indien 'n bronverwysing na 'n tydskrif of koerant heenwys, word die naam van die skrywer van die artikel of berig gegee, die publikasiejaar, dubbelpunt en bladsynommer, net soos hier bo. In die bibliografie word volledige besonderhede oor die tydskrif of koerant gegee. Indien die naam van die verslaggewer nie vermeld word nie, word die tydskrif of koerant se naam in plaas van die outeur s'n gegee.

Soms kom die inligting uit 'n radioprogram, pamflet, brosjure of nuusbulletin oor die televisie – in so 'n geval kan die bronverwysing nie volgens bogenoemde stelsel aangedui word nie.

Onthou: die doel van bronverwysings is om die inligting uit die oorspronklike bron naspeurbaar te maak. Daarom moet die maksimum tersaaklike inligting uit die oorspronklike vir maklike opsporing van die betrokke bron voorsien word. In die geval van radio- en televisieprogramme is volledige datums en programname noodsaaklike inligting en by pamflet- en brosjureaanhalings is die besonderhede van die drukker en/of uitgewer noodsaaklik, plus die titel of opskrif van die aangehaalde teks.

By verwysings na argiefstukke moet die verwysingstelsel van elke betrokke argief gevolg word, want die bronverwysings kan slegs d.m.v. die betrokke argief se ontsluitingstelsel gekontroleer word. Vir vinnige en maklike ontsluiting is dit dus noodsaaklik dat die oorspronklike verwysingstelsel van die betrokke argief in die bronverwysing gebruik word.

Bronverwysings kan in die middel van 'n sin geplaas word (direk na die saak waarop dit van toepassing is), óf aan die einde van die sin, indien die hele sin, of sy laaste deel, op die bronverwysing betrekking het.

Indien dieselfde outeur meer as een werk in een jaar geskryf het, moet die betrokke werk deur 'n a, b, c ens. na die jaartal van mekaar onderskei word:

Montfourie sê aanvanklik dat taal beperk is (Montfourie 1974a:113), maar wysig onmiddellik daarna sy standpunt (Montfourie 1974b:87) en verdedig later in 'n gedetailleerde uiteensetting sy nuwe uitgangspunte (Montfourie 1974c:12 e.v.).

In 'n werk waaraan verskeie outeurs meegewerk het, word na dié outeur uit wie se deel aangehaal is, verwys. Indien outeurs in so 'n mengelwerk nie met 'n bepaalde deel van die werk assosieerbaar is nie, word die redakteur aangehaal. Indien daar nie 'n redakteur is nie, word die hoof- of eerste outeur aangehaal.

Soos reeds gesê, word voetnote gebruik om 'n aangeleentheid wat afsonderlike toeligting vereis, elders te bespreek. Dié *elders* kan onderaan die betrokke bladsy wees of aan die einde van die hoofstuk, net voor die bronnelys. Dus: wanneer 'n bepaalde saak verdere bespreking nodig het, word 'n nommertjie by die woord (as die woord verder toegelig moet word), sinsnede (as die sinsnede verdere verduideliking verg) of aan die einde van die sin (as die hele sin om meer inligting vra) geplaas. 'n Nommer 1 sal by die eerste saak, 'n nommer 2 by die tweede saak, en so meer, geplaas word. By die ooreenstemmende nommer onderaan die bladsy of aan die einde van die hoofstuk word die betrokke saak dan verder toegelig. Die nommer in die teks moet, as dit by 'n leesteken voorkom, nooit voor die leesteken geplaas word nie, maar daarná:

Lawless het beweer dat industriële omwentelings[1] plaasvind wanneer daar groot religieuse verwagtings by mense heers,[2] juis as gevolg van die feit dat geestelike stagnasie tot tegnologiese afstomping lei.[3]

Die drie voetnootaanduidings sal drie voetnote tot gevolg hê.

(b) Bibliografie

'n Bibliografie is 'n lys bronne (ook genoem 'n *bronnelys*) waaruit gewerk is, of wat die navorser geraadpleeg het. Daar is verskeie stelsels waarvolgens bronne in die bibliografie aangedui word. Net dié stelsel wat deesdae die algemeenste aanvaar word, word verduidelik.

In die geval van 'n enkele outeur wat 'n publikasie onder sy eie naam gepubliseer het, word die outeur se van eerste aangegee, met 'n komma daarna. Die voorletters – met punte na elke voorletter – word dan gegee, met die publikasiedatum daarna, gevolg deur 'n punt. Nou volg die titel – kursief of vet gedruk, in hoofletters of selfs onderstreep, met 'n punt daarna. Na die titel volg die plek (dorp of stad) van uitgawe, 'n dubbelpunt, die uitgewery wat die boek gepubliseer het, en 'n slotpunt:

Adorno, T.W. 1972a. *Asthetische teorie*. Frankfurt: Suhrkampuitgewers.
Adorno, T.W. 1972b. **Möglichkeiten der wissenschaftstheorie**. Tübingen: Mohruitgewers.
Botha, Ester. 1990. Spore op die water. Pretoria: Môregloeduitgewers.

Onthou: net die eerste woord in die titel word met 'n hoofletter geskryf. Die res word met kleinletters geskryf, tensy daar dwingende redes vir hooflettergebruik is. Na 'n voornaam (i.p.v. voorletters) kom ook 'n punt.

Indien 'n Engelse (of enige ander taal) boek, in 'n Afrikaanse geskrif se bibliografie opgeneem word, is die vraag of die gegewens (soos uitgewers en plek van uitgawe) in die oorspronklike taal weergegee moet word, en of 'n transliterering na Afrikaans moet plaasvind; moet *Paris* en *State Library Publishers* na *Parys* en *Staatsbiblioteekuitgewers* verander word of nie? Daar is geen vaste konvensie hiervoor nie – sommige universiteite en redaksies beveel 'n transliterasie aan, terwyl andere wil hê dat die gegewe in die oorspronklike taal behoue moet bly. Die keuse moet m.i. oop bly, maar dan moet die stelsel waarop besluit word, konsekwent deurgevoer word. Wat onverstaanbare tale en tale met vreemde skrifstelsels betref, moet 'n mens na Afrikaans translitereer.

Indien aangehaal word uit die bydrae van 'n skrywer wat saam met ander skrywers aan 'n publikasie meegewerk het, word die betrokke skrywer se van en voorletters weergegee, daarna die naam van sy hoofstuk in aanhalingstekens, gevolg deur die titel van die publikasie en die redakteur se gegewens. Die publikasieplek en uitgewer word laaste gegee:

Smit, S.R. 1990. "Kerk, politiek en die onsekere Christen" in *Perspektiewe op die samelewing* deur A.M. Visser (red.). Kaapstad: Aandstonduitgewers.
Swart, V.Y. 1960. "Resensie van: Vers en klavier in Note en blokke" in Musiek deur T. Mol (red.) Durban: Stranduitgewers.

Let noukeurig op die leestekengebruik.

Bydraes in tydskrifte en koerante word op dieselfde wyse behandel, met enkele wysigings:

Venter, Hennie. 1961. "Vertellings uit die Kalahari" in Die tydskrif vir natuurbewaring. Jaargang 16, nommer 9. September: pp. 126 – 142.

Indien die outeur nie vermeld word nie – wat dikwels met koerantberigte gebeur – word die koerant se naam eerste (in die outeursposisie) gegee – met al die tersaaklike bibliografiese inligting daarna:

Vaderland, Die. 1943. "Berlyn gebombardeer". Jaargang 12, nommer 1687. 28 November: p. 16.

Amptelike afkortings kan in die plek van jaargang, volume, nommer ens. gebruik word. *'n* of *Die* word nooit in die outeursposisie eerste geplaas nie – in die titelposisie wél. Na boektitels kan bykomende inligting soos *herbewerkte uitgawe* of *bygewerkte druk* gegee word:

Nel, W. 1970. Kronieke. Verbeterde uitgawe. Durban: Negesteruitgewery.
Coetzee, D. 1980. Misterie en mistiek. Derde, hersiene uitgawe. Pretoria: Bosbokuitgewers.

Ongepubliseerde verhandelings en proefskrifte word soos volg aangedui:

Nienaber, A.B. 1989. Bioritmes en emosies. Ongepubliseerde M.A.-verhandeling, RAU.

Dit is gerieflik as die bronne in 'n bibliografie genommer word, maar nie verpligtend nie. Die bronne word in alfabetiese volgorde (volgens outeur) aangegee. Indien 'n bibliografiese inskrywing nie in die Romeinse alfabet geskryf is nie, mag jy dit translitereer (romaniseer).

1.13 **SOLIDUS (SKUINS STREEP)**
Taalgebruikers verneem dikwels na die funksies van die skuins streep, wat inderdaad baie uiteenlopend van aard is. By rekenarisering en woordverwerkingsprogramme het die skuins streep – die een wat agteroor lê (\), asook die een wat vooroor lê (/) – bepaalde funksies waarop nie verder ingegaan word nie.

Die taalgebruiksfunksies van die skuins streep wat van regs bo na links onder lê (/) – ook genoem die solidus – word bespreek, omdat dít die skuins streep is wat merendeels in taalgebruiksituasies voorkom.

Die solidus se funksie is nog nooit rigied afgebaken nie en gevolglik tree dit in verskillende betekenissituasies op. Die eerste en moontlik algemeenste gebruiksfunksie van die solidus is om die betekenis van *of* aan te dui. Op 'n vorm wat ingevul moet word, staan dikwels:

Prof./Dr./Mnr./Mev./Mej.

Die solidus staan dus in die plek van *of*. Dikwels moet op so 'n vorm ook aangedui word:

Manlik/Vroulik: ....
Getroud/Ongetroud/Geskei: ....
Werkloos: Ja/Nee
Huistaal: Afrikaans/Engels

In sommige bogenoemde gevalle dra die solidus ook die betekenis van *naas*. In die volgende gevalle beteken dit *tot*:

1990/1991-verslagjaar
1990/'91-verslagjaar
die rand/dollar-wisselkoers
die motor se wringkrag/omwenteling-verhouding

Die koppelteken is dalk in sulke gevalle verkieslik bo die solidus:

1990-1991-verslagjaar
rand-dollar-wisselkoers
wringkrag-omwenteling-verhouding

Nóg 'n funksie van die solidus is om die betekenis van *en* te dra. In advertensies om betrekkings kom die volgende dikwels voor:

Mans/Dames kan aansoek doen.

Op rugbykaartjies lees 'n mens dikwels:

Seisoenkaartjiehouers/spelers: Hoofpawiljoen
Familielede/Toeskouers: Oop pawiljoen

Daar is talle dergelike voorbeelde, maar 'n mens wonder of *en* nie tog maar in die plek van die solidus gebruik behoort te word nie.

Die solidus word ook gebruik om die betekenis *per* oor te dra, soos in die aanduiding van verhoudings, byvoorbeeld waarby SI-eenhede betrokke is:

km/ℓ; meter/sekonde; km/h; 6,9ℓ/100km; 5000 o/min.

'n Eienaardige gebruik van die solidus wat dikwels teëgekom word, word in die volgende voorbeeldsin aangedui:

Die aandete sal bestaan uit hoenderpastei en/of skaapbredie.

Die bedoeling is om aan te dui dat die aandete sal bestaan uit hoenderpastei én skaapbredie, of uit óf hoenderpastei óf skaapbredie. Die solidus het dus ten doel om die alternatief van *en* en *of* (of *en* naas *of*) aan te dui en die *en* en die *of* van mekaar te skei. Die solidus het hier nie 'n bepaalde woordbetekenis nie, maar word eerder om sintaktiese redes aangewend.

In 'n reeks syfers (bv. bankrekening-, identiteits-, model- en reeksnommers) word 'n solidus dikwels gebruik om bepaalde eenhede met bepaalde betekenisse in die syferreeks van mekaar te skei, byvoorbeeld: 09/4467/062. Hierdie nommer kan 'n kliënt se bankrekeningnommer wees; die eerste twee nommers kan die tak aandui waar die rekening gehou word, die tweede eenheid die kliënt se persoonlike rekeningnommer en die derde reeks die aard van die rekening, byvoorbeeld 'n tjek-, spaar- of verbandrekening. 'n Koppelteken is by reeksnommers om verskeie redes verkieslik bo 'n solidus. By motorbande word die bandgrootte op papier dikwels met 'n solidus aangedui (bv. l555R/13), maar op die band self word 'n koppelteken i.p.v. die solidus gebruik (bv. 155 SR – 13).

By bepaalde afkortings is die solidus steeds gebruiklik:

B/B; c/kg; d/m; w/m

By sommige afkortings is daar 'n alternatief (let op die puntgebruik):

O/S of *o.p.s.; r/m* of *r.p.m.*

Opsommenderwys kan oor die solidus die volgende gesê word:

(a) Dit kan verskillende woordbetekenisfunksies vervul.

(b) Nie alle betekenisgebruike van die solidus is aanvaarbaar nie. Die koppelteken, of selfs die woord waarvoor die solidus staan, is in sommige gevalle aanvaarbaarder.

(c) Die solidus moet liefs beperk word tot die betekenisfunksies van *naas* (waar verskillende moontlikhede in 'n sin gestel word), *of* (bv. vorms) en *per* (in die aanduiding van verhoudings waar bv. afstand en tydsduur, veral die afgekorte vorm, ter sprake is).

(d) Omdat die solidus in spesiale gevalle – soos by formules, vorms, fisiese verhoudingsaanduidings en bepaalde afgekorte vorme – aangewend word, spreek dit vanself dat dit nie in gewone sinne aangewend kan word om die betekenisse van *of*, *per*, *en* en *tot* voor te stel nie. Slegs waar alternatiewe in sinsverband naas mekaar gestel word, is skuins strepe in die betekenis van *naas* aanvaarbaar. In die volgende sin is daar dus geen ruimte vir 'n solidus nie:

Die winkel verkoop slegs een yskas of radio per klant en sal tot vanaand om agtuur oop wees.

Die solidus in die volgende sin is uiteraard aanvaarbaar:

'n Deelnemer aan die wedren kan manlik of vroulik wees, maar mag nie 'n spoed van meer as 180 km/h ry nie.

maar: *Die renjaer ry teen tien kilometer per uur.*

Die volgende gebruik van die solidus moet liefs vermy word:

Gebruik rubber/plastiekstampstroke.

Skryf liewer: *Gebruik rubber- of plastiekstampstroke.*

(e) Uit bogenoemde bespreking is dit duidelik dat 'n taalgebruiker die solidus baie suinig en oordeelkundig moet aanwend.

1.14 PYL(-TJIE)

Soos die x-teken is die pyl(-tjie) nie 'n leesteken nie, maar word by wiskundige bewerkings gebruik. Daar is twee vorms: <− of −>, of < of >. In gewone taalgebruik kan dit die volgende betekenisse verteenwoordig:
<− of < beteken "kom van", soos in:

voertsek kom van *voort zeg ik*
voertsek < *voort zeg ik*

−> of > beteken "gaan oor tot", soos in:

voort zeg ik gaan oor tot *voertsek*; *voort zeg ik* > *voertsek*

Hierdie tekens kom nie in gewone sinverband voor nie, maar slegs in voorbeeldgevalle in tabelle.

2 Klem

Sommige taalgebruikers spreek bepaalde woorde met die klem op die verkeerde lettergreep (sillabe) uit. Die rede vir verkeerde beklemtoning kan dikwels aan die invloed van ander tale toegeskryf word. Daar word in taalhandleidings dan ook soms na byvoorbeeld anglisistiese aksentuering verwys. Hier volg nou 'n lys woorde wat dikwels verkeerd beklemtoon word. Let op watter lettergreep die klem in die volgende woorde behoort te val:

miníster, polísie, konták, kontrák, telefóón, telegrám, mímikus, agnóstikus, físici, botánici, akadémikus, jaloesié, allergié, analítici, distrík, buró, chemié, chémikus, projék, paragrááf, profesié, proféssie, tapisserié, katálogus, siníster(e), aspék, monumént, definitiéf, bulletín, hospitáál, industrié, manuskríp, konsép, admiráál, adolessént, absolúút, anargié, dirék, duplikáát, konkréét, kontrás, negatiéf, positiéf, médici, presidént, finansiér, administrásie, administréér, administratiéf, administratéúr, kompás, kompák

By sommige woorde kan wisseling in klemplasing voorkom:

notúle x *nótule*

In ander gevalle kan klemverskuiwing betekeniswysiging meebring, bv.:

vóórkom: *In warm wêrelddele sal slange vóórkom.*
voorkóm: *Slangbyte kan deur versigtigheid voorkóm word.*

Let op hoe beklemtoning in die volgende woorde kan wissel:

úitdruk x *uitdrúklik*
dráma x *dramáties* x *dramatúrg*
óómblik x *oomblíklik*
finánsies x *finansiééł*

jalóérs x *jaloesié*
prósa x *prosáïes* x *prosatéúr*
dwárskop x *dwarskóppig*

Klem by *sinistere:* ons spreek die woord uit as *sinístere.*

In hoofstuk 8 (Deelteken, par. h) word die plasing van die klemstreep in verskillende situasies bespreek.

3 Hoofletters

3.1 DIE SEWE GEVALLE VAN HOOFLETTERGEBRUIK
Hoofletters word in die volgende sewe gevalle gebruik:
- Aan die begin van 'n sin
- By eiename
- By woorde wat in die plek van 'n eienaam gebruik word
- Om agting en respek aan te dui
- In statusaanduiding
- By opskrifte
- Om reklame-effekte te bewerkstellig

Hierdie sewe gevalle word nou kortliks verduidelik. 'n Volledige uiteensetting van hoofllettergebruik, met uitgebreide voorbeelde, volg dan onder 3.2(a) – (f).

(a) Aan die begin van 'n sin
In gesproke taal is daar nie 'n onderskeid tussen hoof- en kleinletters nie. Met bepaalde stembuigings laat die spreker sy luisteraar(s) verstaan dat hy 'n sin afgesluit en met 'n volgende sin begin het. By skryftaal bestaan stembuigings nie en daarom word bepaalde leestekens gebruik om sinne mee af te sluit. Die eerste letter van die eerste woord in 'n nuwe sin begin dan met 'n hoofletter, bv.:

Die boom groei vinnig.

Wanneer 'n sin met *'n* begin, word die eerste letter van die volgende woord met 'n hoofletter geskryf, bv.:

'n Boom groei vinnig.

Dit gebeur soms ook dat 'n sin met 'n getal, jaartal, simbool of verwysing na 'n kleinletter begin. In so 'n sin word geen hoofletters gebruik nie, bv.:

65 mense gaan môre met vakansie.
1991 was 'n voorspoedige jaar.
π is 'n simbool wat in formules gebruik word.
r word gevorm as jou tongpunt vibreer.

Indien daar ander redes vir hoofletters in sinne is wat met 'n jaartal, simbool ens. begin, kan die hoofletters natuurlik gebruik word, soos in:

65 mense gaan Kaapstad toe.
65 Fordmotors gaan verkoop word.
1990 was 'n voorspoedige jaar vir Andries Bosman.
β is 'n letter in die Griekse alfabet.

2 Griekse letters is woorde in Afrikaans.
r word in Frans anders uitgespreek as in Engels.
1933-Bybels is baie skaars.
.22-Walthers skiet akkurater as .22-gewere.

Sinne soos die volgende het ook nie hoofletters aan die begin van 'n sin nie:

'n 4x4-bakkie sal in sanderige grond nie probleme gee nie.
'n z kom in min Afrikaanse woorde voor.
50cc is nie 'n kragtige masjien nie.

Indien daar ander redes vir 'n hoofletter aan die begin van sulke sinne is, moet die hoofletters natuurlik gebruik word, bv.:

'n 4x4-Ford aard goed in sanderige wêreld.
'n G op jou rapport dui aan dat jy druip.
'n 50 cc-Honda is maar 'n klein fietsie.

Onder 3.2(a) sal hoofletters al dan nie na 'n dubbelpunt binne of aan die einde van 'n sin volledig bespreek word.

(b) Eiename

Alle eiename word met hoofletters geskryf. Dit is nie altyd maklik om presies te bepaal wat 'n eienaam is nie, omdat die grens tussen eie- en soortname soms baie vaag kan wees. Voorlopig is dit voldoende om te sê dat 'n eienaam die onderskeidende naam van 'n indiwiduele saak is. Hieronder tel voorname, byname en die vanne van persone, die name van planete, lande, seë, stede, dorpe, berge, riviere, strate, geboue, sake-ondernemings, publikasies, vakke, spesifieke produkname van bepaalde vervaardigers, dag- en maandname ens.

Soortname het nie die indiwiduele onderskeidende karakter van eiename nie, maar benoem sake oor die algemeen. 'n Viervoetige, miaauende huisdier word 'n kat genoem. Die woord *kat* benoem die viervoetige, miaauende huisdier in die algemeen en word daarom 'n soortnaam genoem. As na een van hierdie indiwiduele viervoetige, miaauende huisdiere met die onderskeidende naam *Kietsie* verwys word, is hier nie meer sprake van 'n algemene, soortnaamwoordelike verwysing nie, maar word een bepaalde kat benoem. In hierdie geval is *Kietsie* 'n eienaam.

In sommige gevalle kan woorde in een verband as eienaam en in 'n ander verband as soortnaam optree. So byvoorbeeld sal *Koedoe* 'n eienaam wees wanneer wetenskaplikes dit gebruik as die onderskeidende naam van 'n indiwiduele bokspesie. Dit word dan met 'n hoofletter gespel. Wanneer 'n jagter egter 'n koedoe geskiet het, verwys hy nie met die woord *koedoe* na 'n indiwiduele, onderskeidende saak nie, maar na een van baie van sy soort, m.a.w. na 'n koedoe as algemene benoeming. Dan is *koedoe* 'n soortnaam en word met 'n kleinletter gespel. Hooflettergebruik by eiename sal onder 3.2(b) vollediger bespreek word.

(c) By woorde wat in die plek van eiename gebruik word

Soortname word dikwels saam gebruik om 'n eienaam te vorm. Die woorde *minister, buiteland* en *sake* is soortname, soos blyk uit die sinne:

Elke minister het 'n ampsmotor.
Ons kry ons brandstof van die buiteland af.
Bemoei jou met jou eie sake.

Saam vorm hulle die naam van 'n bepaalde ministeriële portefeulje, naamlik: *Minister van Buitelandse Sake*. As 'n mens nou skryf van die *Minister*, bedoelende die *Minister van Buitelandse Sake*, dan is *Minister* nie meer 'n soortnaam nie, maar 'n eienaam, omdat die soortnaam *minister* as (of in die plek van) 'n eienaam (in hierdie geval die naam van 'n ministeriële portefeulje) gebruik word. In so 'n geval word 'n hoofletter gebruik. Nog voorbeelde is:

Soortname
departement, soos in: *Elke departement moet verslag lewer.*
finansies, soos in: *My finansies laat rojale besteding toe.*
buitelandse sake, soos in: *Buitelandse sake is baie in die nuus.*
kerk, soos in: *Die kerk se dak lek.*

Eiename
Departement Finansies, soos in: *Die Departement Finansies moet 'n verslag inlewer.*
Departement Buitelandse Sake, soos in: *In die Departement Buitelandse Sake word daar hard gewerk.*
Gereformeerde Kerk, soos in: *Lidmate van die Gereformeerde Kerk is trots op hulle kerkverband.*

Soortname as (of in die plek van) eiename
Departement, soos in: *Die Departement* (bedoelende die Departement Buitelandse Sake) *moet 'n verslag inlewer.*
Finansies, soos in: *In Finansies* (bedoelende die Departement Finansies) *is nog geen verslag opgestel nie.*
Buitelandse Sake, soos in: *By Buitelandse Sake* (bedoelende die Departement Buitelandse Sake) *vind veranderings plaas.*
Kerk, soos in: *Die Kerk* (bedoelende die Gereformeerde Kerk) *gaan sy lidmate tot groter diensbywoning aanspoor.*

Wenk: Vóór 'n soortnaam wat as (of in die plek van) 'n eienaam gebruik word en met 'n hoofletter geskryf word, sal die onbepaalde lidwoord *'n* nie gebruik word nie, maar die bepaalde lidwoord *die*, of 'n besitlike voornaamwoord soos *u, my, ons, hulle, julle, sy, jou* en *haar,* bv.:

Ek gaan die Minister (bedoelende die Minister van Sport) *besoek.*
Ons Minister (bedoelende die Minister van Sport) *is slim.*
Julle Departement (bedoelende die Departement Gesondheid) *moet 'n verslag inlewer.*

Die hoofletter by *minister, departement* en *kerk* in die volgende sinne is **foutief**, omdat ons hier met soortnaamwoorde as sodanig te make het en nie met 'n eienaamsfunksie nie:

Ek wil graag met 'n Minister gesels. (Korrek: *minister*)
Oneerlikheid is 'n Departement se ondergang. (Korrek: *departement*)
Dit is nie 'n Kerk se taak om handel te dryf nie. (Korrek: *kerk*)

(d) Betoning van agting en respek
Lees die volgende sinne:

'n Vergadering word gewoonlik deur 'n voorsitter gelei.
Die notule word gewoonlik deur 'n sekretaris gehou.
My pa, ma, oupa, ouma en tante het kom kuier.
Die dokter het my 'n inspuiting gegee.
Daar loop meneer Wessels.
Baie verenigings het 'n president as die hoogste gesag.

In die bostaande sinne word woorde soos *voorsitter, sekretaris, pa, ma, oupa, ouma, tante, dokter, meneer* en *president* soortname genoem en dus met 'n kleinletter gespel. Indien hierdie soortname **direk** aan persone gekoppel word, tree daar 'n element van agting na vore en kan hierdie woorde met hoofletters gespel word om dit uit te druk.

In die notule van 'n vergadering sal dus *Voorsitter* en *Sekretaris* geskryf word (vanweë die opsienersposisies wat hulle beklee), bv.:

Die Sekretaris open die vergadering met gebed, waarna die Voorsitter almal welkom heet.

Dit geld ook die soortname wat in die volgende sinne ter wille van agting met 'n hoofletter geskryf word:

Môre wil die Rektor met ons praat.
Die President het gevra dat ons inflasie moet bekamp.
Sê vir Ma ek gaan dorp toe. (Teenoor: *Sê vir my ma ek gaan dorp toe.*)
Hier is Oupa se kierie. (Teenoor: *Ek soek my oupa se kierie.*)
Kan ek vir Pa 'n vraag vra? (Teenoor: *Elke kind se pa is kwaai.*)
Ek gaan vir Ouma bid. (Teenoor: *My ouma is doof.*)
Tante, waar bly Tante deesdae? (Teenoor: *My tante is doof.*)
Is Dokter al gesond? (Teenoor: *Is die dokter al gesond?*)

Dit is Professor se koffie hierdie. (Teenoor: *Daar loop julle professor.*)

Hierdie gebruik van die hoofletter beteken nie dat enige persoon of saak waarvoor 'n indiwidu agting het, sonder meer met 'n hoofletter begin kan word nie. As ek besondere agting vir my hond het oor 'n heldhaftige optrede deur hom, of vir my motor danksy buitengewone betroubaarheid, kan ek nie soos in die gevalle hier bo hoofletters gebruik nie. Die gebruik van 'n hoofletter in gevalle van agting is hoofsaaklik tot mense beperk en word daarby meestal deur konvensie bepaal.

(e) Statusaanduiding

Statusaanduiding sluit direk aan by die betoning van agting. Sekere poste het byvoorbeeld 'n hoër beroepstatus as ander en word met 'n hoofletter geskryf, soos: *Besturende Direkteur, Senior Dosent, Direkteur, Departementshoof, Rekenmeester, Hoofingenieur* ens.

Poste soos *klerk, sekretaresse, skoonmaker* en *tikster* het 'n relatief laer status en sal dus nie met 'n hoofletter geskryf word nie. Vergelyk byvoorbeeld die volgende sinne:

Tydens die vergadering het die Besturende Direkteur die probleme van die maatskappy bespreek.
Môre sal die tikster al die verslae tik.
Dr. Davel is vanaf Januarie as Senior Dosent aangestel.
Mnr. Bekker is die nuwe skoonmaker van ons kantore.
Die Direkteur se sekretaresse sal almal in kennis stel.
Elke Departementshoof moet sy personeel motiveer.
Elke klerk moet verantwoordelikheid vir sy werk aanvaar.

Die vraag is of daar 'n grens tussen status- en niestatusposte is, en indien wel, waar hierdie grens getrek moet word. Ja, daar is 'n grens. Waar hierdie grens getrek moet word, hang van die onderskeie instansies af. 'n Pos wat by een instansie status geniet, word by 'n ander liggaam nie as 'n statuspos beskou nie. Firmas moet dus self besluit watter poste dié soort status geniet wat op 'n hoofletterskryfwyse aanspraak kan maak, en hierdie beleid moet dan konsekwent deurgevoer en gehandhaaf word.

(f) Opskrifte

Opskrifte van enige geskrewe stuk (soos verslae, memoranda ens.) sal uiteraard 'n hoofletter as beginletter hê, met die res in kleinletters. Indien dit die hoofopskrif is, kan die hele opskrif in hoofletters geskryf word. Dit is dan 'n tipografiese hulpmiddel om onderskeid te tref tussen die belangrikheid van opskrifte. Subopskrifte in die geskrewe stuk kan dan telkens met 'n hoofletter begin en die res van die woord(e) met kleinletters geskryf word. ('n Eienaam of 'n ander woord in 'n subopskrif wat normaalweg met 'n hoofletter geskryf word, sal dan ook met 'n hoofletter begin.) Dit moet egter nie as 'n fout beskou word nie as subopskrifte in hulle geheel in hoofletters geskryf word, veral in 'n omvattende geskrewe stuk.

3.2 PLEK EN WYSE VAN HOOFLETTERGEBRUIK
(a) In sinsverband
(i) Nuwe sinne
Onder 3.1(a) is gesê dat elke nuwe sin met 'n hoofletter begin, behalwe in die uitsonderingsgevalle wat by 3.1(a) aangegee is. Met "nuwe sin" word bedoel 'n eerste sin, óf 'n sin wat begin nadat 'n vorige sin afgesluit is. 'n Sin word normaalweg afgesluit deur 'n punt, uitroepteken, vraagteken of weglatingspuntjies. Dus: slegs nadat 'n vorige sin deur een van hierdie vier leestekens afgesluit is, begin die volgende sin met 'n hoofletter. Aandagstrepe of kommapunte word nie as afsluiting van sinne beskou nie en daarom volg daar kleinletters na aandagstrepe en kommapunte in 'n sin, tensy die eerste woord daarna in elk geval 'n hoofletter moet kry, soos in die geval van 'n eienaam. Die volgende sinne dien as voorbeelde:

Jan het gekry wat hy gesoek het. Hy het gedruip.
Jan het gekry wat hy gesoek het! Hy het gedruip.
Wat het met Jan gebeur? Hy het gedruip.
Jan het gekry wat hy gesoek het ... Hy het gedruip.
Jan het gekry wat hy gesoek het; hy het gedruip.
Jan het gekry wat hy gesoek het – hy het gedruip.
Iets het gebeur – Jan het gedruip.
Iets het gebeur; Jan het gedruip.

By die dubbelpunt is die saak ietwat ingewikkelder.

(ii) Na 'n dubbelpunt
Indien 'n dubbelpunt in die middel van 'n sin voorkom, word die eerste woord ná die dubbelpunt met 'n kleinletter begin.

Die inbrekers het die volgende artikels gesteel: strykysters, televisiestelle, Bybels en rekenaartoerusting.
Laat ek dit soos volg stel: die technikons en universiteite moet meer klem op taalgebruikskunde lê.

Dit geld nie wanneer die eerste woord na die dubbelpunt in die middel van 'n sin in elk geval 'n hoofletter het nie:

Laat ek dit só stel: Suid-Afrika het behoefte aan meer as een amptelike taal.

Wanneer 'n dubbelpunt deur 'n voorbeeldsin gevolg word, begin die voorbeeldsin met 'n hoofletter, bv.:

'n Byvoeglike en selfstandige naamwoord word los geskryf, soos in: *Ek het 'n blou rok aan.*

Dit gebeur dikwels dat na 'n dubbelpunt 'n reeks eenwoordsake onder mekaar genoem word. Só 'n reeks eenwoordsake word met kleinletters geskryf (behalwe wanneer 'n woord 'n hoofletter moet kry) en sonder leestekens onder mekaar geplaas:

Die inbrekers het die volgende artikels gesteel:
strykysters
'n vlugbalnet
Blaupunkttelevisiestelle
Bybels
springkabels

Indien die sake wat onder mekaar geplaas word, sinsdele of frases is, word hulle met kleinletters begin en met kommapunte van mekaar geskei:

Uit die inbraak het ons geleer dat:
- *diewe bedags én snags kan toeslaan;*
- *veiligheidsdeure onontbeerlik begin word het;*
- *Bybels ook gesteel word;*
- *'n Blaupunkttelevisiestel gesog is; en*
- *springkabels in die motor gehou moet word.*

Liniêr sal hierdie sin soos volg geskryf word:

Uit die inbraak het ons geleer dat: diewe bedags én snags kan toeslaan; veiligheidsdeure onontbeerlik begin word het; Bybels ook gesteel word; 'n Blaupunkttelevisiestel gesog is; en springkabels in die motor gehou moet word.

Sonder die dubbelpunt sal die sin soos volg geskryf word:

Uit die inbraak het ons geleer dat diewe bedags én snags kan toeslaan, veiligheidsdeure onontbeerlik is, Bybels ook gesteel kan word, 'n Blaupunkttelevisiestel gesog is en springkabels in die motor gehou moet word.

Het u op die verskil gelet wat die dubbelpunt maak?

Indien daar na 'n dubbelpunt in 'n sin 'n reeks volsinne gebruik word, word aanbeveel dat hierdie sinne onder mekaar geplaas word, genommer of ongenommer. Elke volsin begin met 'n hoofletter en word met 'n punt van die volgende sin geskei, soos in:

Uit die ondersoek het die volgende gegewens geblyk:
Inbrekers verken 'n omgewing vooraf deeglik.
Inwoners se roetine vergemaklik inbraakpogings.
'n Alarmstelsel is 'n nuttige afskrikmiddel.
Veiligheidsbewustheid het onontbeerlik geword.

(iii) Direkte rede
Die volgende voorbeelde gee 'n aanduiding van hoe hoofletters by die gebruik van direkte rede optree:

Elke oggend sê die onderwyser: "Haal uit die boeke."
"Haal uit die boeke," sê die onderwyser.
"Sit, klas," sê die onderwyser, "en haal uit die boeke."
"Sit, klas!" gil die onderwyser.
"Waar is die boeke?" vra die onderwyser. "Ek wil dit sien."

Dit kan ook gebeur dat 'n persoon in sy gesprek iemand anders se woorde direk aanhaal. In so 'n geval is hoofletters ook van toepassing:

As hy vir julle vra "Wat wil julle hê?" dan sê julle: "Ons wil met u praat."
Hy wou nog sê "Gee my 'n koppie tee", toe hoor jy net koeëls.

(b) Name
(i) Mense
Mense se voorname, byname en vanne word met hoofletters geskryf:

Marie, Gert, Gertjan, Annemarie, Janneman, Annabella, Chrisjan, Magdalena, Dikdaan, Witkoos, Grootgert, Ousus, Kleinsus, Langpiet, Sannie Venter, Johan Weideman

Sommige voorname wat uit meer as een naam bestaan, word nie vas geskryf soos byvoorbeeld *Gertjan* en *Annemarie* hier bo nie, maar met 'n koppelteken, soos in:

Johannes-Paulus, Marie-Louise, Marie-Antoinette

In sulke gevalle word die naamdeel na die koppelteken ook met 'n hoofletter geskryf. Byname wat voor die voornaam staan en as 't ware deel van die voornaam vorm, word vas aan die voornaam geskryf, soos in *Langpiet* en *Grootgert*. Soms tree die bynaam as voornaam saam met 'n van op en word dan soos volg geskryf:

Wors Prinsloo, Kaskar Basson, Bierpens Fouché

Soms word 'n eienaam na 'n voornaam en as 'n soort van gebruik. Die skryfwyse is dan só:

Gert Grootbek, Sannie Witbrood, Hennie Politiek

In 'n saamgestelde van (d.w.s. bestaande uit meer as een van) word die dele normaalweg nie vas geskryf soos byvoorbeeld name soos *Annemarie* en *Jandaan* nie. Sulke saamgestelde vanne word met 'n koppelteken aan mekaar verbind en die tweede deel begin ook met 'n hoofletter:

Bax-Botha, Lion-Cachet, Nienaber-Luitingh, Cilliers-Barnard

Die hoofllettergebruik by vanne wat uit meer as een losstaande deel bestaan, toon telkens 'n bepaalde variasiepatroon. Indien so 'n van voorafgegaan word deur 'n naam, bynaam of voorletters, begin die van met 'n kleinletter, soos in die volgende voorbeeldsinne:

Frik van Rensburg is siek.
Tommie van der Walt is siek.
Spiere le Roux is 'n rugbyspeler.
S.J. du Toit leef nie meer nie.
G. de la Bat gaan met vakansie.
Snorre de Lange verkoop deesdae handelsvoertuie.

Indien sulke vanne sonder name of voorletters in 'n sin voorkom, al is daar 'n titel vooraan, word dit met 'n hoofletter begin. In die geval van vanne met twee komponente word albei met hoofletters begin, maar by vanne met drie komponente word die middelste komponent met 'n kleinletter geskryf. Die volgende voorbeeldsinne illustreer dit duidelik:

Ek is lief vir Du Preez.
Vandag kom mnr. Van den Heever kuier.
Het jy geluister na ou Van der Merwe?
Ek studeer by prof. Du Plessis.
Dominee Van Graan het my gedoop.
Die hospitaal wil met dr. A.G. de Villiers praat.
Ek gesels met mev. S.R. le Grange.

Vanne wat met *Janse van* of *Jansen van* begin, word in alle gevalle met 'n hoofletter begin:

Sal Renier Janse van Vuuren na vore kom?
Waar is Jansen van Vuuren vandag?
Ek soek na R.S. Jansen van Vuuren.
Hulle wil meneer Janse van Vuuren hê.
O, hier is mej. Jansen van Vuuren.
Adv. Ernst Janse van Vuuren behartig my saak.

Indien die *Janse* of *Jansen* verswyg word, of as 'n voorletter gebruik word, begin die van by *van* en word dit begin soos in die vanne hier bo wat uit meer as een losstaande deel bestaan.

Wanneer 'n tweedelige van as 'n voornaam gebruik word, word dit soos 'n van geskryf. Die eerste deel word met 'n hoofletter geskryf wanneer dit eerste of alleen staan, anders kry dit 'n kleinletter.

N.P. van Wyk Louw is 'n digter.
Van Wyk Louw is 'n merkwaardige digter.
Professor Van Wyk Louw is 'n akademikus.

Dr. N.P. van Wyk Louw is 'n Hertzogpryswenner.
Danie van Wyk Louw is 'n ander persoon.

(ii) Diere, plante, produkte, possessiefname en vakname
In die alledaagse omgangstaal praat mense van *honde, katte, foksterriërs, wolfhonde, worshonde, bergleeus, witleeus, jerseykoeie, rottweilers, vetstertskape, witrenosters, bastergemsbokke, koningkarp, sandhaai, vaalhaarjakkals* ens. in 'n algemene, soortnaamwoordelike gebruik en daarom sal sulke woorde nie met 'n hoofletter begin word nie. Indien die *Rottweiler* of die *Frieskoei* as tipe spesifiek eienaamwoordelik bedoel word, sal sulke woorde met 'n hoofletter geskryf word. Taalgebruikers moet besluit of hulle die dierverwysing in 'n soortnaamwoordelike (kleinletter) of eienaamwoordelike (hoofletter) verband gebruik.

'n Ander voorbeeld van die soortnaamwoordelike versus die eienaamwoordelike gebruik van woorde kom byvoorbeeld by *son, aarde* en *maan* voor. Wanneer algemene taalgebruikers in hulle alledaagse taal van die son, maan en aarde praat, gebruik hulle die woorde soortnaamwoordelik, en daarom word *son, maan* en *aarde* in dié verband dan telkens met 'n kleinletter geskryf. Indien 'n fisikus vakwetenskaplik oor die planete en hulle name skryf, sal hy dit as *Son, Maan* en *Aarde* skryf, omdat hy dit in daardie verband as die name van planete gebruik, naas die name van die ander planete, byvoorbeeld *Venus, Jupiter, Mars, Saturnus* ens. Kortom: in die gewone, alledaagse gebruik word verwysings na hond-, bok-, bees-, skaap-, kat- en ander diersoorte, soos by *son, maan* en *aarde* met 'n kleinletter geskryf.

In kinderverhale waar diersoorte as karakters met dienooreenkomstige name optree, sal hooflettergebruik uiteraard van toepassing wees, bv.:

Rooikappie het vir Hasie gaan kuier, maar Wolf en Jakkals was baie jaloers en het besluit om by Koning Leeu van die heks en Klaas Vakie te gaan skinder. Vir Oupa Uil en Mamma Haas was dit 'n groot teleurstelling dat Towenaar nie daar was nie, maar hy het vir 'n ander hasie, wolf, jakkals en towenaar gaan kuier. (Let op die eienaam- en soortnaamwoordelike onderskeiding.)

Soos by diere sal taksonomiese name met hoofletters begin, omdat taksonomiese indeling spesifieke tipe-, orde- en ander name veronderstel. Die alledaagse gebruik van die populêre benoemings vir diere en plante het soortnaamwoordelike verwysing op die oog en word daarom met 'n kleinletter geskryf. Vergelyk die volgende voorbeelde:

Ek gaan 'n Salix capeusis plant.
Ek gaan 'n wilgerboom plant.
Die Calendule officinalis blom pragtig vanjaar.

45

Gaan pluk vir my 'n gousblom.
Ons roei die Tagetes minuta uit.
Ons roei die kakiebos uit.

Dieselfde geld vir verwysings na *hanepootrosyne, albertaperskes, barlinkadruiwe* en *valencialemoene* (of sommer net *hanepoot, alberta, barlinka, valencia*).

Produkte soos motors, kruidenierswaren, elektroniese artikels ens. wat volgens handelsname van mekaar onderskei word, word met hoofletters geskryf, bv:

*Ek besit 'n **Toyota 1600**, drink graag **Sparlettakoeldrank**, smeer **Blossommargarien** op my brood, was my klere met **Surf** en my gesig met **Palmolive**, koop net **Blaupunktradio's**, werk met 'n **Singermasjien**, tik op 'n **Adlertikmasjien** en drink **Tassenbergwyn**.*

In baie gevalle het produkte, dier- en vrugtesoorte en ander subjekte wat aan handels- en ander soortname verbind was, se verbintenisse met hierdie eienaamkonnotasies vervaag en het die eienaamonderskeiding oorgegaan in soortnaamonderskeidings. In sulke gevalle word die hooflettergebruik toenemend met die kleinletter vervang. So byvoorbeeld word dit gebruikliker om die verskillende kaassoorte met kleinletters te skryf:

camembert, brie, parmakaas en *goudakaas*.

Op grond hiervan kan die verskillende soorte honde, beeste, perskes, druiwe, wyn ens. (wat aanvanklik aan name gekoppel is) met kleinletters gespel word:

dobermann-pinscher, brahmaan, alphonse lavallée, splendourappels, oomsarelperskes, hertzogtertjies, rieslingwyn, steenwyn, cabernet, persiese kat, afrikanerbeeste ens.

Die grens tussen suiwer soortname en dié wat nog sterk aan 'n handelsnaam of ander eienaamelement gekoppel is, is soms vaag. Soms kan die lyn nie konsekwent deurgetrek word nie. Nogtans kan dit as 'n nastrewenswaardige beginsel geld: as jy A sê, moet jy B óók sê.

Possessiefname word soos volg geskryf:

Ohm se Wet, Wet van Ohm; die Rorichbeginsel, die Beginsel van Rorich; Ahls se Teorie, Teorie van Ahls

Vakname word normaalweg met hoofletters geskryf, maar die velde waarin die vaknaam gesetel is, met kleinletters. So sal die vak *Letterkunde* of *Literatuur(wetenskap)* met 'n hoofletter geskryf word, maar die veld van die letterkunde of literatuur sal met 'n kleinletter geskryf word, omdat dit nie 'n eienaamverwysing soos by die vaknaam is nie, maar 'n soortnaamverwysing na die veld. Hierdie selfde soort onderskeid word gemaak in gevalle soos:

Wiskunde (vak) x *wiskunde* (veld)
Fisika (vak) x *fisika* (veld)
Geskiedenis (vak) x *geskiedenis* (veld)
Chemie (vak) x *chemie* (veld)

Soms is dit nie moontlik om konsekwent tussen die vak en veld te onderskei nie. In sulke gevalle moet die taalgebruiker maar eie oordeel gebruik en 'n besluit neem. Dit moet dan nie as verkeerd beskou word as 'n hoofletter gebruik word waar 'n kleinletter moes gewees het nie – en andersom – juis omdat twyfelagtige gevalle wél voorkom.

Let daarop dat sowel vaknaam as veld by taalname altyd net met 'n hoofletter geskryf word:

Afrikaans, Engels, Tswana

(iii) Godsdiensterme en hoofletters
Die volgende word met hoofletters begin:

(a) *Bybel*, ook genoem *die Skrif* of die *Heilige Skrif* en *Blye Boodskap*.
(b) Name van Bybelboeke, ook: *Ou Testament* en *Nuwe Testament*.
(c) Persone in die Bybel, ook: *Verlosser, Saligmaker, Heiland, Drie-eenheid* en *die Voorsienigheid*; ook afleidings daarvan, bv.: *Mosaïese wette*.
(d) Samestellings met *Bybel*, soos: *Bybelversie, Kinderbybel, Bybelblaai, Kanselbybel, Bybelrak, Familiebybel*.
(e) Ander godsdiensgeskrifte: *Vulgaat, Koran, Talmoed* ens.
(f) Godsdienste en kerke: *Protestantisme, Calvinisme, Boeddhisme, Nederduitse Gereformeerde Kerk, Rooms-Katolieke Kerk, Nederduits Hervormde Kerk, Islam, Christendom, Sewendedagadventistekerk, Lutherse Kerk, Pinksterkerk* ens.
(g) Persone wat aan 'n kerk of godsdienstige beweging soos in (f) aangedui, behoort (soos: *Christen, Rooms-Katoliek/Katoliek, Apostolie, Hervormer, Sewendedagadventis, Protestan*t).
(h) Godsdienstige dae en feeste, soos: *Goeie Vrydag, Hemelvaartdag, Kersfees, Pinkstersondag, Paasfees*.
(i) Sakramente, soos: *Nagmaal, Doop, Heilige Nagmaal, Heilige Doop*.

Na aanleiding van (i) moet gesê word dat *doop* net met 'n kleinletter gespel word wanneer dit as werkwoord gebruik word, soos in:

Ek doop my beskuit in die koffie.
Die predikant doop die babatjie.

Wanneer na die sakrament verwys word, is 'n hoofletter (soos by *Nagmaal* van toepassing, soos in:

In die Doop, soos in die Nagmaal, lê simboliese betekenisse opgesluit.

(j) Oor woorde soos *Kerk* en *kerk*, *Sinode* en *sinode*, en *Klassis* en *klassis* twyfel taalgebruikers ook dikwels. Hier geld die beginsel wat by 3.1(b), (c) en 3.2(b)(ii) bespreek is. Indien *kerk, sinode* en *klassis* soortnaamwoordelik gebruik word, soos in verwysings na byvoorbeeld die kerkgebou, word 'n kleinletter gebruik, bv.:

Die kerk staan op die hoek van Kerk- en Strandstraat.
Elke sinode moet vanjaar nuwe ampsdraers kies.
Ons het nie 'n sinode nie, maar 'n klassis.

Kerk word met 'n hoofletter begin indien die woord in die plek staan van 'n bepaalde denominasie se naam, of wanneer na die universele betekenis, soos in die Kerk van Christus, verwys word, bv.:

Die Kerk het vanjaar tien predikante georden (bedoelende bv. die Gereformeerde Kerk).
Die boodskap van die Kerk mag nooit verflou nie (bedoelende die algemene, Christelike Kerk).

Sinode of *Klassis* wat verwys na 'n spesifieke kerkvergadering, word met 'n hoofletter begin, bv.:

Die Sinode (bedoelende: die Sinode van die N.G. Kerk) *vergader een keer per jaar.*
Die Klassis (bedoelende: die Klassis Amsterdam) *doen 'n oproep tot verootmoediging.*

Dieselfde onderskeid moet getref word by *gemeente*, bv.:

Elke gemeente lewer 'n bydrae.

en *Gemeente*, bv.:

Die Gemeente lewer 'n groot bydrae (bedoelende bv.: die Floridagemeente van die Lutherse Kerk).
Die wêreld let op die Gemeente se getuienis (bedoelende: die Gemeente as Kerk van Christus).

(k) 'n Kleinletter is gewoonlik van toepassing by die (soortnaamwoordelike) verwysing na *koninkryk, evangelie, hemel, leer* en *leerstelling*, asook kerklike ampte, bv.:

Lesotho is 'n koninkryk.
God se koninkryk is nie van hierdie aarde nie.

Iemand verkondig leuenagtige stories as evangelie.
Die leer/leerstelling van 'n apostel, predikant, diaken, ouderling, evangelis, dominee, priester, pastoor of profeet moet altyd suiwer wees.
Die Here woon in die hemel.
Die volk luister na die profeet se waarskuwings.
Die dominee lê huisbesoek by sy lidmate af.
Die leerstellings van Christus is veel meer as morele lesse.
Elke maand kom die diaken en ouderling vir ons kuier.
Hier kom die predikant nou aan.
Die engel Gabriël het aan Maria verskyn.
Ek lees graag wat een van die apostels in die Bybel skryf.

Insgelyks sal besitlike verwysings i.v.m. die Godheid met kleinletters gespel word, soos die vetgedrukte woorde in die volgende voorbeeldsinne:

*God se **wil** is soms onverstaanbaar.*
*Die **hand** van die Here is op my.*
*Christus se **woorde** is opgeteken.*
*Die **evangelie** van Jesus is bevrydend.*

Hoofletters is van toepassing wanneer verwysings eienaamwoordelik gebruik word, soos in die volgende gevalle:

Luister na die Lam van God. (Lam = Christus)
Christus is Apostel, Priester en Profeet.
Die Seun maak ons vry. (Seun = Christus)
God se Woord (bedoelende die Bybel) *is betroubaar.*
In die Raadsplan van God is voorsiening gemaak vir die Ewige Lewe, dus het die mens 'n vooruitsig op 'n ewige lewe.

Let op: die *Ewige Lewe* as naam vir die Hiernamaals teenoor 'n *ewige lewe* as 'n adjektief plus substantief.

Hoewel die bepaalde en onbepaalde lidwoord medebepalend kan wees om die soort- teenoor die eienaamgebruik te bepaal, geld dit nie absoluut nie: *die Ewige Lewe* is eienaamwoordelik, maar *die hemel* nie; *hemel* is bloot 'n soortnaamwoordelike verwysing.

Verwysings na die Godheid in die een of ander verband word ook met hoofletters geskryf, bv.:

Die Gees werk soos Hy wil. (Hy: persoonlike vnw.)
Christus het ons verlos met Sy lyding. (Sy: besitlike vnw.)
Jesus aanbid God en verheerlik Hom. (Hom: persoonlike vnw.)
God skaam Hom nie vir Sy kinders nie. (Hom: wederkerende vnw.; Sy: besitlike vnw.)

(iv) Name wat uit meer as een woord bestaan
Talle plekke, persone en instansies se name bestaan uit 'n reeks aaneengeskakelde woorde. Die gebruik is om elke woord in so 'n naam met 'n hoofletter te skryf, maar die voorsetsels en lidwoorde in kleinletters te hou, bv.:

die Suid-Afrikaanse Vereniging vir Bedryfsredakteurs
die Kommissie van Ondersoek na die Openbaarmaking van Inligting
die Universiteit van die Noorde
die Minister van Wet en Orde
Werner die Besondere
Koning Hendrik die Oorwinnaar
die Sekretaris van Doeane en Aksyns
die Unie van Sosialistiese Sowjetrepublieke
die Kaap die Goeie Hoop
Berg en Dal
Batsjadi se Kraal
Wet van Ohm, Ohm se Wet

In die perswese neem die gebruik toe om *Die* as deel van die tydskrif- of koerantnaam weg te laat en net te praat van *Huisgenoot, Beeld, Rapport, Sarie,* of *Pretoria News.*

(c) Bevolkingsgroepe

In die *Afrikaanse woordelys en spelreëls* word aangedui dat beskrywende benamings vir die verskillende bevolkingsgroepe en lede van sulke groepe met kleinletters en los geskryf word, bv.:

wit mense, swart kind, bruin vrou, blanke man

In elke geval word die kleuraanduiding as 'n byvoeglike naamwoord gebruik en tree dus op soos enige ander byvoeglike naamwoord voor 'n selfstandige naamwoord. Selfs al word hierdie soort byvoeglike naamwoorde as selfstandige naamwoorde gebruik, bly dit kleinletters, bv.:

Hier woon blankes. x *Hier woon swartes.* x *Hier woon bruines.* x *Hier woon wittes.*

Na aanleiding van hierdie bereëling word ook geskryf:

wit woonbuurt ('n woonbuurt waar wit mense woon), *swart skool* ('n skool vir swart kinders), *bruin belange* (die belange van bruin mense), *blanke gebied* (vir blankes)
'n Hoofletter word egter steeds gebruik by die verwysing na byvoorbeeld *Asiër, Maleier, Griekwa, Afrikaner, Maori, Swazi/Swati, Indiër* en *Xhosa,* omdat hierdie woorde eienaamwoordelik gebruik word. Daarom sal ons steeds skryf:

Asiërtradisies, Maleiersang, Griekwagewoontes, Afrikanerdrag, Maorisiening, Swazikultuur/Swatikultuur, Indiërtale, Xhosaleier, Tswanaleefwyse en *Sothostam*

Die woord *kleurling* word deur baie mense negatief ervaar. Indien *kleurling* wél gebruik móét word, word 'n kleinletter aanbeveel, omdat die eienaamstatus van hierdie woord moontlik met nog groter negatiwiteit bejeën kan word.

(d) Voorbeelde van hooflettergebruik in briefvorms

Let op die gebruik van hoofletters in die verskillende vorms van adressering, aanhef en slot by die formele brief:

1. Adres:	Die Bestuurder Departement Taaldienste Raad vir die Opheffing van Agtergeblewe Gemeenskappe Posbus 001 Klawervlei 0000
Aanhef:	Geagte Meneer
Slot:	Met agting en groete Die uwe S. du Toit VISEREKTOR

2. Adres:	Dr. R. van den Heever Sekretaris Taalburo Privaatsak X1 Witfonteinrand 0000
Aanhef:	Geagte dr. Van den Heever
Slot:	Die uwe G. Janse van Rensburg BESTURENDE DIREKTEUR

3. Adres:	Suid-Afrikaanse Vereniging vir Immigrante H/v Prins- en Bergstraat Verkeerderegtevlei 0000
Aanhef:	Aandag: Mev. Linda Swart Geagte mev. Swart
Slot:	Vriendelike groete Prof. P.M. Steenkamp ADJUNKHOOF

4. Adres:	Komitee vir Vlugtelinge 5de Laan 865 Pretoria 0001
Aanhef:	Geagte mnr. Du Toit GRIEP EN DIE BEHANDELING DAARVAN
Slot:	Met agting en vriendelike groete Ds. S.J. van Breda HOOF UITVOERENDE BEAMPTE

(e) Vanne, vakke, tydperke en planete

Let op die hooflettergebruik by vanne soos die volgende, wat uit meer as een komponent bestaan:

Jan van Rensburg, J.R. van Rensburg, Vleisneus van Rensburg, mnr. Van Rensburg, mnr. Jan van Rensburg, mnr. J.R. van Rensburg, dr. Van Vuuren, dr. Jan van Vuuren, dr. J.R. van Vuuren, me. Van der Merwe, me. Marie van der Merwe, me. S.J. van der Merwe, prof. Le Roux, prof. S. le Roux, Stompies le Roux, André de la Bat, ds. De la Bat, ds. A.S. de la Bat

Vakname, soos enige ander eienaam, word telkens met 'n hoofletter begin, soos blyk uit die volgende sinne:

My boetie se vakke is: Afrikaans, Geskiedenis, Houtwerk, Musiek en Ekonomie.
Gertjan doen pragtige houtwerk, Annemarie maak weer mooi musiek, terwyl Boetie net in die Suid-Afrikaanse ekonomie belangstel.
Die geskiedenis van hierdie land kan uit verskillende boeke bestudeer word.

In die eerste sin word *vakname* gebruik (en dus met hoofletters begin), terwyl die *vakgebiede* of *-werklikheid* in die tweede en derde sin ter sprake is en nie die name nie – daarom dan die kleinletters. Die onderskeid tussen vaknaam en -gebied/-veld/-terrein is soms vaag en selfs kunsmatig, sodat die onderskeid tussen vaknaam en soortnaamwoordelike verwysing na die vakwerklikheid waaruit die naam spruit, dikwels moeilik getrek kan word. (Let ook op *Boetie* as eienaam en *boetie* as soortnaam.)

Ons kom kortliks terug na die name van hemelliggame: dié name word met hoofletters begin. Wanneer in vakverband na *Aarde, Son* en *Maan* verwys word, is hooflettergebruik ook van toepassing. In alledaagse gebruik het *aarde, maan* en *son* so 'n sterk soortnaamwoordelike inslag gekry dat kleinlettergebruik in sulke gevalle nie as verkeerd beskou moet word nie.

Die verband waarin hierdie woorde gebruik word, sal dus bepaal of hoof- of kleinletters aangewend moet word.

Die name van tydperke en gedenkwaardige periodes word met hoofletters geskryf, bv.:

Die **Ystydperk** was nie so lank soos die **Steentydperk** nie.
Daar word na die **Middeleeue** verwys as donker.
Die **Renaissance** en die **Nakoloniale Tydperk** toon ooreenkomste.
In sowel die **Laatmiddeleeue** as die **Postmoderne Era** het indiwiduele regte sterk na vore getree.
Is daar 'n verskil tussen die **Neorenaissance** en die **Vroeë Romantiek**?
Die skool vier vandag **Lentedag**.
Septembermaand is **Vriendskapsmaand**.
Die **Eerste Wêreldoorlog** het van 1914 tot 1918 geduur.
Hierdie week is dit **Gesinsweek**.

(f) Afleidings van eiename

Afleidings van eiename begin telkens met 'n hoofletter. Slegs werkwoordelike afleidings van eiename word met kleinletters geskryf:

Amerika, Amerikanisme, Amerikaner, Amerikaans(e), amerikaniseer; Katoliek, Katolisisme, Katolieke, katoliseer; Afrika, Afrikaans, Afrikaner, Afrikaans(e), verafrikaans

'n Eienaam behou in 'n samestelling altyd sy hoofletter. Hooflettervariasie word ook aangetref by woorde soos *Anglisisme* wat met 'n hoofletter geskryf word, maar in die werkwoord- en adjektiefvorm met 'n kleinletter, vgl.:

Anglisisme	*angliseer*	*anglisisties*
Amerikanisme	*amerikaniseer*	*amerikanisties*
Germanisme	*germaniseer*	*germanisties*

Let op die verskil in hooflettergebruik in die volgende gevalle:

sinterklaas of *sint Nikolaas*, maar *Sint Helena*

Die *sint* in *sinterklaas* en *sint Nikolaas* is nie eienaamwoordelik nie, maar eerder soortnaamwoordelik. In *Sint Helena* is dit deel van die eienaam en daarom word dit met 'n hoofletter geskryf.

Die hooflettergebruik by die volgende gevalle sluit by die bovermelde voorbeelde aan:

Hoë Kommissaris, Klein Duimpie, maar *Deo volente, don Juan* en *don Juans*

Neem ook kennis van die hooflettergebruik in gevalle soos die volgende:

Sy Edele, U Edele, Sy Edelagbare, Sy Eminensie

Hierdie gebruiksvorme is beperk tot hoofsaaklik die regsbank en enkele tradisionele kerkgebruike, en nie meer van toepassing by verwysings na of die aanspreek van hooggeplaastes nie. Na 'n staatspresident of minister sal bloot verwys word as *meneer/staatspresident/president/minister* X, of hy sal as sodanig aangespreek word. Die gebruik van *Edele* in dié verband het verval:

Die Minister van Beplanning kom ons toespreek.
Ons verwelkom vandag hier die staatpresident van Sjina.
Meneer Vos, die Minister van Beplanning, kom ons toespreek.
Ek stel aan u voor die president van Hawai, meneer Codo.

Hiermee is die belangrikste sake wat die gebruik van die hoofletter betref, afgehandel. Uiteraard is nie alles gedek nie, hoewel taalgebruikers uit die bostaande behandeling van die hoofletter genoegsame inligting behoort te put om die meeste probleemgevalle wat kan opduik, suksesvol te hanteer. Onthou: hoofletters is soos duur parfuum – wend dit suinig en oordeelkundig aan.

4 Verskillende spelwyses sonder betekenisverandering

4.1 **WOORDE WAT OP MEER AS EEN MANIER GESKRYF KAN WORD**
Daar is in Afrikaans heelwat woorde wat op twee of meer maniere geskryf kan word sonder dat die betekenis verander. 'n Klompie voorbeelde is:

aalwyn(e) x aalwee(s)
aangeklade x aangeklaagde
adrenalien x adrenaline
aftrede x aftreding
allesomvattend x alomvattend
analis x analitikus
antenne x antenna
artistiek(e) x artisties(e)
babbelas x babelas
balsemkopiva x kopivabalsem
basaltien x basaltine
bereisde x berese
   (dus: belese en berese of belese en bereisde)
bevriesde x bevrore
casino x kasino
cholera x kolera
cochenille x kosjeniel
daalder x daler
familiaar x familiêr
demensie x dementia
desennium x desennia
diékantse x diékantste
duskantse x duskantste
eenders x eners
egaal x egalig
enkefalitis x ensefalitis
fideicommissum x fideikommis
finansieer x finansier
   (ww., s.nw: finansier)
finansiering x finansiëring
gare x garing
gilotien x guillotine
gits x gats
groete x groetnis

aangelêde x aangelegde
aartappel x ertappel
afgelêde x afgelegde
allamintig x allemintig
anachronisme x anakronisme
anderkantse x anderkantste
Armeen x Armeniër
asgaai x assegaai
bagatel x bakatel
bandom x bantom
beloof x belowe (maar: beloofde)

bokantse x bokantste
chirurg x sjirurg
chronologies x kronologies
confetti x konfetti
daeraad x dageraad
decrescendo x dekressendo
denkproses x dinkproses
dictum x diktum
dientyd x bedieningstyd
echelon x esjelon
effe x effens x effentjies
endrym x eindrym
ewe-eens x eweneens
filagram x filigram

foei tog x fooitog
gemeubeleer(de) x gemeubileer(de)
gisproses x gistingsproses
gramadoelas x grammadoelas
harpenis x harpis

individu x *indiwidu*
inskryfvorm x *inskrywingsvorm*
Japannees x *Japanner*
katastrofaal x *katastrofies*
katerjag x *katterjag*
kief x *kieu*
konfederaal x *konfederatief*
laagdrukstelsel x *laedrukstelsel*
maksimalisering x *maksimering*
minimalisering x *minimering*
moniteer (ww.) x *monitor (ww.)*
omgeslaande x *omgeslane*
onegaal x *onegalig*
onstabiel x *instabiel*
oorbietjie x *oribi*
opgelope x *opgeloopte*
rand x *rant,* (bedoelende: *kant*)
senuagtig x *senuweeagtig*
sinchroon x *sinkroon*
verhemelte x *gehemelte*
vitamienstroop x *vitaminestroop*
vermikrofilm x *mikroverfilm*
voorgenoemde x *voornoemde*
ameublement x *meubelment* x *meublement*
senu-ineenstorting x *senuweeineenstorting*

injekteur x *injektor*
ja x *jaag*
kalfsvel x *kalwervel*
kategoriaal x *kategories*
keël x *kegel*
kiemproses x *ontkiemingsproses*
korrigeerlint x *korreksielint*
maksimaliseer x *maksimeer*
minimaliseer x *minimeer*
molekuul x *molekule*
naak x *nakend*
omkeer x *ommekeer*
oneksak(te) x *ineksak(te)*
ontlaaiing x *ontlading*
opgaaf x *opgawe*
ramkie x *ramkietjie*
sensor (ww.) x *sensoreer* (ww.)
senustelsel x *senuweestelsel*
uittrede x *uittreding*
vitamien x *vitamine*
voorgemelde x *voormelde*
vermikrofilming x *mikroverfilming*

By woorde wat op twee of meer maniere geskryf kan word en wat meervoud kan hê, moet gelet word op die verskillende meervoudsvorme wat van toepassing is, bv.:

anafoor x *anafora,* maar: *anafora* x *anaforas*
daktiel x *daktiele,* maar: *daktilus* x *daktilusse*
girandool x *girandole,* maar: *girandole, girandoles*
halied x *haliede,* maar: *halide* x *halides*
ietermago x *ietermagos,* maar: *ietermagô* x *ietermagôs* en *ietermagogge* x *ietermagogs*
kief x *kiewe,* maar: *kieu* x *kieue*
oplaag x *oplae,* maar: *oplae* x *oplaes*
vreug x *vreugde,* maar: *vreugde* x *vreugdes*
wederhelf x *wederhelfte,* maar: *wederhelfte, wederhelftes*

4.2 **ENERSE ENKEL- EN MEERVOUDE**

Daar is woorde in Afrikaans waarvan die gebruik van die enkel- en meervoudsvorme "deurmekaar loop" en dieselfde vorm het, soos die vetgedrukte woorde in die volgende sinne:

*Die **môrestond** is verkwikkend.* x *Die **môrestonde** is verkwikkend.*

Dieselfde geld vir die volgende:

stond x *stonde, aandstond* x *aandstonde, middagstond* x *middagstonde*

Indien jy *stond* as enkelvoudsvorm gebruik, is *stonde* die meervoudsvorm, maar as jy *stonde* as enkelvoudsvorm gebruik, is *stondes* die meervoudsvorm. Hierby kan nog voorbeelde soos die volgende gevoeg word:

molekuul x *molekule* (teenoor: *molekule* x *molekules*)
DNS-molekuul x *DNS-molekule* (teenoor: *DNS-molekule* x *DNS-molekules*)
vitamien x *vitamiene* (teenoor: *vitamine* x *vitamines*)
aanklag x *aanklagte* (teenoor: *aanklagte* x *aanklagtes*)
bloes x *bloese* (teenoor: *bloese* x *bloeses*)
bylaag x *bylae* (teenoor: *bylae* x *bylaes*)
sperm x *sperm/sperme/ sperms/sperma*
eon x *eon* of *eons*
kloaak x *kloake* (teenoor: *kloaka* x *kloakas*)
krotbuurt x *krotbuurte* (teenoor: *krotbuurte* x *krotbuurtes*)
rabbi x *rabbi's* (teenoor: *rabbyn* x *rabbyne*)
langsnee x *langsneë* (teenoor: *langsnit* x *langsnitte*)

5 Los en vas skryf

Taalgebruikers skryf woorde dikwels verkeerd sonder dat hulle besef dit is foutief; hulle dink dit word maar so gebruik of gespel. Eers wanneer die korrekte vorm onder die aandag gebring word, besef hulle dat hulle dit nog altyd verkeerd gebruik het. Soms is hulle nie bewus daarvan dat bepaalde woorde meer as een spelwyse het nie, met die gevolg dat hulle die alternatiewe manier as foutief bejeën. 'n Verskeidenheid sulke gevalle word hier onder behandel.

5.1 SONDER BETEKENISVERANDERING

5.1.1 Die volgende verbindings bestaan uit woorde wat tot verskillende woordsoorte behoort. Hierdie verbindings kan los of vas geskryf word, sonder dat die betekenis verander:

(a) baie + iets (gewoonlik 'n selfstandige naamwoord)
baiemaal en *baie maal* (maar net: *baie male*)
baiekeer en *baie keer* (maar net: *baie kere*)

(b) bes + iets (gewoonlik 'n byvoeglike naamwoord)
besgeskoolde en *bes geskoolde*
besgeorganiseerde en *bes georganiseerde*
besingeligte en *bes ingeligte*
besopgeleide en *bes opgeleide*
besversorgde en *bes versorgde*
besmoontlik(e) en *bes moontlik(e)*
bestoegeruste en *bes toegeruste*

(c) daar + iets (gewoonlik 'n agtersetsel of bywoord)
daaraan en *daar aan*
daaragter en *daar agter*
daarbenewens en *daar benewens*
daarbo en *daar bo*
daarbuite en *daar buite*
daardeur en *daar deur*
daarheen en *daar heen*
daarin en *daar in*
daarlangs en *daar langs*
daarmee en *daar mee*
daarnaas en *daar naas*
daarna en *daar na*
daarnatoe en *daar natoe*

daarom en *daar om*
daaronder en *daar onder*
daaromtrent en *daar omtrent*
daaroor en *daar oor*
daarop en *daar op*
daarrond en *daar rond*
daarsonder en *daar sonder*
daarteen en *daar teen*
daarteenoor en *daar teenoor*
daartoe en *daar toe*
daartussen en *daar tussen*
daaruit en *daar uit*
daarvan en *daar van*
daarvandaan en *daar vandaan*
daarvoor en *daar voor*

Maar net: *daardie, daarenteen/daarentee, daaropvolgend(e), daarso, daar en dan, daar gelaat*

(d) hier + iets (gewoonlik 'n agtersetsel of bywoord)
hieraan en *hier aan*
hieragter en *hier agter*
hierbenewens en *hier benewens*
hierbo en *hier bo*
hierbuite en *hier buite*
hierby en *hier by*
hierdeur en *hier deur*
hierheen en *hier heen*
hierin en *hier in*
hierlangs en *hier langs*
hiermee en *hier mee*
hiernaas en *hier naas*
hiernatoe en *hier natoe*
hierom en *hier om*
hieronder en *hier onder*
hieromtrent en *hier omtrent*
hieroor en *hier oor*
hierop en *hier op*
hierrond en *hier rond*
hiersonder en *hier sonder*
hierteen en *hier teen*
hierteenoor en *hier teenoor*
hiertoe en *hier toe*

hieruit en *hier uit*
hiervan en *hier van*
hiervandaan en *hier vandaan*
hiervoor en *hier voor*

Maar net: *hierdie, hiernamaals, hierso.* Let ook op die verskil tussen 'n *hierjy* ('n persoon) en *hier jy* (as tussenwerpsel).

(e) ewe + iets (gewoonlik 'n bywoord)
eweseer en *ewe seer*
eweso en *ewe so*

(f) ander kombinasies
dieperliggend(e) en *dieper liggend(e)*
digbegroei(de) en *dig begroei(de)*
diggepak(te) en *dig gepak(te)*
gansegaar en *gans en gaar*
glattendal en *glad en al*
hande-viervoet en *hande en vier voete*
gemenereg en *gemene reg*
gladnie en *glad nie*
heterdaad en *heter daad*
hoogliggend(e) en *hoog liggend(e)*
hoërliggend(e) en *hoër liggend(e)*
inderwaarheid en *in der waarheid*
jongman en *jong man*
keelafsny en *keelaf sny*
laagliggend(e) en *laag liggend(e)*
laerliggend(e) en *laer liggend(e)*
lanklaas en *lank laas*
matafwerking en *mat afwerking*
namekaar en *na mekaar*
onverrigtersake en *onverrigter sake*
oudergewoonte en *ouder gewoonte*
siestog en *sies tog*
snikheet en *snikkend heet*
sojuis en *so juis*
sopas en *so pas*
sterkgebou en *sterk gebou*
tekere gaan en *te kere gaan*
totsiens en *tot siens*
vorendag (kom) en *voor die dag (kom)*
werklikwaar en *werklik waar*

5.1.2 Let op die skryfwyse van die volgende woorde, naamlik vas:

laataand, vroegaand, vroegoggend, laatmiddag, vroegmiddag, laatkaphou, vroegoggendbiduur, laatregistrasiegeld, laatnamiddagson, vroegmiddagslapie

Daarteenoor skryf ons:

vroeë oggend, vroeë aankondiging, latere verblyf, later(e) jare

Die beginsel hieragter is min of meer die volgende: indien woorde soos *laat, vroeg, laag* en *hoog* onverbuig saam met 'n daaropvolgende selfstandige naamwoord gebruik word, vorm dit 'n samestelling en word dit vas aan daardie woord geskryf. Sodra die woord in 'n verboë vorm gebruik word, word dit onmiskenbaar as 'n byvoeglike naamwoord gebruik en dan los van die daaropvolgende selfstandige naamwoord geskryf, bv.:

hoogvat, laaggety, laagvat, hoogmode, standaardgraad, skeefnek, maar: *hoër graad, hoë punt, laer graad, lae punt, skewe nek*

Om te herhaal: wanneer woorde soos die bogenoemdes onverbuig as eerste komponent saam met ander woorde (gewoonlik selfstandige naamwoorde, maar nie altyd of noodwendig nie) gebruik word, word dit vas aan die ander woorde geskryf ten einde 'n samestelling te vorm. Indien dit in verboë vorm gebruik word, word dit in byvoeglike naamwoordhoedanigheid gebruik en dus los van die daaropvolgende selfstandige naamwoord geskryf. Die volgende twee sinne dien as illustrasie:

Ek loop vandag skeefnek. x *Ek het vandag 'n skewe nek.*

Wanneer die voorbeeldwoorde hier bo onverboë as bywoorde gebruik word, word dit los van die daaropvolgende werkwoorde gebruik, bv.:

vroeg opstaan, laat werk, laag mik, hoog korrel

Let ook op die skryfwyse van *hoog* in die volgende sinne, juis om dit wat hier bo gesê is, te illustreer, naamlik dat wanneer die voorbeeldwoorde hier bo onverboë as bywoorde gebruik word, word dit los van die daaropvolgende werkwoord(e) geskryf, maar as dit onverbuig saam met 'n selfstandige naamwoord gebruik word en dus 'n samestelling vorm, word dit vas aan die betrokke selfstandige naamwoord geskryf:

Ek hou van hoogspring. x *Jy moet hoog spring om oor die draad te kom.*

Taalgebruikers is soms geneig om byvoorbeeld by *laat* die onverboë en by *vroeg* die verboë vorm te gebruik, bv.:

laatsonnetjie, laatsomer; vroeë sonnetjie, vroeë somer

Hierdie gevalle moet net nie verwar word met die gebruik van *vroeg* en

61

laat (as bywoorde) in die volgende sinne nie:

Ons kry vroeg winter vanjaar. Ons kry laat winter vanjaar.
(Teenoor: *Die laatwinter maak my siek. Die vroeë winter maak my siek.*)

Daar is dus 'n betekenisverskil (soos aangedui deur die kategoriale verskil) ter sprake wanneer woorde soos *vroeg* en *laat* in sinne los of vas van die daaropvolgende woord geskryf word.

5.2 LOS OF VAS, MET BETEKENISWYSIGING
5.2.1 Kan die los en vas skryf van woorde betekenisverskil teweegbring?
Beslis ja, soos in die volgende gevalle:

aaneen: *Dit reën aaneen (d.w.s. sonder ophou).*
aan een: *As jy aan een van ons skryf, is daar moeilikheid.*
aanmekaar: *Dit reën aanmekaar.*
Hy skryf los en aanmekaar tegelykertyd.
aan mekaar: *Ons skryf aan mekaar (d.w.s. vir mekaar).*
alte veel: *Die rusie lyk vir my alte veel na 'n bakleiery.*
al te veel: *Ons is al te veel mense op aarde (reeds te veel).*
anderdag: *Ons kan anderdag weer gesels.* (L.W.: sonder *'n*; maar tog wel met *die*, soos in: *Hy was die ander dag hier, d.w.s. nou die dag.*)
ander dag: *Kom ons gesels op 'n ander dag.* (L.W.: *'n ander/volgende dag.*)
anderman: *Anderman se genade is vreeslik.* (L.W.: sonder *'n.*)
ander man: *Hier kom nou 'n ander man kuier.* (mét *'n.*)
byeen: *Ons kom hier byeen (d.w.s. saam; byeenbring = saambring).*
by een: *Ek gaan net by een ou kuier.*
bymekaar: *Ons bly/slaap bymekaar (d.w.s. saam).*
Tel die getalle bymekaar.
by mekaar: *Die twee gesinne gaan by mekaar leer/kuier/slaap/bly (d.w.s. oor en weer).*
derdeparty: *Die derdeparty betaal motorongelukeise uit.*
derde party: *Daar is drie politieke partye in die land – die derde party het gister tot stand gekom.*
derdeman: *Die nuwe krieketveldwerker staan op derdeman.*
derde man: *Hy is die derde man wat hier gaan gly.*
derdemannetjie: *Kom ons speel derdemannetjie.*
deurmekaar: *Ons bly in 'n deurmekaar huis.*
deur mekaar: *Die misdadigers is deur mekaar verraai.*
diepwater (soort water): *Ek gaan nou diepwater toe waar meer vis is.*
diep water: *Hier waar ons nou hengel, is daar baie diep water.*
eersteklas: *Dit gaan eersteklas met my.*

eerste klas: Ek het in die eerste klas geslaag.
derdejaar: Hier kom 'n derdejaar aangestap.
derde jaar: Dit is my derde jaar by hierdie universiteit.
eendag: Ek gaan eendag ryk word (iewers in die toekoms).
een dag: Daar is een dag wat ek haat – Maandag.
eenkant: Hy hou hom baie eenkant.
een kant: Die een kant is vuil en die ander kant stukkend.
eenkeer: Eenkeer was ek baie bang (iewers in die verlede).
een keer: Ek wil graag een keer maan toe gaan.
geelwortel: 'n Geelwortel (groentesoort) is gesonder as rys.
geel wortel: 'n Sekere doringboom het 'n geel wortel (d.w.s. die kleur van sy penwortel).
hoeseer: Jou bydrae gaan bepaal hoeseer jy by natuurbewaring betrokke wil wees.
hoe seer: Jy moet maar gaan vir die inspuiting, hoe seer dit ook al gaan wees.
ingedagte: Hy kan soms baie ingedagte wees.
in gedagte: Regsuitspraak moet alle feite in gedagte hou.
inmekaar: Die masjien gaan die blikke inmekaar druk.
in mekaar: Huweliksmaats moet in mekaar glo.
insake: Ek het al die feite insake die nuwe belastingwet.
in sake: Ons wil seggenskap hê in sake van openbare belang.
kleinletters: In sinne gebruik 'n mens kleinletters en nie hoofletters nie.
klein letters: As hy vinnig skryf, maak hy sulke klein letters, nie grotes nie.
kleinmaak: Ek wil my vyfrandnote kleinmaak.
klein maak: Jy moet die groot letters klein maak.
kleintongetjie: My kleintongetjie klou aan my keel vas so dors is ek.
klein tongetjie: Vir so 'n groot man het hy maar 'n klein tongetjie.
kykweer: Die kykweer op televisie wys duidelik dat die kolwer uit is.
kyk weer: Kyk vir my as jy onseker is, en as jy weer twyfel, kyk weer 'n keer vir my.
laksman: 'n Laksman is eintlik 'n deernisvolle wese.
laks man: Ek hou nie van 'n laks man in 'n besige werksomgewing nie.
droëwors: Koop vir ons biltong of droëwors.
droë wors: Te min vet by worsmaak gee vir jou droë wors.
nommerpas: Hierdie klere sit nommerpas.
nommer pas: Hierdie nommer pas nie by die ander nie.
regtigwaar: My troue was regtigwaar 'n groot gebeurtenis.
regtig waar: Hierdie storie is regtig waar.
opsig: Ek is in elke opsig dankbaar teenoor die Here.
op sig: Ek koop gereeld klere op sig.
skoonveld: My rugbybal is skoonveld, nou soek ek daarna.
skoon veld: 'n Veld sonder rommel is 'n skoon veld.

sodat: *Ek wil oefen sodat ek kan fiks word.*
so dat: *Skryf so dat iemand met swak oë dit ook kan lees*
sodanig: *Laat jou lewe sodanig wees dat almal graag soos jy wil wees.*
so danig: *Hy is nou so danig met my, hy wil seker weer geld leen.*
soseer: *Ek is nie soseer oor jou begaan nie, ek is bekommerd oor die kinders se welsyn.*
so seer: *Die skop was so seer dat ek kon huil van die pyn.*
suurlemoen: *Ons verkoop papajas, lemoene en suurlemoene.*
suur lemoen: *Suur lemoene gee die lemoenbedryf 'n swak naam.*

Let egter op die volgende:

5.2.2 Skryf 'n mens verbindings met -kant en -ent *los of vas?*

Die los of vas skryf van iets + *-kant/-ent* hang van die betekenis af. Indien die iets + *kant* 'n bywoord van plek is, word dit vas geskryf. In 'n sin sal so 'n bywoord van plek nie deur 'n voorsetsel + *die* voorafgegaan word nie, en die woord word ook net in die enkelvoud geskryf. Daarteenoor sal *-kant* los van die voorafgaande deel geskryf word indien die eerste deel 'n aanwysende voornaamwoord of telwoord is; *-kant* kan in hierdie gevalle ook in die meervoud staan.

Voorbeelde van die vas skryf van *-kant* is:

Anderkant die rivier is dit net woestyn.
Ek bly oorkant die rivier.
Diekant is dit net woestyn.
Duskant is dit net woestyn.

Voorbeelde van die los skryf van *-kant* is:

Ons bly aan die ander kant van die rivier.
Die rivier het net een kant.
Die rivier het twee kante.
Ons bly aan die kant van die rivier.
Ons bly aan hierdie kant van die rivier.
Ons bly aan daardie kant van die rivier.

Wanneer iets + *-kant* 'n s. nw. vorm, word dit vas geskryf, bv.:

voorkant: *Ek sit op die motor se voorkant.*
agterkant: *Ek sit op die motor se agterkant.*
sykant: *Ek leun teen die motor se sykant.*
bokant: *Ek kyk na die motor se bokant.*
onderkant: *Ek sit aan die aarde se onderkant.*

Jy behoort nou die onderskeid tussen die los en vas skryf van *onder* en *bo* + *kant* in die volgende sinne te kan begryp:

Ek sit aan die aarde se onderkant.
Ek sit aan die onder kant van die rivier.
Ek sit onderkant die rivier.
Ek sit aan die rivier se bokant.
Ek sit aan die bo kant van die rivier.
Ek sit bokant die rivier.

By *-ent* werk dit op dieselfde manier:

My agterent is lam gesit.
Ek sit op die agter ent van die motor.
Ek sit op die motor se agterent.
Ek sit op die wa se voorent/voorkant.
Ek sit op die voor ent/voor kant van die wa.

maar net:

anderkantse en *anderkantste*; *diékantse* en *diékantste*; *bokantse* en *bokantste*; *duskantse* en *duskantste*

5.3 VERBINDINGS WAT NET LOS GESKRYF WORD

Verbindings soos die volgende word nét los geskryf:

arm vol: Ek het 'n arm vol blomme.
arms vol: Ek het arms vol blomme.
asseblief tog: Kom sit by my, asseblief tog./Kom sit asseblief tog by my.
beter georganiseer(de): Dit is 'n beter georganiseerde partytjie as die vorige een.
beter geskool(de): Hy is 'n beter geskoolde werker as sy.
beter toegerus(te): Jou motor is beter toegerus as myne.
beter versorg(de): My vrou is 'n beter versorgde mens as my sekretaresse.
bes gemanier(de): Jan is die bes gemanierde seun wat ek ken.
beter gemanierd(e): Sy is beter gemanierd as hy.
deur en deur: Ek het my plig deur en deur nagekom.
elke keer: Elke keer as daar iets gebeur, word ek verdink.
elke een: Elke een is vir sy eie rommel verantwoordelik.
elke maal: Hy spring elke maal die dwarslat af.
enige een: Hier kan enige een sy sê sê.
enige iemand: Enige iemand kan my maar berispe.
en so meer: Ek hou van vleis, brood, melk en so meer.
ewe goed: Die twee boksers is ewe goed.
ewe groot: Die twee kinders is ewe groot.
ewe veel: Ek hou ewe veel van albei kinders.
ewe min: Ons het ewe min geld gekry.

maar: *ewebeeld, eweknie, ewemens, ewenaaste, ewewydig*

eie ek: *Sy eie ek oorheers sy lewe.*

maar: *eie-ekkerig: Hy is baie eie-ekkerig.*

fyn gebalanseer(de): *Die fyn gebalanseerde stok kan enige oomblik val.*
geheel en al: *Ek is geheel en al van die drank ontslae.*
gans en al: *Hulle is gans en al te rumoerig na my sin.*
glad gestryk: *My klere is glad gestryk.*
glad gestrykte: *My glad gestrykte klere hang oor die hanger.*
glad niks: *Ek weet glad niks van die saak af nie.*
glas vol: *Hy drink 'n glas vol water.*
glase vol: *Hy drink glase vol water.*
goed gebou: *Die atleet is goed gebou.*
goed geboude: *'n Goed geboude atleet presteer soms swak.*
goed gemanierd: *Soldate is gewoonlik goed gemanierd.*
goed georganiseer: *Die funksie is goed georganiseer.*
goed georganiseerde: *'n Goed georganiseerde funksie maak gewoonlik 'n blywende indruk.*
goed opgelei: *Polisiehonde is gewoonlik goed opgelei.*
goed opgeleide: *Ek hou van goed opgeleide personeel.*
goed opgepas: *My motor is goed opgepas.*
goed opgepaste: *Ek hou van 'n goed opgepaste motor.*
goed uitgevoer: *Die speler het die hou goed uitgevoer.*
goed uitgevoerde: *Dit was 'n goed uitgevoerde hou.*
half en half: *Sy storie was so half en half waar.*
halwe appel: *Ek eet 'n halwe appel.*
halwe koppie: *Hy drink 'n halwe koppie sop.*
halwe koppie vol: *Hy drink 'n halwe koppie vol sop.*
halwe maand: *Hy gaan 'n halwe maand hier bly.*
hand vol: *Hier is vir jou 'n hand vol lekkers.*
hande vol: *Hy het vir my hande vol lekkers gegee.*
hard bevries: *Ons het die vleis hard bevries.*
hard bevriesde: *Die hard bevriesde vleis moet ontdooi word.*
hard bevrore: *Die hard bevrore vleis moet ontdooi word.*
hard gekook: *Die eier moet hard gekook wees.*
hard gekookte: *Die hard gekookte eier is sonder smaak.*
koppie vol: *Hy het vir my 'n koppie vol olie geleen.*
koppies vol: *Hy het vir my koppies vol olie geleen.*
hele maand: *Sy hele maand se salaris is uitgegee.*
hele tyd: *Ek wag nog die hele tyd vir jou.*
hoe langs: *Hoe langs loop die maratonroete?*
hoe ver: *Hoe ver is dit na die naaste dorp?*

hoër op: Die beste hengelplek is hoër op langs die rivier.
hoër geplaaste: Die hoër geplaaste amptenaar het baie werk.
hoër amptenaar: Die hoër amptenaar het niks om te doen nie.
in der minne: Kom ons skik die saak in der minne.
in den brede: In den brede het niks belangriks gebeur nie.
in dier voege: Alles in dier voege moet in ag geneem word.
infrarooi lig: Snags gebruik ek 'n infrarooi lig vir jag.
kant en klaar: My werk is kant en klaar.
keurig versorg: Die maaltyd is keurig versorg.
keurig versorgde: Die keurig versorgde maaltyd wek my aptyt.
kort termyn: Ek het my skuld in/oor 'n kort termyn afbetaal.
laas jaar: Ek het laas jaar 'n prys gewen.
laas week: Wie het laas week die prys gewen?
land af: 'n Koue front beweeg land af.
lang termyn: Hy betaal sy skuld oor 'n lang termyn af.
lank reeds: My skuld is lank reeds afbetaal.
myns insiens: Jy leef myns insiens bo jou vermoë.
om den brode: Vrouens werk bloot om den brode.
ontslae raak: Jy moet van die spioene ontslae raak.
oor land: Die toeriste het oor land gereis.
op sigself: 'n Rekenaar kan op sigself niks uitdink nie.
rooi wyn: Ek verkies rooi wyn bo wit wyn.
ruk lank: Ek wag al 'n ruk lank vir jou.
sag gekook: Hoteleiers is gewoonlik sag gekook.
sag gekookte: Sag gekookte eiers is gesond.
so iets: Ek weet niks van so iets af nie.
so iemand: Ek ken nie so iemand nie.
strategies belangrik: Die Kaapse seeroete is strategies belangrik.
wakker word: Jy moet wakker word.
wakker maak: Ek gaan hulle wakker maak.
wakker skrik: Die sondaars moet wakker skrik.
wit wyn: Almal hou meer van wit wyn as van rooi wyn.

5.4 VERBINDINGS WAT NET VAS GESKRYF WORD
Die volgende woorde word nét vas geskryf:

beterwete: Ek verwed teen my beterwete geld op perde.
beterwerig(e): Jy gaan nog spyt wees oor jou beterwerige houding.
aste: Hy het aste ware dood hier aangekom.
    Sy sal so nimmer aste nooit hier bly nie.
ofte: Jan, oftewel "Die Yster", is die nuwe kampioen.
    Sy sal so nimmer ofte nooit hier bly nie.
fyngevoelig(e): Sannie is 'n fyngevoelige mens.

daarenteen: *Jan is fluks; Piet daarenteen is baie lui.*
deurentyd: *Ons het deurentyd by sy sterfbed gewaak.*
enigiemand: *Enigiemand kan geld verdien.*
enigeen: *Enigeen kan geld verdien.*
enigiets: *Enigiets kan verkeerd loop.*
elkeen: *Elkeen het 'n bydrae tot die sukses van die geleentheid gelewer.*
ensovoort(s): *Ek hou van kool, roomys, karringmelk ensovoort(s).*
eerlikwaar: *Ek was eerlikwaar baie bang.*
ellelank: *Die klagstaat was ellelank.*
ellelang(e): *Die regter het die ellelange klagstaat bekyk.*
enigermate: *Jou trooswoorde sal die bedroefdes enigermate help.*
enigerwys(e): *Die probleem kan enigerwys opgelos word.*
omliggend(e): *Die omliggende dorpe is almal uitgewis.*

6 Die skryfwyse van verbindings

6.1 **AL**

Bestudeer die volgende lys woorde:

al daar, al dag/al dae, al duideliker, al hier, al hoe meer, al klaar, al langer, al lank, al meer, al om, al te, al te veel, al te vol, al twee, al tyd, al weer

By elkeen van hierdie woorde kan *al* weggelaat word sonder dat die betekenis regtig verander. Wanneer *al* bygevoeg word, kom daar net 'n gevoelsbelading ekstra by; die sin weerspieël 'n bepaalde houding. Ons noem *al* in hierdie geval 'n modaliteitswoord of bywoord van modaliteit. Let in die volgende sinne op hoe *al* die gevoels- of houdingsaspek van die sin beïnvloed, maar nie die kernbetekenis van die sin verander nie:

Is julle daar? x *Is julle al daar?*
Die saak word vir my duideliker. x *Die saak word vir my al duideliker.*
Is jy klaar met jou werk? x *Is jy al klaar met jou werk?*
Ek het twee kinders. x *Ek het al twee kinders.*
Die kan is te vol water. x *Die kan is al te vol water.*
Daar is twee sente in my sak. x *Daar is al twee sente in my sak.*

By al die woorde in die lys hier bo kan hierdie toets aangelê word. Bestudeer nou die volgende lys woorde:

albei, aldaar, aldag/aldae, aldeur, aldus, alewig, algaande, algar, alhier, alhoewel, alkant, alombekend, alreeds, alte, altemit, alte mooi, alte veel, alte vol, altyd, alvorens, alwetend, alwys

Indien *al* by enige van hierdie woorde weggelaat word, verander die betekenis van die woord:

ewig (vir altyd) x *alewig* (gedurig)
wys (baie kennis) x *alwys* (al die kennis)
wetend (weet iets) x *alwetend* (weet alles)
tyd x *altyd*
gaande x *algaande*
dag x *aldag*
dus x *aldus*
kant x *alkant*
te x *alte*
mag x *almag*

Wanneer *al* vas aan 'n woord geskryf word, het dit 'n semanties bepalende betekenis. Indien *al* los van die daaropvolgende woord staan, is sy bydrae in die meeste gevalle beperk tot emosionele/houdingsnuansering. As 'n mens hierdie twee uitgangspunte in gedagte hou, is dit nie moeilik om tussen die los en vas skryf van *al* + nog 'n element te onderskei nie; vgl. die volgende sinne:

Sy is alte mooi (baie mooi). x *Sy is al te mooi*. (Dus: moenie verder versier nie.)
Hier is alte veel drank (baie). x *Hier is al te veel drank*. (Dus: meer drank is ongewens.)
Die dam is alte vol water (baie water).x *Die dam is al te vol water*. (Dus: daar behoort teen hierdie tyd nie so baie water te wees nie.)
Jy is altevol draadwerk. (Jy veroorsaak baie probleme.)
Die wêreld alhier (hier rond) *is gevaarlik*. x *Ons is al hier*. (Dus: vroeër as wat julle verwag het.)

Hier bo is *al* telkens die eerste lid van die woordgroep. Dit kan egter ook gebeur dat iets + *al* (as laaste element) saam gebruik word. Let op die volgende gevalle:

boweal/bowenal, geheel en al, gans en al, heelal, lankal, meesal/meestal, nogal, nou al, ook al, sieal, toe al, veelal, veral

In al die gevalle waar *al* vas aan die vorige deel geskryf word, het die woord 'n betekenis wat heeltemal anders sal wees as wanneer *al* weggelaat word, bv.:

boweal x *bowe; meesal* x *mees; lankal* x *lank; nogal* x *nog; heelal* x *heel*

In die gevalle waar *al* los van die voorafgaande deel geskryf word, verander die semantiese inhoud van die woord nie wanneer die *al* weggelaat word nie – *al* bring in hierdie gevalle net 'n sterker emosie/ houding teweeg, bv.:

Kom julle nou kuier? x *Kom julle nou al kuier?*
Ek glo jou nie, wat jy ook sê. x *Ek glo jou nie, wat jy ook al sê.*
Was jy toe by jou ma? x *Was jy toe al by jou ma?*
Jy bly gans te ver van my af. x *Jy bly gans en al te ver van my af.*

Samevattend kan dus gesê word dat *al* veral tot semantiese betekeniswysiging bydra wanneer dit vas aan 'n ander deel geskryf word, ongeag of dit eerste of laaste staan. Wanneer *al* los van die ander deel geskryf word, het dit meestal 'n emosionele inhoud. Hierdie soort onderskeid kan aan taalgebruikers min of meer 'n aanduiding gee wanneer hulle *al* los en wanneer vas aan 'n ander deel moet skryf.

6.2 **HEEL**
Beskou die spelling van die volgende woorde:

heel agter, heel eerste, heel moontlik, heel waarskynlik, heel verras, heel goed, heel buitengewoon, heel dom

In hierdie gevalle beteken *heel* iets soos *heeltemal* en word daarom **los** van die volgende woord geskryf. In baie van hierdie gevalle is daar ook 'n sterk houding/emosie wat in die gebruik van die woord *heel* meespreek. Die gevalle hier bo kan sonder *heel* gebruik word sonder dat die betekenis werklik wysig, bv.:

Dit is heel moontlik dat jy kan siek word. x *Dit is moontlik dat jy kan siek word.*

Beskou die volgende woorde:

heelagter, heelal, heeldag, heelweek, heelmaand, heeljaar, heeloggend, heelaand, heelmiddag, heeltyd, heelgetal, heelhuids, heelmeester, heelparty, heeltal, heeltemal, heelwat

In hierdie woorde word *heel* **vas** aan die volgende woord geskryf, omdat dit 'n bepaalde betekenis aan die woord heg. Indien *heel* in hierdie woorde weggelaat word, verander die betekenis van die woorde telkens heeltemal. In laasgenoemde gevalle is daar nie noodwendig 'n houding of emosie wat meespreek nie. *Heel* beteken in die meeste van hierdie woorde *hele*, en in die woorde waarin hierdie betekenis nie uitdruklik so uitstaan nie, word dit ten minste geïmpliseer.

Indien hierdie oorwegings as vertrekpunt dien wanneer oor die los en vas skryf van *heel* aan ander woorde besluit moet word, kan 'n taalgebruiker nouliks 'n fout maak.

Die werkwoord *heelmaak* (en sy verledetydsvorm: *heelgemaak*) word gewoonlik **vas** geskryf.

Let ook op die spelling van die volgende woorde:

keelheelkunde, oogheelkunde, oorheelkunde, tandheelkunde

6.3 HOOG EN *HOOGS*

(a) Beskou die volgende woorde:

hoogag, hoogskat, hoogplaas, hoogeer, hoogstaan

Hierdie verbindings van *hoog* met werkwoorde word vas geskryf, omdat die verbinding tussen *hoog* en die betrokke werkwoord baie heg is. Daarom word die deelwoorde wat van sulke werkwoordsamestellings afgelei is, ook vas geskryf:

hooggeagte, hooggeskatte, hooggeplaaste, hooggeëerde, hoogstaande, hooggeleerde, hoogdrawende

(b) Selfstandige naamwoorde met *hoog* as eerste deel en wat nie 'n deelwoordvorm soos die voorbeelde hier bo is nie, word ook vas geskryf:

hoogedele, hoogeerwaarde, hoogland, Hooglander, hoogleraar, hoogoond, hoogty, hoogverraad, hoogvlakte, hoogwater

Let ook op samestellings soos: *hoogdrukgebied/hoëdrukgebied, hooggeregshof, hoogwaardigheidsbekleër*

(c) Byvoeglike naamwoorde en bywoorde soos die volgende kan los of vas geskryf word:

hoogliggend(e) x *hoog liggend(e)*
hooggeheim(e) x *hoog geheim(e)*
hooggewaardeer(de) x *hoog gewaardeer(de)*

Hierdie voorbeelde verskil eintlik nie veel van die deelwoordvorme wat onder (a) hier bo genoem is nie. Tradisioneel word die voorbeelde onder (a) net as vas beskou en dié onder (c) los of vas.

(d) Sodra *hoog* as eerste deel *hoogs* word, word dit los van die volgende woord geskryf: hoogs bevredigende (situasie), hoogs uitdagende (beroep), hoogs ontevrede (werkers), hoogs onaangename (taak), hoogs waarskynlike (kandidaat), hoogs onverantwoordelike (daad), hoogs intelligente (man).

6.4 HOËR

Normaalweg word *hoër* los van die volgende woord geskryf:

hoër hand, hoër op, hoër langs, hoër verby, hoër punt, hoër werk, hoër sing, hoër kyk, hoër mik

Daar is enkele gevalle waar *hoër* los of vas aan die volgende woord geskryf kan word:

hoërskool én *hoër skool; hoërliggend(e)* én *hoër liggend(e), hoërgewaardeerd(e)* én *hoër gewaardeerd(e)*

Die volgende woorde word om redes wat in hoofstuk 7 par.7.5 bespreek word, vas geskryf:

hoërwinsbeplanning (teenoor: *hoër wins*), *hoësitplekmotor* (teenoor: *hoë sitplek*), *hoërenteskema* (teenoor: *hoë bankbalans*)

6.5 NAAS

Samestellings met *naas* word in alle gevalle **vas** geskryf, ongeag watter woordsoort of betekenis ter sprake is:

naasbeste, naasslegste, naashoogste, naaslaagste, naasvoor, naasvoorste, naasagter, naasagterste, naasoormôre, naasmekaarplasing, naaseergister, naasaan, naasbestaan, naasverste

6.6 NET

(a) As *net* 'n selfstandige naamwoord is, word dit **vas** aan 'n ander selfstandige naamwoord geskryf:

netbal, nethou, netspel, netmateriaal, haarnet, voëlnet, visnet, vangnet

(b) As herhalingsvorm word *net* met 'n koppelteken geskryf:

net-net

(c) In die meeste gevalle as *net* 'n bywoord is, word dit **los** van die volgende woord geskryf:

net vier (hemde)
(Toe sien jy) net mense.
(Daar was) net rooi fietse.
(Ons was) net hier.
(Dit is maar) net ek.
(Hulle is nou) net hier oor.
Net Jan (is reg).
(Ons het nou) net gekom.

Hoewel ander spelvorme by die volgende woorde ook moontlik is, word aanbeveel dat die spelwyse sal wees:

net so vuil; net so naby; net so ver; net so sleg; net so goed; net so min; net soveel; net sowel; net soos hier

(d) In die volgende gevalle kan kan *net* los of vas aan die volgende woord geskryf word:

netso x *net so; netsoos* x *net soos.*

(e) Let op die spelwyse in die volgende gevalle:

*Ek sal **netnou** sing.*
*Jy mag **net nou**, hierdie een keer, van die lekkers eet.*
*Sy was **nou net** hier.*
*Sy was **nou-nou net** hier.*
*Jy kan **netnoumaar** jou lekkers eet.*

6.7 NOG

(a) In die volgende gevalle word *nog* **vas** aan die volgende woord geskryf:

nogal, nogtans, nogmaals

(b) Daar is ook woordverbindings waarin *nog* **los** van sy buurwoord geskryf word:

nog te (veel), nog meer, nog te (beter), nog eens, nog hier, nog vaak, nog nie, nog verder, nog nooit (nie), (om) nog weer (te sing), nou nog, netnou nog, daarna nog, vooraf nog, verder nog, lê nog

6.8 **NOU**

(a) In die meeste gevalle word *nou* in verbinding met ander woorde **los** geskryf:

nou al, nou weer, nou net, nou reeds, nou en dan, nou ja, nou toe, nou die dag, nou eers, nou maar (toe dan), nou toe nou, sê nou, nou hier, nou sê (dit)

(b) In enkele verbindings word *nou* **vas** aan die buurwoord geskryf:

noudat, noukeurig(e), noustrop, nouliks, nougeset(te), noulettend(e), netnou, netnoumaar, hanou, honou

(c) Die herhalingsvorm word met 'n koppelteken geskryf:

nou-nou

6.9 **RAAK**

(a) By woordverbindings soos die volgende, wat almal selfstandige naamwoorde is, word *raak* **vas** aan die volgende woord geskryf:

raaklyn, raakskoot (skiet), raakvlak, raakrugby, raakraai (kom ons speel raakraai), raakkyk (iemand 'n raakkyk gee), raakspeletjie (speel), raaksien (die raaksien van feite tel)

(b) *Raak* plus 'n werkwoord word normaalweg **los** geskryf:

(jy moet die feite) raak sien; sien raak; raak trap; trap raak; (die skoot) is raak; (as die skoot) raak is; (ons) raak bly; (as ons) bly raak; vergeet/vergete raak

(c) Gevalle soos die volgende word ook **los** geskryf:

amper raak; raak amper; raak los; los raak; vas raak; raak vas; agter raak; raak agter; verlore raak; raak verlore

6.10 **REG**

(a) Normaalweg word *reg* in woordgroepe **vas** aan die buurwoord geskryf:

regbank, regsaak, regsgeding, regsuitspraak, regskwessie, regkaphou, regmerk(ie), reghoek; reghoekig(e), regdenkend(e), regverdig(e), reggeaard(e), reggesind(e), regsgeldig(e), reglynig(e); reguit, regaf, regoor, regop, regom; reghou, regtrek, regkom, regmaak, regsien; regby (op 'n krieketveld)

(b) Daar is egter 'n aantal woordgroepverbindings waarby *reg* 'n sterk byvoeglikenaamwoordhoedanigheid het en nie so 'n sterk eenheid met buurwoorde soos by (a) hier bo vertoon nie. In sulke gevalle word *reg* **los** van die ander woorde geskryf:

(Jy moet) reg wees/antwoord/aankom/bestuur/(die antwoord) reg merk/(die tekens/spel) reg lees/(die krom steel) reg buig

(c) Teenoor *regoor, reguit, regaf, regop, regom* ens. word *reg voor* en *reg agter* los geskryf, ook vanweë die losser verbinding, bv.:

Jy sit nou reg voor my.
Die spioen loop reg agter my.

6.11 **SO**
So word as eerste komponent van 'n woordgroep **los** van die daaropvolgende woord geskryf indien dit 'n bywoord van wyse is en die betekenis redelik in sigself dra. Dit is dus nie van die daaropvolgende woord vir betekenis afhanklik nie en kan in baie gevalle weggelaat word sonder dat die sinsbetekenis wesenlik verander, bv.:

Jy moet die skottel so dra dat die water nie uitval nie.
Dra die skottel so dat die water nie kan uitval nie.
Hy daag my so ewe braaf vir 'n vuisgeveg uit.
Hy het nie so danig baie werk gedoen nie, maar so baie gekla!
So ja, nou kan ons so te sê alles oorboord gooi.
Jy was so lank gelede hier dat ek jou nie meer ken nie.
Ek was so 'n goeie student dat ek al my toetse geslaag het.
Ons moet gaan werk, so nie kan ons maar gaan slaap.
Ek het so iets in my dag des lewens nog nie aanskou nie.
My hand was verlede nag so seer dat ek nie kon slaap nie.
So wat van kul het ek nog nooit gesien nie.
Hy huil so ver as wat hy loop.

Wanneer *so* hegter aan die volgende woord verbind sodat dit deel van die betekenis van die saamgestelde woord word, moet dit vas aan die volgende woord geskryf word:

Dit gaan nie soseer om die wen as om die deelname nie.
Die rit as sodanig was baie aangenaam.
Ek gaan werk sodat my gesin beter kan leef.
Ek sal begin werk sodra my aanstelling goedgekeur is.

Hy wil by die sogenaamde bekeringskerk aansluit.
Jy kan hier kom werk en sodoende meer geld verdien.
Sowat vyftig mense het die begrafnis bygewoon.
Solank as wat jy nie wil hoor nie moet jy voel.
Soveel werkers word in die winter siek dat werkgewers net sowel die fabrieke kan sluit.
In sover(re) dit van my afhang, sal ek nie toelaat dat jy onregverdig behandel word nie.
Hy het sowaar vir my gelieg.
Die man het solangs (d.w.s. hier- of daarlangs) gedraf.

In 'n enkele geval of wat is dit nie moontlik om te bepaal of *so* los of vas aan die volgende woord geskryf moet word nie en daarom is albei vorme toelaatbaar, bv.:

Die vliegtuig het sopas/so pas geland.

Die herhalingsvorm word met 'n koppelteken geskryf:

so-so

Wanneer *so* die laaste komponent van 'n verbinding is, geld dieselfde oorwegings as hier bo:

Hy het sommer so skeef gelê soos hy nael.
Die werk is goed so.
Die kos is lekker so.
Ons sal maar ry so, so met die pap wiel.

Let ook op die gebruik van *so* in die volgende gevalle:

en so meer, maar *ensovoort(s)*

6.12 **STEEDS**

Steeds word in alle gevalle **los** van ander woorde geskryf:

Hy is steeds moeg.
Ons vlieg steeds hoër en hoër.
Daar is 'n steeds groterwordende vraag na vars vrugte.
Hulle werk steeds aan die gebreekte pype.
Die kuiergaste is nog steeds hier.

6.13 **STERK**

Oor die algemeen word *sterk* **los** van sy buurwoorde geskryf, omdat dit as 'n byvoeglike naamwoord of bywoord optree, bv.:

'n sterk man, 'n sterker man, die sterkste man; die rivier vloei sterk, die sterk vloeiende rivier, die sterker vloeiende rivier

By woordgroepe soos *sterk gebou(de)* is tog twyfel of dit nie ook vas geskryf kan word nie. Daarom word die los én vas skryf van sulke woorde erken. Hoewel *sterkgebou(de)* vas geskryf kan word, moet verbindings soos die volgende liefs **los** geskryf word:

sterker gebou(de) en *sterkste gebou(de)*

6.14 **STIL**

As byvoeglike naamwoord word *stil* **los** van die daaropvolgende selfstandige naamwoord geskryf:

Ek voer maar 'n stil lewe.
Ons hengel in stil waters.

Stil kan egter 'n samestelling met 'n selfstandige naamwoord vorm om as 'n soortnaam op te tree:

Hierdie skildery is 'n stillewe.
Die ontwikkeling van stilprente is gestaak.
Hy bewaar die stilswye.
Ons het vandag stillees.

Net so kan *stil* 'n samestelling met ander woorde vorm om dan as byvoeglike naamwoord op te tree:

Ons slaan die petalje stilswyend gade.
Moenie in stilstaande water swem nie.

In werkwoordomgewings word *stil* altyd vas aan die werkwoord geskryf:

stilbly, stilstaan, stilsit, stillees, stilhou, stillê
Maar: *bly stil, staan stil, sit stil, hou stil, lê stil*

Sodra *stilletjies* gebruik word, is die neiging om dit los te skryf:

Jy moet stilletjies vertrek.
Hy wil stilletjies kyk of jy slaap.

6.15 **SWAAR**

As byvoeglike naamwoord en bywoord word *swaar* **los** van die daaropvolgende woord geskryf:

swaar yster, swaar stuk yster, (die vragmotor is) swaar gelaai, swaar gelaaide vragmotor, swaar verdiende geld

Wanneer *swaar* saam met 'n werkwoord gebruik word, word dit meestal **los** van die werkwoord geskryf, hoewel dit nie verkeerd is om dit vas te skryf nie:

swaar trek, swaar leef, swaar kry, swaar sit, swaar slaap

Daar is woordgroepe waarin *swaar* 'n samestelling met sy buurwoord vorm en wat dan vas geskryf word:

swaargewigstoeier, (hy is 'n) swaargewig, swaarmotorvoertuig, swaardiensolie, swaarvoertuiglisensie, swaarweer

In enkele vakterme is daar twyfel oor hoe los of vas die verbinding van *swaar* met die daaropvolgende woord is en gevolglik kan dit los of vas geskryf word:

swaarioon/swaar ioon, swaarwater/swaar water, swaar kern/ swaarkern, swaarisotoop/swaar isotoop

6.16 **TE**

(a) In die infinitiefvorm, voorsetselverbinding en as graadaanduiding word *te* **los** van sy buurwoorde geskryf:

om te speel (is lekker), te danke aan, te veel (water), te wyte aan, te alle koste, om te werk, te buite gaan, te eniger tyd, hier te lande, te klein, te ver, te voorskyn kom, te koop, te velde trek, veels te naby, te perd, (des) te meer, te pletter (ry), te duiwel (daarmee) ·

(b) Let op die verskil in spelling van die volgende woorde:

te bowe kom x *tebowekoming*
te kort kom x *tekortkoming*
te boek stel x *teboekstelling*
te ruste lê x *terustelegging*

(c) Uitsonderings hierop is:

tegemoetkom x *tegemoetkoming* x *tegemoetkomend*
tegemoetgaan x *tegemoetgaande*

(d) In die volgende gevalle vorm die *te* 'n integrale geheel met die woord, daarom dan die eenwoordvorm:

tehuis (vir bejaardes), ('n) tekort (aan water), tesaam/tesame, tevergeefs, tevore, tevrede, (iets) teweeg (bring)

(e) In enkele gevalle is die los of vas skryf van *te* aan die volgende woord toelaatbaar:

tekere (gaan) x *te kere (gaan); teberde (bring)* x *te berde (bring)*

6.17 **TEN**

Ten kan in feitlik alle opsigte net soos *te* behandel word; daarom vind hier geen bespreking plaas nie, maar word met voorbeelde in elke kategorie volstaan. Daar is geen uitsonderingsgevalle nie.

(a) *ten tye van, ten slotte, ten ene male, ten volle, ten derde, ten behoewe van, ten einde, ten dele, ten koste van, ten opsigte van, ten einde laaste, ten hemele (skreeu)*

(b) *ten toon stel* x *tentoonstelling; ten doop bring* x *tendoopbrenging; ten uitvoer bring* x *tenuitvoerbrenging*

(c) *tensy*

(d) *tenminste* x *ten minste*

6.18 **TER**
Ook in die geval van *ter* kan die verskillende spelwyses aan die hand van voorbeelde volgens die patroon van *te* geskied:

(a) *ter oorweging van, ter herdenking aan, ter elfder ure, ter gelegener tyd, hier ter plaatse, ter sake*

(b) *ter sprake bring* x *tersprakebrenging*
ter ruste lê x *terrustelegging*
ter dood veroordeel x *terdoodveroordeling*
ter aarde bestel x *teraardebestelling*

(c) *tersyde stel* x *tersydestelling*
terneer druk x *terneergedrukte*
terneer slaan x *terneergeslae, terneergeslaenheid*

(d) *terdeë, terloops, ternouernood, tersaaklike, terwyl, terselfdertyd, tersluiks, terstond, tersyde*

(e) *terwille van* x *ter wille van*

6.19 **TOE**
In verbindings waar *toe* die eerste komponent is, word dit meestal **vas** aan die volgende woord geskryf:

as werkwoorde: *toeslaan, toelaat, toegee, toe-eien, toegaan, toepas, toeys, toereken, toekom, toemaak, toesluit*
(maar: *Ek wil hom skool toe slaan; Ons kom toe laat; Hy wil dorp toe gaan; Sy wil huis toe kom; Ons eet toe ys.*)

as selfstandige naamwoorde: *toebroodjie, toedoen, toegang, toegewing, toevoer, toedrag, toewyding, toekoms, toebehore*

as bywoorde en byvoeglike naamwoorde: *toevallig(e), toeskietlik(e), toegeeflik(e), toepaslik(e), toemond (eet), toe-oë (bid), toegepas(te), toebene (sit), toegewy(de)*

As tussenwerpsel is die neiging om verbindings met *toe* **los** te skryf:

toe maar, toe a, toe jong, toe nou, toe ai, toe ja

Wanneer *toe* die laaste deel van 'n verbinding is, geld die volgende:

selfstandige naamwoorde + *toe:* huis toe, skool toe, werk toe, (na 'n) kant toe, (ons werk tot) môre toe, (na) Jan toe
bywoorde van plek, ens. + *toe:* binnetoe, buitetoe, hiertoe, daartoe, soontoe, hiernatoe, daarnatoe, boontoe, ondertoe
as tussenwerpsels: nou toe, nou toe nou, haai toe, ai toe

6.20 **TOT**

In die meeste gevalle word *tot* in verbindings **los** van die volgende woord geskryf:

tot nou (toe), tot dan, tot hier, tot daar, tot môre, tot gister (toe), tot volgende jaar, tot hiertoe, tot daarnatoe, tot by (die huis), tot elke prys, tot niet (gaan), tot wie, tot waar, tot inkeer kom, tot stand kom (maar: *totstandkoming*)

Die voegwoord *totdat* word **vas** geskryf en die groetwoord *totsiens* kan los of vas geskryf word.

6.21 **VAN**

Die volgende verbindings met *van* word **net vas** geskryf:

vanaand, vanmiddag, vanmôre, vandag, vanjaar, vannag, vandeesweek, vanaf, vanuit, vandaan, vandat, vanself, vanselfsprekend, vantevore, vanweë

In die volgende gevalle word *van* **net los** van sy buurwoord geskryf:

van agter (af), van die kant (af), van voor (af), van links (af), van bo (af), van onder (af), van weerskante (af), van jongs (af), van kleins (af), van vandag (af), van môre (af), van ouds, Van der Merwe, Van Wyk, van hier (af), van daar (af)

Sommige verbindings met *van* kan los of vas geskryf word, sonder dat daar betekeniswysiging intree:

daarvan x *daar van*
hiervan x *hier van*
daarvandaan x *daar vandaan*
hiervandaan x *hier vandaan*
waarvan x *waar van*

Die los en vas skryf van *van* aan bepaalde woorde bring betekeniswysiging mee:

van daar: Ek kom van daar af.
vandaar: Die senter is bang, vandaar sy swak hantering onder druk.
van mekaar: Hulle behoort van mekaar te weet.
vanmekaar: Die motorstukke het vanmekaar gespat tydens die ongeluk.
van waar: Van waar af kom jy nou?
vanwaar: Vanwaar die lang gesigte?

6.22 **VEEL**
Wanneer *veel* as 'n bywoord voor 'n byvoeglike naamwoord gebruik word, staan dit, soos *baie*, los daarvan:

veel gouer (baie gouer), veel verder (baie verder), veel meer (baie meer)

Veel het met enkele byvoeglike naamwoorde waarmee dit saam gebruik word al so 'n eenheid begin vorm dat dit as een woord geskryf word:

veelseggend(e), veelbetekenend(e), veelbelowend(e), veelvoudig(e), veelvolkig(e), veeleisend(e)

In bywoorde soos die volgende word verbindings met *veel* vas geskryf:

veelal, veeleer (maar: veel eerder), veeldoelig

S.nwe. met *veel* as deel van die verbinding word vas geskryf:

veelvoud, veelheid, veelwywer, veelwywery, veelpartystaat, veelgodery, veelfunksie, veelkeuseantwoord

6.23 *VER* **EN** *VÊR*
Wanneer *ver* as byvoeglike naamwoord optree, staan dit **los** van die selfstandige naamwoord:

('n) ver plek, ('n) vêr land

In enkele gevalle het *ver* so vas met die volgende woord verbind dat dit vas geskryf word, bv.:

vergesog/vêrgesog

Indien die verbinding van *ver* met die selfstandige naamwoord so heg geraak het dat 'n nuwe soortnaam gevorm is, word dit **vas** geskryf:

vergesig, ('n) verlinkse, ('n) verregse. (Ook: ('n) verlinkse persoon, ('n) verregse opvatting)

Ver word as 'n bywoord voor 'n byvoeglike naamwoord **los** van laasgenoemde geskryf:

ver verby (sy beste), ver voor, ver agter, ver links, ver regs, ver mis, ver afgedwaal(de)

Voor 'n werkwoord word *ver* **los** geskryf:

ver draai, ver spring, ver gooi, ver skiet, ver sien, ('n saak) ver voer

Onderskei tussen die betekenis van die volgende:

ver draai x *verdraai; ver skiet* x *verskiet; ver spring* x *verspring; ver sien* x *versien; ver voer* x *vervoer* ens.

Onthou: *ver-* as voorvoegsel word altyd **vas** aan die volgende deel geskryf:

verantwoord, verantwoordelik(e), verantwoording, veral, verlaag, verlaging, verlaag(de), vervloeks

6.24 **VIR**
Vir word **los** van sy buurwoord(e) geskryf:

vir oulaas, vir goed (wat iets anders is as *vergoed), vir eers, vir sover, vir lief (neem), vir eers, (iets) vir waar (aanvaar)*

In enkele gevalle is daar 'n wisselvorm *ver-* vir *vir*:

vereers x *vir eers; verseker* x *vir seker; vervas* x *vir vas*

6.25 **VLAK**
Waar *vlak* as bywoord of byvoeglike naamwoord optree, word hy los van die volgende woord geskryf:

vlak water, vlak staan, vlak voor, vlak agter, vlak stroom, vlak links, vlak regs, vlak by (my staan), (die letterspieël) vlak druk

Wanneer *vlak* so heg met die daaropvolgende woord verbind dat 'n nuwe soortnaam tot stand kom, word dit **vas** geskryf:

die posisie in krieket wat vlakby heet; die soort druk van 'n bladspieël wat vlakdruk heet; vlakhaas, vlakvark, vlakhoek, vlakbok, vlakpapier, vlakbeitel, vlakhamer

6.26 **VOL**
As *vol* in 'n byvoeglikenaamwoordhoedanigheid gebruik word, staan dit **los** van die volgende woord:

'n vol dam, die vol koppie, oë vol trane, vol program, (my hemp is) vol bloed, ('n emmer) vol room, (die kamertjie) vol staan, ('n emmer) vol maak

Wanneer *vol* so heg aan die volgende woord geskryf word dat een, nuwe begrip tot stand kom, word dit **vas** geskryf:

('n) volbloed (boerboel), (die bouler boul 'n) volbal, volmaan, volmag, volroom, volsin, volop, voldoende, voleinding (van die wêreld), volledig, voldonge, volmondig, volslae, volleerd, volskaals(e), vollengte, volfiliaal, (iemand is) volmaak, volstaan (met 'n opmerking), voldoen, volbring, volhard, volstop, volstrek(te), volvoer, volhou

Vol is in heelparty verbindings die laaste deel. In sulke verbindings waar *vol* 'n bywoord of byvoeglike naamwoord is, word dit **vas** aan die vorige komponent geskryf:

geheimenisvol, betekenisvol, hoopvol, liefdevol, moeitevol

Indien *vol* voorafgegaan word deur 'n maatnaamwoord, word die verbinding **los** geskryf:

mond(e) vol, hand(e) vol, emmer(s) vol, sak(ke) vol ens.

6.27 **VOOR**
Werkwoorde met *voor* as eerste komponent word gewoonlik **vas** geskryf:

voorberei, voorgaan, voorhou, voorskryf, voordra, voorgee, voorkom, voorsê, voorspel, voorveronderstel, voorhê

Selfstandige naamwoorde met *voor* as eerste komponent word gewoonlik ook **vas** geskryf:

voorbeeld, voorbidding, voordeur, voorblad, voorgereg, vooringenomenheid, voorsetsel, voordrag

Bywoorde, byvoeglike naamwoorde en voegwoorde met *voor* as eerste komponent word insgelyks **vas** geskryf:

voorbarig(e), voorgelê(gelegde), voorheen, vooraf, voorgraads(e), vooringenome, vooroor, voordat, voorlaaste, voorspoedig(e), voortreflik(e)

In enkele gevalle bring die los en vas skryf met *voor* as eerste komponent 'n betekenisverandering mee:

vooraf: *Jy moet vooraf kennis gee van jou voorneme.*
voor af: *Jy moet van voor af begin.*
vooroor: *Moenie vooroor buig nie.*
voor oor: *Hy sal nie voor oor twee weke kom nie.*
voorop: *Hy stel goeie gesondheid voorop.*
voor op: *Plak die prentjie voor op jou boek.*
vooruit: *Hy gaan vooruit om die tent op te slaan.*
voor uit: *By my huis moet jy voor uit gaan, nie agter uit nie.*

Let op die skrywyse van die volgende verbindings:

by voorbaat; voor die hand liggend(e), ook: *'n voor die hand liggende feit;*

voor op die wa wees, en: *'n voor op die wa kind; vorendag,* maar: *voor die dag; voor-Christelik; geld voorhande hê; voornemens wees,* maar: *van voorneme wees*

Die volgende gevalle kan los of vas geskryf word:

voorafgemaakte én *vooraf gemaakte*; *voorafbeskrewe* én *vooraf beskrewe*; *voorafbeslote* én *vooraf beslote*

'n Geval wat nét **los** geskryf word, is *voor mekaar*.

Wanneer *voor* die laaste komponent van 'n verbinding is, word dit gewoonlik **los** van die vorige deel geskryf:

los voor, weg voor, links voor, regs voor, heel voor, ver voor

'n Uitsondering is: *naasvoor*

6.28 **WAAR**
As betreklike voornaamwoord kan *waar* los of vas aan die volgende deel geskryf word, sonder dat die betekenis verander:

waarvolgens/waar volgens; waaronder/waar onder; waardeur/waar deur; waaragter/waar agter; waarop/waar op

In die vraagwoordposisie sal taalgebruikers geneig wees om eerder die vasskryfwyse toe te pas:

Waarom doen jy dit? Waarheen gaan jy? Waarmee werk jy?

By werkwoord- en selfstandigenaamwoordvorme soos die volgende word *waar* **vas** aan die volgende deel geskryf:

waarsê, waarmerk, waarneem, waarneming, waarsêer, waarsegster

As laaste komponent van 'n verbinding word *waar* vas aan die vorige deel geskryf:

eerlikwaar, gedoriewaar

By sommige gevalle tree betekenisverskil by die los en vas skryf in:

regtigwaar: *Dit maak my regtigwaar siek.*
regtig waar: *Die verhaal is regtig waar.*
waarlikwaar: *Dit is waarlikwaar die eerste keer dat ek val.*
waarlik waar: *Die verhaal is waarlik waar.*

6.29 **HALF**
In verbindings waarin *half* so heg aan die volgende woord is dat dit deel van die betekenis is, word dit **vas** aan die volgende woord geskryf:

halfelf, halftwaalf, halfdier, halfmens, halfdood, halfrou, halfmaan (ook: halwemaan), halfmank, halfsool

maar: (*Ek is*) *half en half (siek)*.

Wanneer *half* nie soos in die gevalle hier bo deel van die woordbetekenis is nie en slegs 'n gevoels- of oordeelswaarde het, word dit **los** van die volgende woord geskryf:

Hy is half weggejaag van die veld af.
Sy het half verdrink in die swembad.
Die man werk half verniet.
Hulle is half aan die slaap.
Hulle het my half verbied om te eet.

6.30 **HALWE**
In teenstelling met *half* word *halwe* in verbindings **los** van die volgende deel geskryf:

halwe lemoen, halwe skaap, halwe dronk man, halwe mens, halwe dier, halwe gek

Die uitsondering is *halwemaan*, wat 'n soortnaam is.

85

7 Enkele riglyne vir los en vas skryf

Die los en vas skryf van woorde in Afrikaans lewer by taalgebruikers klaarblyklik baie probleme op. Taalgebruikers stel dikwels die volgende vrae om te probeer bepaal of los of vas geskryf moet word.

Is die woord 'n samestelling?
Hierdie uitgangspunt raak aan 'n kernbeginsel van los en vas skryf, maar dan moet die begrip *samestelling* goed begryp word. By *bord kos* in die sin *Ek eet 'n bord kos* is nie van 'n samestelling sprake nie (*bord* dui hier hoeveelheid of maat aan), maar by *kookkos* in die sin *Ek eet kookkos* het ons 'n duidelike samestelling. Samestellings word in Afrikaans vas geskryf. Dus: as woorde nie samestellings is nie, word hulle los geskryf, maar as hulle samestellings is (al bestaan die samestelling uit selfs meer as twee woorde) word dit vas geskryf.

Geld die een-woord-een-begrip-beginsel?
Hierdie toets kan in baie gevalle nuttig wees, maar voorsien nie in alle gevalle 'n waterdigte argument nie.

Beskryf die woord een handeling?
In die geval van werkwoorde bepaal sommige taalgebruikers of dit 'n samestelling is deur te vra of dit een handeling beskryf, en dan skryf hulle dit vas. Dit kan 'n nuttige metode wees om vorme wat los en vas "voel" en aldus geskryf kan word, van mekaar te onderskei, maar dan moet van enkele grammatiese aspekte kennis geneem word.

Om die beginsels van los en vas skryf te begryp, sal dit nodig wees om plek-plek taalkundige toeligting by te haal. Dit sal egter so elementêr moontlik gehou word, en voorts sal van min of meer maklike na moeilike gevalle gevorder word.

7.1 SAMESTELLING VAN SELFSTANDIGE NAAMWOORDE
'n Samestelling kan beskryf word as 'n woord waarvan die dele as onafhanklike, selfstandige woorde kan optree. In *skoensool* kan sowel *skoen* as *sool* in ander verbande as onafhanklike, selfstandige woorde optree.

Voorts: elke samestelling benoem telkens net een saak. So benoem *skoensool* net een saak, naamlik 'n soort sool (in hierdie geval die sool van 'n skoen). 'n Tweelitercokebottel benoem net een saak, naamlik 'n bottel (in hierdie geval 'n bepaalde soort bottel). Dit maak nie saak uit hoeveel dele 'n samestelling bestaan nie – uiteindelik word net een saak benoem.

Die laaste woorddeel van 'n samestelling is die kern van die saak wat benoem word en die voorafgaande deel/dele bepaal bloot die aard van die kernsaak. In 'n kunsmatig langgevormde woord soos *blitspatrollievoertuigdiefstalsaakbeskuldige* is *beskuldigde* die saak waaroor dit gaan en bepaal die voorafgaande die soort beskuldigde waarvan hier sprake is. Een van die kernbeginsels in Afrikaans is dat samestellings vas geskryf word. Hier bo is slegs samestellings wat uit selfstandige naamwoorde bestaan, behandel. Hier onder volg 'n bespreking van ook ander kategorieë.

Die vraag kan gevra word waarom *skoensool* vas, maar *blou sool* (sool wat blou van kleur is) los geskryf word. In *skoensool* word net een saak benoem, naamlik *sool*. Indien gevra sou word om die woord *skoensool* te teken, sal nie skoen nie, maar 'n sool (of 'n soort sool dan) geteken word. Insgelyks sal by *tweelitercokebottel* 'n bottel geteken word; by *blitspatrollievoertuigdiefstalsaakbeskuldigde* sal 'n beskuldigde geteken word. Maar by *blou sool* sal twee brokke inligting in die tekening gegee word, naamlik 'n voorstelling van 'n sool, en dié sool sal blou ingekleur word. By *blou sool* word twee sake benoem, naamlik die selfstandige naamwoord *sool* en die *blou* kleur.

Waar twee sake onafhanklik en selfstandig benoem word, word twee afsonderlike woorde gebruik. By *geelwortel* word slegs 'n wortelsoort (een soort wortel) benoem, maar by *geel wortel* word inligting oor twee sake gegee: die wortel + sy kleur. By *geelwortel* word die kleur seersekerlik geïmpliseer, maar nie eksplisiet genoem nie en dit staan ook nie onafhanklik van die ander deel nie.

Dieselfde geld vir gevalle soos die volgende:

rooi motor: twee sake word eksplisiet genoem, naamlik 'n motor + dit is rooi; dit is twee selfstandige woorde en staan onafhanklik van mekaar.
rooibok: een saak word eksplisiet genoem, naamlik 'n soort bok; sonder *rooi* is *rooibok* nie meer die saak waarna oorspronklik verwys is nie.

sout water: water + die souterige smaak wat dit het.
soutwater: soort water, soos seewater; sonder die soutdeel is dit nie seewater nie.

warm laai: 'n laai wat warm is; sonder die *warm*-gedeelte bly dit 'n laai.
warmlaai: soort kombuistoestel; sonder die *warm*-gedeelte nie meer 'n kombuistoestel nie.

los wiel: wiel wat nie vas gedraai is nie.
losbol: ligsinnige persoon.

vuil water: water wat vuil is; sonder *vuil* is dit nog water.
vuilbaard: ander benaming vir 'n leeu; sonder die *vuil* gedeelte verval die verwysing na *leeu*.

kort broek: 'n broek waarvan die pype korter is as wat dit veronderstel is om te wees.

kortbroek: 'n broek waarvan die pype veronderstel is om kort te wees.

Let daarop dat die vetgedrukte woorde in die volgende sinne nie samestellings is nie en dus los geskryf word:

Ek koop 'n **sak meel**. *(*teenoor: *Hier lê 'n meelsak.)*
Dit is bekend dat **bloed plasma** bevat. *(*teenoor: *Bloedplasma is skaars.)*
Ek het in my **nier stene** wat onoplosbaar is. *(*teenoor: *My nierstene is onoplosbaar.)*
Hier is 'n **glas melk**. *(*teenoor: *Droog jou melkglas af.)*

Soms bring die los en vas skryf van dieselfde woorde betekeniswysigings mee, bv.:

eenuur, tweeuur, drieuur, vieruur (tydstip) x *een uur, twee uur, drie uur, vier uur (tydsduur)*
eenkant (bêre dit eenkant) x *een kant (lees net aan die een kant) ens.*

Let ook op woorde soos *druppelval* x *druppel val* in sinne, bv.:

Die druppel val op die dak. x *Die druppelval op die dak neem toe.*

ook: *familie plante* x *familieplante*, bv.:

Hierdie drie plante is 'n familie plante wat warm winde kan oorleef.
Hierdie drie plante is familieplante, d.w.s. hulle behoort gesamentlik aan ons familie.

ook: *bo op* x *bo-op*, bv.:

Dit is duidelik dat 'n blik van bo op my kop geval het.
Dit is duidelik dat 'n blik bo-op my kop geval het.

Uit die voorbeelde hier bo kan die afleiding gemaak word dat 'n b.nw. en 'n s.nw. normaalweg los geskryf word, d.w.s. wanneer die b.nw. as tweede onderwerp/brok inligting naas die s.nw. genoem word. In hierdie geval is die twee begrippe selfstandig en onafhanklik van mekaar; die een kan sonder die ander bestaan.

Indien die b.nw. egter in 'n bepaalde betekenisverband as deel van die s.nw.-benoeming opgeneem word en so soortaanduidend word, het ons met 'n samestelling te make wat vas geskryf word. In hierdie geval is die benoeming van die saak afhanklik van albei die begrippe; hulle is afhanklik van mekaar vir die bepaalde betekenis wat oorgedra wil word.

Taalgebruikers moet dus telkens vra: verwys ek nou na een saak, of word twee aspekte wat onafhanklike, selfstandige betekenisse dra, ter sprake gebring?

Wenk: Die dele van 'n samestelling waarin 'n verbindingsklank voorkom, kan nooit by die verbindingsklank los van mekaar of met 'n koppelteken geskryf word nie. Die verbindingsklank(e) se funksie is juis om te verbind, d.w.s. om 'n vaste skryfwyse teweeg te bring.

7.2 WERKWOORDKONSTRUKSIES

Die voorbeelde van samestellings hier bo het gevalle van s.nw. + s.nw. of b.nw. + s.nw. getoon. In albei kategorieë was die samestelling telkens 'n selfstandige naamwoord. Samestellings kan ook ander woordsoorte vorm, byvoorbeeld werkwoorde. Die dele van samestellings wat werkwoorde is, kan byvoorbeeld bestaan uit patrone soos s.nw. + ww. (bv. bergklim), ww. + ww. (bv. blaailees), bw. + ww. (bv. voorloop) ens. Taalgebruikers lê hier gewoonlik die een-handeling-een-woord-maatstaf aan. In die taalkunde word na hierdie soort werkwoorde verwys as die deeltjie- of partikelwerkwoorde, d.w.s. werkwoordelike verbindings wat op grond van hulle hegte onderlinge verbintenis as een handeling of begrip gesien en dus vas geskryf word, soos die vetgedrukte woord in:

Ons gaan vandag bergklim.

In die sin: *Ons gaan vandag hierdie berg klim*, is daar nie meer 'n hegte onderlinge verbintenis tussen *berg* en *klim* (soos in die vorige sin) nie – hier staan *berg* uit as 'n selfstandige naamwoord en *klim* is dus enkel en alleen die werkwoord. Van samestelling is daar dus nie in laasgenoemde geval sprake nie. Vergelyk ook die volgende sinne:

Ek gaan vandag huisskoonmaak. x *Ek gaan vandag die huis skoon maak.*
Teen rustyd gaan ons voorloop. x *As ons agter stap, moet jy voor loop.*
Sit stil, jy gaan afval. x *Jy gaan van die dak af val.*

Dat daar oor hierdie kategorie woorde nog nie eenstemmigheid is nie, blyk uit die feit dat sommige mense woorde soos vasskryf, losskryf, gelukwens, kennismaak, belangstel en perdry vas skryf, terwyl andere dit los skryf. Vir die vasskrywers "voel" die verbindings baie heg, terwyl andere dit as los ervaar. Om hier vaste reëls te gee is bykans onmoontlik – daarom behoort taalgebruikers die vryheid gegun te word om self te besluit of hulle verbindings van hierdie aard los of vas wil skryf. Daar is nietemin tog 'n hele aantal werkwoordelike samestellings wat 'n mens as heel vas ervaar en bykans deurgaans vas skryf, bv.:

afgee, uitlos, na-aap, oprol, duimry, neerval, opstaan, aanslaan, dophou, wegloop, leegdrink, volprop, uitval

Daarteenoor kry ons die kategorie waar bywoorde die werkwoorde voorafgaan of volg en waar daar dus nie van 'n hegte verband soos in 'n samestelling sprake is nie; in hierdie gevalle word **los** geskryf:

skewebek trek, trek skewebek; hard lag, lag hard; onderstebo lê, lê onderstebo; agteroor val, val agteroor; grootoog luister, luister grootoog

89

7.3 PLEKBYWOORDE EN WERKWOORDE

Die los en vas skryf van plekbywoorde aan werkwoorde is oor dekades heen al 'n groot probleem in die Afrikaanse spelling. Die maklikste en konsekwentste oplossing hiervoor is om maar deurgaans los te skryf; dus:

bo oor gooi	*bo oor neergooi*	*onder in sit*
onder in wegpak	*bo deur kyk*	*agter op lê*
agter op neerlê	*voor om loop*	*onder deur kruip*
voor oor buig	*agter in loop*	*skuins deur steek*
dwars deur hardloop	*agter uit gaan*	*buite om gaan*
buite verby loop	*binne deur stap*	*binne in kyk*

In sinne, soms in die verlede tyd, lyk dit só:

Hy het die komberse bo oor gegooi.
Hy het die leisels bo oor neergelê.
Ek het die blikke onder in gesit.
Ek het die blikke onder in weggepak.
Jy moet bo deur kyk as jy iets wil sien.
Voordat die vragmotor wegtrek, gaan ek agter op lê.
As die motor wegtrek, gaan ek die klere agter op neerlê.
Om anderkant die draad te kom moet jy onder deur kruip.
Om uit die vol saal te kom moet jy voor om loop.
In ons kerk kan jy ongesiens agter uit gaan.
(maar: In 'n hospitaal sal my gesondheid maklik agteruitgaan.)
Die vet oom moet voor oor buig as hy sy tone wil sien.
Die vinnige senter het dwars deur gehardloop.
Die kleremaker wil die naald skuins deur steek as die materiaal te dik is.
Die skelm het eers buite verby geloop, toe buite om gegaan en toe agter in.

7.4 BYVOEGLIKE NAAMWOORDE EN BYWOORDE
(a) Reëlmaat en variasie

Gewoonlik word die dele van byvoeglike naamwoorde en bywoorde wat uit verskillende woorde saamgestel is, vas aan mekaar geskryf, soos die vetgedrukte woorde in die volgende sinne:

*Die trui is **kreukeltraag**.*
*Die **hemelhoë** dak gaan inval.*
*Die motor lê **onderstebo**.*

Tog is daar ook nie altyd ewe groot duidelikheid nie. Vergelyk die volgende sinne wat, effens aangepas, uit 'n jaarverslag gehaal is:

Die kissies is bymekaar. x *Die kissies is onder mekaar.*

Die kissies is agtermekaar. x *Die kissies is bo-op mekaar.*
Die kissies is opmekaar.
Die kissies is langs mekaar.
Die kissies is deurmekaar.

Daar is byvoeglike naamwoorde en bywoorde wat duidelike samestellings is en waarby daar geen twyfel oor die vasskryfwyse is nie, soos:

reggesinde, nugterdenkende, kreukeltraag, nerfaf, hulpsoekende, wydverspreid, tuisgebakte, topfiks, waterverkoelde, oliebesoedelde, dikmond, kleingeestig, kleinsielig, grootmeneer, meteens, hittebestand, kaalbas, hoogliggende, laagliggende, laaggeleë, vasgemaakte ens.

Daarteenoor is daar woordomgewings waar die vas skryf nie so vanselfsprekend is nie; in sulke gevalle word los geskryf:

wetenskaplik beplande, deeglik beproefde, algemeen aanvaarde, keurig versorgde, hoogs ontsteld, laag gewaardeerde, te veel, buitengewoon negatief, ewe sleg, al verder, vas oortuig, buitelands gewerfde, dig opmekaar, ver uitmekaar, al weer, verder aan ens.

Dit is nie moontlik om in al hierdie gevalle 'n presiese bereëling te gee nie. Die taalgebruiker moet probeer bepaal hoe heg die verbinding vir hom "voel" en in sodanige gevalle dit vas skryf. As die verbinding nie heg "voel" nie, of nie as een begrip aandoen nie, of in die geval van werkwoorde nie een handeling bevat nie, of as daar 'n selfstandige naamwoord in die verbinding is wat duidelik los staan (vgl. bv. *bergklim* x *berg klim* vroeër), dan lyk die aangewese weg om te volg die losskryfwyse. 'n Soort riglyn wat soms tóg gebruik kan word, is: verbindings van byvoorbeeld 'n bw. + ww. wat kort is en vinnig gesê word, "voel" na 'n vaste soort verbinding – sulke samestellings kan gerus vas geskryf word, soos:

opstaan, inval, afskop, inkleur, wegspring, aanrig, vasmaak, aanval, aanjaag, uitjaag, afspring, afduik, goedkeur, afkeur, deurdruk, terugkom, omrol, afval, ingooi

Daarteenoor sal taalgebruikers neig om verbindings wat nie so kort is en relatief vinnig uitgespreek word nie, as los te ervaar en dan ook los te skryf, soos:

binne bespreek, onder staan, agtertoe ry, aanhoudend praat, vorentoe stilhou, vuil vat, bekend stel, mooi dink, vinnig besluit, buite bly, anderkant werk, stadig praat

Tussen die twee groepe woordverbindings wat duidelik óf los óf vas geskryf word, is daar heelparty woorde waaroor taalgebruikers twyfel. Dit is nie verkeerd om in die twyfelagtige gevalle óf los óf vas te skryf nie.

Uit hierdie voorbeelde spruit ses riglyne voort, nl.:
(1) Konstruksies van bywoord + byvoeglike naamwoord word meestal los geskryf, bv.:

baie duidelike, vas oortuig, helder wakker, heel agter, buitengewoon moeilike, ver voor, hoogs verveelde, ver agter, tegnies ontwikkel(de), tegnologies vaardig(e) ens.

(2) By byvoeglike naamwoorde en bywoorde wat bestaan uit 'n selfstandige naamwoord plus iets, of andersom, of werkwoord plus iets, of andersom, word meestal vas geskryf, bv.:

kaalbas, brandbestand, nerfaf, kleefvrye, leesbewus, luisvry, springlewendig, rugbymal, oefenbehep, dikmond ens.

In die geval van simbole en afkortings is koppeltekens gebruiklik:

HTL-verrykte, SAUK-geborgde, S-bewegende ens.

(3) Deelwoorde toon nie 'n vaste patroon nie. In sommige gevalle word vas geskryf, bv.:

selfgemaakte, regdenkende, vasgesmelte, hartroerende, fabriekvervaardigde, rekenaargesteunde, rekenaarondersteunde, gelykmakende, laagliggende, doodgeskokte, snelveranderende, digbewoonde, wydverspreide, ylbevolkte,ens.

In ander gevalle word los geskryf:

reeds vermelde, vinnig veranderende, erg verslegtende, wyd uiteenlopende, gedeeltelik betrokke, dodelik gewonde, ekonomies onontwikkelde, hard gekookte, strategies geskikte

maar konstruksies met selfstandige naamwoorde meestal vas, bv.:

wateraangedrewe x *elektries aangedrewe*
dwelmafhanklik x *ekonomies afhanklik*
godsdiensversteurde x *geestelik versteurde*

By deelwoorde sal vas geskryf word waar die onafgeleide vorm vas geskryf word (bv. *wegdryf* x *wegdrywende* x *weggedrewe*) en los waar die onafgeleide vorm los is (bv. *plaaslik vervaardig* x *plaaslik vervaardigende* x *plaaslik vervaardigde*).

(4) By los en vas skryf van konstruksies by byvoeglike naamwoorde geld dieselfde reël as wat hier bo by werkwoorde gestel is: as die eerste komponent vinnig gesê word en heg "voel" met die tweede komponent, skryf dit vas; as die eerste komponent 'n lang woord is en nie so vas "voel" aan die tweede komponent nie, skryf dit los.

(5) Vir begrip van samestellings en los en vas skryf is onderskeidings van die vetgedrukte woorde in die volgende sinne noodsaaklik:

Ek verf met 'n harde kwas. x *Piet hou hom deesdae baie hardekwas.*
Skoenspykers het groot koppe. x *'n Klomp grootkoppe kom vandag kuier.*
'n Bees het 'n harde kop. x *Piet hou hom deesdae baie hardekop.*
Hy het met sy kaal voet op die doring getrap. x *Ons loop vandag kaalvoet.*
'n Groot mens moet groot klere koop. x *'n Grootmens is nie 'n kind nie.*
Die blok het vier kante. x *Ek het twee vierkante geteken.*
Ek het twee gesprekke gehoor. x *Hoeveel tweegesprekke het jy gehoor?*
Gedurende die eerste jaar leer 'n mens baie. x *Ek is 'n eerstejaar.*
Ek wil graag in die nag werk. x *Ek is 'n nagwerker.*
Piet wil altyd laat slaap. x *Piet is 'n laatslaper.*

(6) Die gebruik om 'n koppelteken aan te wend waar onsekerheid bestaan of 'n verbinding los of vas geskryf moet word, is nie aan te bevele nie.

Hoewel woorde soos *bekend stel, geluk wens, belang stel* en *kennis maak* los geskryf kan word, word die naamwoordelike afleidings daarvan slegs vas geskryf:

bekendstelling, gelukwensing, belangstelling, kennismaking

Nog voorbeelde is:

saam bly x *saamblyery; vuil vat* x *vuilvattery; laat slaap* x *laatslapery; droogskoon maak* x *droogskoonmakery*

7.5 B.NW.- S.NW.-KONSTRUKSIES
Gesteelde wapensleêr of *gesteeldewapensleêr?*
Beskou die volgende twee sinne:

(a) Sannie dra 'n hoed.
(b) Die hoed het 'n breë rand.

In sin *(a)* is *hoed* 'n s.nw. In sin *(b)* is *breë* 'n b.nw. en *rand* 'n s.nw., en hierdie twee woorde word los van mekaar geskryf. 'n Mens kan *hoed* met 'n *breë rand* as een begrip skryf, naamlik: *breë* (b.nw.) + *hoed* (s.nw.), dus: *breërandhoed,* soos in die sin:

Sannie dra 'n breërandhoed.

Die woord kan nie as *breë randhoed* gespel word nie, want dan beteken dit dat dit 'n *randhoed* is wat *breed* is, en dit is nie waar nie; dit is 'n *hoed* met *breë rand.* Daarom word *breërandhoed* vas geskryf. Hierdie soort samestellingkonstruksies, naamlik b.nw. + s.nw. wat een begrip vorm, word vas geskryf.

Nog 'n verduideliking: indien die polisie 'n *leêr* (s.nw.) het vir *gesteelde*

93

(b.nw.) *wapens* (s.nw.), kan hulle dit in een begrip uitdruk, naamlik *gesteelde* (b.nw.) + *wapens* (s.nw.) + *lêer* (s.nw.). Hulle kan dit egter nie *gesteelde wapenslêer* spel nie, want dan beteken dit die wapenslêer is gesteel, en dit is nie wat bedoel word nie. Die woord moet vas geskryf word: *gesteeldewapenslêer*.

'n Laaste verduideliking: Daar is 'n verskil tussen *buitelandse toeristebus* en *buitelandsetoeristebus*. By *buitelandse toeristebus* is die betekenis dat die bus 'n toeristebus is wat in die buiteland is, of van die buiteland af kom. By *buitelandsetoeristebus* is die betekenis dat dit 'n bus vir buitelandse toeriste is. Toets self die geldigheid van die volgende spelwyses :

*'n Land uit die Eerste Wêreld is 'n **Eerstewêreldland**.*
*Die Departement Openbare Werke is die **Openbarewerkedepartement**.*
*Dienste gerig op burgerlike beskerming is **burgerlikebeskermingsdienste**.*
*Mannekrag van 'n hoë vlak is **hoëvlakmannekrag**.*
*Die Afdeling Voorkomende Geneeskunde is die **Voorkomendegeneeskundeafdeling**.*
*'n Sentrum vir kriminele rekords is die **Kriminelerekordsentrum**.*
*'n Groep met 'n lae risiko is 'n **laerisikogroep**.*
*Standaarde van die Derde Wêreld is **Derdewêreldstandaarde**.*
*'n Vormer van 'n selfstandige naamwoord is 'n **selfstandigenaamwoordvormer**.*
*Gebied vir vrye vestiging is 'n **vryevestigingsgebied**.*

Dit kan gebeur dat 'n opeenhoping van klinkers hierdie spelwyse bemoeilik. By *plaaslike* + *owerheid* + *wese* is daar by die verbindingspunt van *plaaslike* en *owerheid* so 'n opeenhoping. 'n Koppelteken mag in so 'n geval gebruik word, dus: *plaaslike-owerheidswese*. Indien lesers dit nie verkeerd of moeilik gaan lees nie, kan natuurlik geskryf word: *plaaslikeowerheidswese*.

Wenk: In plaas van so 'n lang samestelling kan liewer 'n omskrywing gebruik word. Skryf liewer *Afdeling Openbare Administrasie* as *Openbareadministrasieafdeling*; liewer *rol van die alomteenwoordige verteller* as *alomverteenwoordigevertellersrol* en eerder *verandering van ekonomiese beleid* as *ekonomiesebeleidsverandering*.

Let ook op die volgende spelwyses:

s.nw. + s.nw.	b.nw. + s.nw.
wiskundeprobleem	*wiskundige probleem*
Moseswette	*Mosaïese wette*
Bloemfonteinmuseum	*Bloemfonteinse museum*
gemeenskapsbelange	*gemeenskaplike belange*
reuseprobleem	*reusagtige probleem*

7.6 SELF + VOORNAAMWOORD

Die los en vas skryf van die woord *self* aan 'n ander deel berus op sowel grammatikale voorskrif as op die situasie waarin dit gebruik word. Die uitgangspunt is dat *self* in Afrikaans normaalweg nie gebruik word nie, tensy dit nodig is om verwarring te voorkom. By sinne soos die volgende word *self* dus nie saam met die wederkerende voornaamwoord gebruik nie:

Ek skeer my.
Hulle bekommer hulle oor die eksamenuitslae.
Ons was ons na die wedstryd.
Hy verdedig hom teen die aanslae van buite.
Sy vererg haar.
Ek verspreek my dikwels.

Wanneer die taalgebruiker egter klem op die refleksiewe aard van die situasie wil plaas, dan kom *self* by en word dit vas aan die wederkerende voornaamwoord geskryf, om 'n bepaalde betekenis uit te druk, bv.:

Ek skeer myself (met die beklemtoning word geïmpliseer dat niemand anders deur my geskeer word nie).
Sy verdedig haar haarself (bedoelende: niemand anders word deur haar verdedig nie).
Ons was onsself.

Met die beklemtoning deur *self* by te bring, kan 'n ander betekenis bedoel word. In die sin *Ek skeer my* is die bedoeling dalk nie om te sê *niemand anders word deur my geskeer nie,* maar *ek word deur niemand anders geskeer nie.*

In so 'n geval word die *self* los van die wederkerende voornaamwoord geskryf, bv.:

Ek skeer my self.
Sy verdedig haar self (sy word deur niemand anders verdedig nie).
Hy was hom self.

Sinne soos die volgende moet vermy word:

Ek myself het dit gedoen. (Korrek: *Ek het dit self gedoen.*)
Hy homself het nie geswem nie. (Korrek: *Hy self het nie geswem nie.*)

7.7 AAN, OP, AF, IN, VOOR, OM, UIT, REEDS, TOE, LANGS, EENS

7.7.1
In werkwoordvorms soos *aangaan, opspring, afval, inspring, voorkom, omspring, uitval, toekom,* word die *aan, op, af, voor, om, uit, toe* gewoonlik vas aan die ander komponent geskryf. In plek-, wyse- en tydaanduidings soos die volgende word die bogenoemde woorde gewoonlik nie vas aan die ander komponent geskryf nie, maar los, bv.:

verder aan, en so aan, voor aan, agter op, straat op, hoër op, voor op, diep af, bult af, reg af, verder af, los voor, heel voor, ver voor, verder in, dorp in, ver in, voor om, stad om, regs om, ver uit, bult uit, dorp toe, huis toe, buitekant toe, bos langs, voor langs, agter langs, lankal reeds, toe reeds, nou reeds

Soos hier bo by herhaling al gesien is, kan daar nie 'n rigiede voorskrif in bogenoemde gevalle gegee word nie. Teenoor *voor op* kry ons *bo-op* en *boaan; dorp toe* en *buitekant toe* x *boontoe, ondertoe* en *buitetoe; bos langs* en *voor langs* x *langsaan*. In baie gevalle hou verskille tussen los en vas skryf by woorde van hierdie aard verband met betekenisverskille, bv.:

Hy sit **voor op** die wa. x Hierdie feite staan **voorop**.
Ons ry **bo langs**. x Jy moet so **bolangs** uitvind wat aangaan.
Die klip val **diep af** in die gat. x Piet voel vandag baie **bekaf**.
Ons roei **stroom op**. x Moenie so **stroomop** wees nie.
Hy staan **agter op** die wa (klem op **agter**). x Hy staan **agterop** (algemene plekaanduiding).
Ek sien hom van **ver af**. x Daar is 'n **veraf** blik in sy oë.
Moenie afdwaal nie, hou **pad langs**. x Ek het hom **padlangs** die waarheid vertel.
Hy staan hier **vlak by** my. x Die veldwerker in krieket staan op **vlakby**.

Verbindings met *eens* word meestal vas geskryf, bv.:

meteens, nogeens, weereens

Let ook op die skryfwyse van woorde soos: *net so, net soveel, om te speel, teweeg te bring, al te ver, al te veel, enigeen, enige een, enige iets, enigiets*

Baie woorde kan óf los óf vas geskryf word, soos: *enige een* óf *enigeen, enige iets* óf *enigiets, een maal* óf *eenmaal*

7.7.2 In dieselfde asem kan kennis geneem word van die volgende spelwyses by breuke:

kwart koppie, kwart koppie koffie; driekwart koppie, driekwart koppie koffie; 'n derde glas, 'n derde glas melk; een derde glas, een derde glas melk; twee derdes melk; sewe ag(t)stes water, 'n sewe ag(t)ste bottel water

7.8 **DIE SKRYFWYSE VAN TELWOORDE**
(a) Wanneer syfers en wanneer voluitgeskrewe?
Taalgebruikers vra dikwels wanneer hulle getalle in syfers en wanneer voluit moet skryf. Sommiges glo dat hulle getalle tot by twintig voluit en dié bokant twintig in syfers moet skryf. Ander glo weer dat getalle tot by

honderd in syfers, en dié daarbo, voluit geskryf moet word. Oor hierdie aangeleentheid is daar egter geen vaste reëls nie. 'n Mens kan hoogstens wenke gee oor hoe met getalle in verskillende skryfsituasies gehandel kan word:

(1) Daar is geleenthede waartydens getalle sowel in syfers as voluit geskryf moet word, byvoorbeeld op tjeks, in regsdokumente soos koopaktes, kontrakte, en in staatspublikasies.

(2) In finansiële state, op fakture, pryslyste en ander plekke waar bedrae, desimale breuke en getalle verskyn wat opgetel kan word, of wat rekenkundig van aard is, sal hoofsaaklik van die getalskryfwyse gebruik gemaak word. In 'n syferwêreld word getalle meer dikwels in syfers geskryf. Dit lees vinniger en makliker, en maak rekeningkundige bewerking moontlik. Getalle met desimale breuke word moeilik in woorde geskryf.

(3) Wanneer getalle as nommers dien, soos by bladsynommers, puntsgewyse saakaanduiding ens., word gewoonlik van syfers gebruik gemaak.

(4) 'n Ander voordeel van syfergebruik is dat dit nietalig is en dus in die meeste tale verstaanbaar is.

(5) Syfers is korter as voluitgeskrewe getalle en word dikwels in opskrifte en reklameflitse gebruik. Dit geld egter nie vir baie hoë getalle soos *miljoen* en hoër nie – in daardie gevalle lees woorde makliker.

(6) In 'n niesyferwêreld sal minder syfers en meer voluitgeskrewe woorde gebruik word. In prosastukke, koerant- en tydskrifartikels, verslae en alledaagse taalgebruik sal getalle soos *honderd, twintig, duisend, miljoen, tienduisend, honderdduisend, miljard, biljoen, ses-en-vyftig, vierhonderd een-en-dertig* in woorde geskryf word. By getalle van 'n miljoen of hoër lees die voluitgeskrewe woorde makliker as die syfers, terwyl getalle tussen 'n duisend en miljoen weer makliker in syfervorm gelees word.

(7) Omdat daar geen reëls is wat bepaal wanneer getalle en bedrae in syfers en wanneer in woorde geskryf moet word nie, word taalgebruikers aangeraai om die skryfsituasie waarin die getalle gebruik word, te laat meespreek, soos deur die riglyne hierbo gesuggereer. Daarbenewens het instansies gewoonlik 'n interne reëling om alle getalle bo of onder 'n bepaalde getal in woorde of in syfers te skryf.

(b) Getalle in woorde
Die enigste enkelsyfer wat spellingtoeligting nodig het, is 8. Die spelling van hierdie getal is *ag* óf *agt*. Dus ook *agtien* óf *agttien, ag-en-twintig* óf *agt-en-twintig* (ook sonder koppeltekens), *aghonderd ag-en-tagtig* óf *agthonderd agt-en-tagtig* (ook sonder koppeltekens), *agste* of *agtste* ens. Die

volgende skryfwyse is inkonsekwent en nie aan te beveel nie: *aghonderd agt-en-tagtig* óf *agthonderd ag-en-tagtig* (ook sonder koppeltekens).

By hoofteltwoorde word saamgestelde syfers óf los óf vas geskryf, bv:

vyf-en-twintig óf *vyf en twintig*
vyfhonderd óf *vyf honderd*
vyfhonderd vyf-en-twintig óf *vyf honderd vyf en twintig*
tienduisend-en-vyftien óf *tien duisend en vyftien*
vyfduisend vyfhonderd vyf-en-twintig óf *vyf duisend vyf honderd vyf en twintig*
drie-en-twintigduisend negehonderd een-en-twintig óf *drie en twintig duisend nege honderd een en twintig*
tweehonderd vier en twintig duisend sewe honderd nege en tagtig óf *tweehonderd vier-en-twintigduisend sewehonderd nege-en-tagtig*
viermiljoen sesduisend óf *vier miljoen ses duisend* óf *viermiljoensesduisend*

By rangtelwoorde is daar t.o.v. saamgestelde syfers ook 'n keuse tussen los en vas skryf:

vyf-en-twintigste óf *vyf en twintigste*
eenhonderd-en-sestigste óf *eenhonderd en sestigste*
duisend-en-tweede óf *duisend en tweede* ens.

Die volgende moet liefs vas geskryf word:

tweehonderdste *inskrywing,* **sesduisendste** *motor,* **honderdduisendste** *rand* ens.

Die gebruik bestaan om by rangtelwoorde die hoofteltwoordkomponent in syfervorm en die rangtelwoorduitgang in lettervorm weer te gee. So word eerste, tweede, derde en twintigste onderskeidelik gegee as *1ste, 2de, 3de* en *20ste,* of *1ste, 2de, 3de* en *20ste.*

Dit is verkieslik bo die volgende gebruik: *1e, 2e, 3e* en *20e* of *1e, 2e, 3e* en *20e.* Op straatnaamborde behoort dus byvoorbeeld te staan *Dertiende Laan* of *13de Laan, Twintigste Laan* of *20ste Laan* ens.

Normaalweg word breuke in syfers geskryf. Tog is daar situasies waarin die voluit skryf van breuke nie vreemd is nie, byvoorbeeld 'n *driekwart* koppie; 'n *kwart* koppie; 'n *halwe* koppie/halfkoppie; 'n *tweederde* meerderheid; *sewe-agstes; tweederdes*; maar ook: 'n *agtste; een vyf en twintigste* of *een vyf-en-twintigste; sewentien vyf en twintigstes* of *sewentien vyf-en-twintigstes* ens. In die geval van breuke in syfers en 'n kwalifisering daarna in woorde, word geskryf:

$^2/_3$-meerderheid, $^1/_2$-koppie, $^3/_4$-uur, $^1/_4$-myl, $^7/_8$-km, $^3/_4$-km, $^3/_4$-m

(c) Getalle in syfers

Desimale breuke word met 'n komma van die heelgetalle geskei, bv.:

$3^1/_2$ x 3,5; $17^3/_4$ x 17,75;   100 $^1/_{12}$ x 100,08334; $^1/_2$ x 0,5

By heelgetalle word ter wille van die oorsigtelikheid van lang getalle óf 'n punt óf 'n spasie tussen die aanduiding van duisende geplaas, bv.:

1000 of *1.000*;   *10 000* of *10.000*;   *234 000* of *234.000*;
1 738 416 of *1.738.416* ens.

Albei skryfwyses is aanvaarbaar, mits dit nie afwisselend in een publikasie of stelsel gebruik word nie. Kies een van die twee skryfwyses en hou konsekwent daarby. Let ook op die volgende skryfwyse:

$^3/_4$-*cm*, maar *3 cm*; $^7/_8$-*km*, maar *7 km*; $^1/_2$-*m*, maar *0,5 m*; $^1/_4$-*mm*, maar *0,25 mm*

(d) Getal plus iets

Die spelling van gevalle soos *driemillimeterpyp* en *3 mm-pyp* word in paragraaf 9.2 van die hoofstuk oor koppeltekengebruik behandel. Wat betref die spasie tussen getalaanduiding en die bepaling daarna, kortliks die volgende: wanneer getalle in woorde voluit geskryf word, word die nabepaling daarna ook in woorde voluit geskryf, bv.:

tien kilometer; dertig grade; tagtig persent; vyftig meter; elf rand; sewe-en-vyftig sent; veertig grade, nege minute en veertien sekondes; twaalf sentimeter ens.

Dit gebeur uiters selde dat die getal in woorde geskryf en die nabepaling afgekort of as simbool geskryf word. Die volgende is dus nie gebruiklik nie:

R elf; dertig °; tagtig kg; twaalf cm; ens.

Wat wél gebruiklik is, is om die getal in syfers te skryf, en om die nabepaling as simbool of in afgekorte vorm te gee. Die vraag is nou: kom daar 'n spasie tussen die syfers en die simbool of afkorting? By die SI-eenhede is die spasie gebruiklik:

6 m; 12 cm; 4 mm; 100 km; 20 ℓ; 50 kg; 500 mℓ; 1g; 10 km/ℓ; ens.

In die 1991-uitgawe van die *Afrikaanse woordelys en spelreëls* word aanbeveel dat daar by temperatuuraanduiding 'n spasie tussen die gradesimbool en die afkorting ('n hoofletter) vir byvoorbeeld Celsius kom, maar geen spasie tussen die getal en die gradesimbool nie:

30° C, 60° F ens.

Let egter daarop dat dit nie ooreenstem met die internasionale skryfwyse nie. Daarvolgens kom daar 'n spasie vóór die gradesimbool, maar geen

99

spasie tussen die gradesimbool en die afkorting nie, bv.:

30 °C, 60 °F ens.

Lengte- en breedtegrade word egter internasionaal só geskryf:

30° N, 60° S ens.

By geldeenhede is daar geen spasie tussen die afkorting of simbool en die getal nie, bv.:

$1 000; R12 851,63; 78c; DM480; £8-16-9; 9d ens.

Ook by byvoorbeeld die persentasieteken en ander afkortings en simbole word die vasskryfwyse gevolg:

6%; 80%; 100°; l4° 9' l4"; 14t; 59s; l0j

By eiename is die gebruik om 'n telwoord + die daaropvolgende woord (gewoonlik 'n s.nw., maar nie noodwendig nie) vas te skryf:

Derdepoort, Eersterivier, Drieankerbaai, Tweeberg, Sesfontein, Vierspruit, Sewedraai, Agtrantkant

Wanneer die telwoord gevolg word deur 'n selfstandige naamwoord wat in die meervoud staan, word die eienaam gewoonlik as twee woorde geskryf en albei komponente word dan met 'n hoofletter begin:

Drie Riviere, Sewe Fonteine, Twaalf Apostels, Drie Kruine, Twee Verwagte, Twee Rante, Drie Duine

(e) Tydsaanduiding
By tydsduur word ronde ure los geskryf, bv.:

Hy werk al twee uur/twee ure aan die motor.
Ons wag al 'n uur/een uur.
Hulle ry al sewe uur/sewe ure aanmekaar.

Kwartierintervalle word by tydsduur vas geskryf:

Hy werk al 'n kwartier aan die motor.
Ons wag al 'n driekwartier.

By tydstip word ronde en halfure vas geskryf:

Hulle ry al 'n halfuur aanmekaar (maar: *Hulle ry al 'n halwe uur*).
Dit is nou tweeuur/eenuur/seweuur/halfdrie/halfeen/halfnege/halftwaalf.

Ander gevalle word by tydstip los geskryf:

Dit is nou kwart oor twee/kwart voor drie/vyf oor ses/tien voor vier/dertien minute oor elf/sewentien minute voor een, ens.

Let ook op die volgende:

Dit is nou vyf-en-twintig minute voor vyf óf *vyf en twintig minute voor vyf/drie-en-dertig minute oor sewe* óf *drie en dertig minute oor sewe.*

Wanneer tydstip in syfers aangedui word, is die volgende wyse die enigste wat aanvaar word:

01:00; 12:00; 13:00; 18:00; 24:00; 02:30; 13:47; l8:06; 23:14; 00:01; ens. *1:00 = eenuur vm.; 13:00 = eenuur nm.; 12:00 = twaalfuur in die dag; twaalfuur nm.; 00:01 = een minuut na twaalfuur middernag*

In syfers word soos volg tussen ure, minute en sekondes onderskei:

ses uur, drie minute en nege sekondes = 6:03,09
vyftien uur, twintig minute en dertig sekondes = 15:20,30
dertig uur, een-en-twintig minute en agt-en-vyftig sekondes = 30:21,58

(f) Datumskryfwyses

'n Mens kan die datum op 'n talige én nietalige manier skryf. Op die talige manier is die volgorde dag, maand, jaar: 2 Maart 1980. Op die nietalige manier is die volgorde (in syfers) jaar, maand, dag: 1980-03-02. Dit is die enigste twee maniere waarop die datum geskryf behoort te word. Al die ander wyses moet as onaanvaarbaar beskou word.

Die talige datumskryfwyse word in gewone, gemiddelde, alledaagse skryfwerk gebruik, byvoorbeeld in vriendskaplike briewe, koerant- en tydskrifartikels, verslae ens. In die rekenkundige en rekenaarwêreld, waar prosessering volgens kodes ens. plaasvind, is daar 'n behoefte aan die syfermatige datumskryfwyse. Daar is ook 'n tussengebied waar dit nie eintlik saakmaak of die talige of nietalige skryfwyse gebruik word nie. Taalgebruikers word in so 'n geval aangeraai om goeie oordeel aan die dag te lê en te besluit watter een van die twee maniere in 'n betrokke taalsituasie die gepaste datumskryfwyse sal wees.

Daar is tans elf datumskryfwyses in gebruik. Ter wille van standaardisering word bogenoemde twee maniere aanbeveel.

8 Deelteken

(a) Funksie van die deelteken
'n Deelteken het **net een** funksie: om onduidelike of onsekere lettergreep- of sillabegrense aan te dui. Dit verskyn op die eerste vokaal van die nuwe lettergreep/sillabe. Hierdeur word die lees vergemaklik en die juiste bedoeling van die skrywer oorgedra, soos blyk uit die volgende voorbeelde:

voel x *voël; hoer* x *hoër; veer* x *veër; wee* x *weë; tree* x *treë; boe* x *boë; gein* x *geïn; beedig* x *beëdig*

In die woord *kommersieel* word geen deelteken gebruik nie, omdat die lettergreepverdeling na die *i* en voor die *-eel* ooglopend is. By *kommersiële* is die skeiding tussen die *i* en *-ele* nie so voor die hand liggend nie, en moet daar 'n deelteken op die *e* voor die *l* kom. Dieselfde geld hier:

prieel x *priële; finansieel* x *finansiële; dieet* x *diëte;*
lisensieer x *lisensiëring*

'n Deelteken kom nooit op 'n konsonant nie. Omdat 'n diftong een klankgreep is, sal daar ook nie 'n deelteken op 'n diftong (tweeklank) se tweede klank voorkom nie. Voorts sal 'n deelteken nooit op die eerste vokaal na 'n konsonant of op die eerste vokaal van 'n nuwe woord verskyn nie. 'n Deelteken verskyn egter wel op die eerste vokaal van die nuwe (onduidelike/onsekere sillabe wat dit veronderstel is om aan te dui, bv.:

fiësta, reëel, ateïs, silhoeët, vermoë, mosaïek, ruïne

(b) Afleidings
Wanneer voor- en/of agtervoegsels aan 'n woord gevoeg word, staan die verskynsel as *afleiding* bekend. Sekere voor- en agtervoegsels bemoeilik lees wanneer hulle aan bepaalde woorde gevoeg word, bv.:

geinteresseerd, geeet, beedig, beindruk, leerig (legerig), skiery, hoerig, ploeery, reunie, ruine, skreery, sebraagtig

In sulke gevalle word 'n deelteken (en nie 'n koppelteken nie!) gebruik om die begin van die nuwe lettergreep aan te dui, dus:

geïnteresseerd, geëet, beëdig, beïndruk, leërig, skiëry,
hoërig, ploeëry, reünie, ruïne, skreëry, sebraägtig

Woorde wat van Griekse of Latynse afkoms is en op 'n vokaal eindig, word **slegs** met 'n koppelteken verbind aan 'n volgende woord wat op 'n vokaal begin en waar lees bemoeilik word. Sulke gevalle is:

foto-elektries (maar: fotoateljee, fotoalbum), semi-outomaties, kontra-aanduiding, ko-operatiewe, ko-ordinasie

(c) Samestellings

Wanneer woorde aan mekaar gekoppel word (ons noem dit samestellings of samevoegings) en by die samevoegingspunt tree onduidelike lettergreepverdeling in, word 'n *koppelteken*, en nie 'n deelteken nie, gebruik om die samekoppelingsplek aan te dui, bv.:

see-eend, wa-as, toe-eien, na-aap, twee-uur

Op grond van die uiteensettings hier bo behoort u nou in staat te wees om te kan verklaar hoekom daar in woorde soos dié in die linkerkantste kolom hier onder deeltekens is en in dié in die regterkantste kolom koppeltekens:

geënt	*bo-ent*
geëien (ook: *toegeëien*)	*toe-eien*
beïndruk	*blasé-indruk*
beëdig	*buite-etery*

(d) Opvallende lettergreepskeiding tussen vokale

Omdat daar in gevalle soos die volgende geen onduidelikheid of onsekerheid oor die lettergreepverdeling bestaan nie, word hier geen deelteken gebruik nie:

beywer, geuiter, plaery, lêerig, geanker, brûe, beoordeel, raaiery, plooierig, knoeiery, reier, ryer, toiings, ruie

(e) Gewoontedeeltekens

Afrikaans het 'n klompie woorde waarin die deelteken oorbodig is, omdat dié woorde geen betekenis- of uitspraakwysiging ondergaan as die deelteken weggelaat word nie. Uit gewoonte word die deeltekengebruik steeds as verpligtend beskou, bv.:

reën, seën, seël, teëstander, (maar: *teenstander*), *reël*

(f) Uitsonderingsgevalle

Soos by (b) hier bo kan *mikro + organisme* net met 'n koppelteken aan mekaar verbind word; 'n deelteken is hier geensins van toepassing nie. En tog is daar 'n stel uitsonderings. In die *Afrikaanse woordelys en spelreëls* staan die uitsonderingsgevalle só verwoord:

"Die deelteken (óf koppelteken) word gebruik in verbindings waar 'n opeenhoping van vokaalletters verkeerd gelees kan word en waar 'n eensillabige voorvoegsel van Griekse of Latynse herkoms betrokke is:

biëmbrionies of *bi-embrionies*
biëlektries of *bi-elektries*
diëlektries of *di-elektries*

preëksistensies of *pre-eksistensie*
preüniversitêr of *pre-universitêr*
reïnkarnasie of *re-inkarnasie*
reünie of *re-unie*
triënnale of *tri-ennale*
koëffisiënt of *ko-effisiënt*
koöperasie of *ko-operasie*"

Die volgende voorvoegsels pas nié in bg. groep in nie en kan slegs met 'n koppelteken aan 'n woord wat met 'n verwarrende vokaal begin, geskryf word:

mikro-, anti-, hidro-, ultra-, pro-, pseudo-, poli-, sosio-, kontra-, psigo-, ko-, infra-, kwasi-, a-, makro-, semi-, gastro-, elektro- ens.

(g) Deeltekenlettergreep op 'n nuwe reël

Daar heers dikwels onsekerheid oor die vraag of 'n deelteken gebruik moet word wanneer die vokaal wat die deelteken dra, op 'n nuwe reël begin. Gesien in die lig van die deelteken se funksie (naamlik om onduidelike/onsekere lettergreepverdeling aan te dui) verval sy funksie wanneer die nuwe lettergreep wat aangedui moet word, op 'n nuwe reël begin. 'n Mens skryf dus *beïnvloed*, maar *be- invloed*.

Dit is dus nie nodig om 'n deelteken te plaas op die lettergreep wat normaalweg 'n deelteken kry, as dié lettergreep op 'n nuwe reël staan nie.

(h) Deelteken en klem

Die volgende voorbeelde gee 'n aanduiding van hoe beklemtoning in deeltekenomgewings plaasvind:

mosaïék, reëel, óë, vermóë, léë, finansiéle, beëindig, kóéël, ruïne, vóël, siësta, geëín, geín

Dit kan soos volg verduidelik word:

(1) Klemstrepe kom nie op konsonante nie; slegs op vokale en diftonge.
(2) Indien die deeltekenlettergreep uit twee aangrensende vokale bestaan, val die klemteken op die aangrensende vokaal en nie op die deeltekenvokaal nie (*mosaïék, geëíen*).
(3) Indien die klem op die voorafgaande lettergreep val, word die deeltekenlettergreep uiteraard nie geraak nie (*óë, vermóë, léë, kóéël*).
(4) Indien die deeltekenvokaal enkel en alleen die klem dra, kom die klemstrepie bokant die deelteken (*finansiéle, ruíne, siësta, geín*).

'n Goeie woordeboek is 'n nuttige bron om in gevalle van onsekerheid te raadpleeg.

9 Koppelteken

Die hoofdoel van 'n koppelteken is om lees te vergemaklik en die bedoelde betekenis van die woord waarin dit voorkom, te laat blyk. 'n Koppelteken het egter meer funksies as die ander diakritiese tekens. Dit het *vier* funksies, naamlik: dit (1) skei woorddele van mekaar; (2) koppel woorde aan mekaar; (3) dui verhoudings aan; (4) dien as weglatings- en onderbrekingsteken.

9.1 SKEIDING VAN WOORDDELE

As ons sê dat 'n koppelteken woorddele van mekaar skei, dan bedoel ons daarmee dat daar woorde in Afrikaans is wat verkeerd gelees of geïnterpreteer kan word as hulle sonder koppelteken geskryf staan. Samevoegings in Afrikaans word vas geskryf. So behoort *see* + *eend* en *wa* + *as* onderskeidelik as *seeeend* en *waas* geskryf te word. In die geval van *seeeend* lees dit moeilik en in die geval van *waas* bestaan daar die moontlikheid van betekenisverwarring. Iemand wat sy hand op papier waag, moet altyd gebruikersgerig wees en sy leser in ag neem; hy moet só skryf dat dit vir sy leser(s) maklik leesbaar is. Daarom sal hy 'n koppelteken tussen *see* + *eend* en *wa* + *as* onderskeidelik gebruik, dus:

see-eend en *wa-as*

Daardeur vergemaklik hy die leesproses enersyds en voorkom andersyds foutiewe betekenisoordrag. Let op hoe die volgende woorde sonder 'n koppelteken moeilik of verkeerd gelees kan word:

(1) sandale (sand-ale), bosluis (bo-sluis), rugare (ru-gare) bokerf (bo-kerf), pronkertjie (pronk-ertjie), dopertjie (dop-ertjie), bouereise (bouer-eise)

(2) waas (wa-as), dinamoontsteking (dinamo-ontsteking), boop (bo-op), fotoontwikkeling (foto-ontwikkeling), buiteuitsending (buite-uitsending), koedoeingewande (koedoe-ingewande), bebroeideeiers (bebroeide-eiers), boent (bo-ent), seeeend (see-eend), naaap (na-aap)

Móét 'n mens die koppelteken by *(1)* en *(2)* hier bo gebruik?
By *(1)* hier bo hoef 'n mens nie die koppelteken te gebruik nie. 'n Mens moet altyd vra: vir wie skryf ek? As jy dink jou leser(s) kry elke dag met die terme in *(1)* te make en weet dus presies in watter verband om dit te lees, hoef jy nie 'n koppelteken te gebruik wanneer jy hierdie woorde skryf nie. As jy egter oordeel dat jou lesers so min met die woorde in aanraking kom dat hulle dit dalk verkeerd gaan lees, kan jy gerus 'n koppelteken gebruik wanneer jy hierdie woorde skryf.

Wat die woorde in *(2)* hier bo betref, lees die openhoping van vokale so moeilik dat hierdie woorde altyd met 'n koppelteken geskryf moet word.

Dit beteken nie dat alle woorde waar 'n opeenhoping van vokale by die verbindingspunt voorkom, met 'n koppelteken geskryf moet word nie. Die opeenhoping van vokale by die verbindingspunt in die volgende woorde lees nie regtig moeilik of verkeerd nie en hoef daarom nie met 'n koppelteken by die verbindingspunt geskryf te word nie:

naywer, naoorlogs, boaan, ruolie, nauurs, syingang, syaansig, handearbeid, tweeuur, drieuur, zerouur, naondersoek

Die opeenhoping van vokale by die verbindingspunt in die volgende woorde lees wél moeilik of verkeerd en daarom moet daar by die verbindingspunt telkens 'n koppelteken gebruik word:

bo-om, bo-uit, senu-ineenstorting, atlete-unie, bo-ingang, reuse-uitsending, vroue-emansipasie, mini-eienskap, drie-enig, na-apery, energie-uitskakeling, familie-eiendom, brongi-ektasie, dinamo-elektrisiteit

Die gulde reël is: neem jou leser in ag. As jy in twyfelagtige gevalle dink hy gaan by 'n opeenhoping van vokale verkeerd lees, gebruik gerus dan 'n koppelteken by die verbindingspunt. Dit gaan om gerieflike lees.

Om hierdie oorweging is daar geen rede om die woorddele in gevalle soos die volgende telkens met 'n koppelteken te skei nie:

oudhoof, assistenthoof, ondervoorsitter, visevoorsitter, medemens, medeprofessor, postmodern, premorfeem, asosiaal, hipergevoelig, interhoër, intraveneus, substandaard, subekonomies, adjunkhoof, adjunksekretaris, eksminister, residentlanddros, aspirantonderwyser, nieverhandelbaar, nieteenstaande, oudstudent, nonaktiewe, prorugby, antisokker, antiroker, provrugafdrywing, nonkonformis

Waar 'n opeenhoping van vokale egter 'n leesbaarheidsprobleem meebring, moet die koppelteken uiteraard gebruik word:

anti-etnies, ultra-intensief, pro-egosentries, vise-eksekuteur, nie-ultra-regs, kwasi-elektries, a-endemies

(Die koppelteken of deelteken by gevalle soos *koöperasie, diëlektries, reünie, preëksistensie, triënnale* ens. word by die hoofstuk oor *Deeltekens* behandel.)

By lang samestellings wat 'n mens nie met een oogopslag reg of gemaklik kan lees nie, kan 'n mens van die sogenaamde leesbaarheidskoppelteken gebruik maak om die woord makliker leesbaar te maak, bv.:

bouereise-verrekeningstate, ontwikkelingskema-reklameveldtog, dakverfeksperiment-verslag, omgewingsinvloed-uitvoerbaarheidstudie, bergreeksvorming-navorsingspan

Min mense sal *diepseeopsporingseenheidgeldinsamelingsveldtog* met een oogopslag korrek lees en verstaan. In sulke gevalle mag die sogenaamde gerieflikheids- of leesbaarheidskoppelteken gebruik word om die betekenisvolle dele van mekaar te skei om leesbaarheid so te vergemaklik.

Lang samestellings soos dié hier bo moet liefs vermy word – maak liewer van 'n omskrywing gebruik. As sulke lang samestellings dan gebruik móét word, kan van die leesbaarheidskoppelteken gebruik gemaak word. Al eis wat dan gestel word, is dat die leesbaarheidskoppelteken op die regte plek geplaas moet word. Die riglyn in hierdie gevalle is dat betekenisvolle dele saamgegroepeer moet word. Daarom sal dit verkeerd wees om in die bostaande voorbeelde die leesbaarsheidkoppelteken soos volg aan te wend:

bouer-eiseverrekeningstate, ontwikkeling-skemareklameveldtog, dak-verf-eksperimentverslag, omgewingsinvloeduitvoerbaarheid-studie, bergreeksvorming-navorsingspan

Die regte plasing by *diepseeopsporingseenheidgeldinsamelingsveldtog* sal wees: *diepseeopsporingseenheid-geldinsamelingsveldtog*.

Na 'n verbindings-s sal nie 'n leesbaarheidskoppelteken geplaas word nie en daarom sal *diepseeopsporings* + *eenheid* nie d.m.v. 'n koppelteken van mekaar geskei kan word nie. Nog voorbeelde van die regte en aanvaarbare koppeltekengebruik in hierdie konteks is:

fabriekswerkerbadkamergeriewe
fabriekswerker-badkamergeriewe
plofstofmeganismeopsporingsapparaat
plofstofmeganisme-opsporingsapparaat
Derdewêreldlandewelvaartsprobleem
Derdewêreldlande-welvaartsprobleem
hoërskoolkompetisieinskryfvorm
hoërskoolkompetisie-inskryfvorm

9.2 KOPPELING VAN WOORDE

'n Koppelteken word ook gebruik om woorde wat normaalweg los van mekaar staan, om een of ander rede aan mekaar te koppel.

In die meeste gevalle word die woorde aan mekaar gekoppel omdat hulle in 'n bepaalde verhouding tot mekaar staan, of omdat hulle 'n samestelling van een of ander aard vorm. Voorbeelde hiervan is:

in-uit-beweging, ja-nee-antwoord, links-regs-pyle, op-af-skakelaar, aan-af-sein, kind-ouer-verhouding, man-vrou-verstandhouding, manies-depressief, sekretaris-penningmeester, kilowatt-uur, volt-coulomb, Germiston-Witbank-aansluiting, Waterval-Boven, kafee-bakkery, 1991-1992-belastingjaar, kieser-stembus-verhouding, eienaar-bouer, teoloog-sielkundige, Laeveld-Krugerwildtuin-gebied, kombuis-badkamer-woonvertrek-eenheid, 1991-'92-belastingjaar

Dieselfde geld saamgestelde range en beroepsposte:

direkteur-generaal, posmeester-generaal, ouditeur-generaal, prokureur-generaal, sersant-majoor, generaal-majoor, luitenant-kolonel, adjudant-offisier, regter-president
en:
oud-direkteur-generaal, assistent-ouditeur-generaal, adjunk-posmeester-generaal, aspirant-sersant-majoor
maar:
waarnemende prokureur-generaal, agerende direkteur-generaal, voormalige generaal-majoor

Let daarop dat *speurdersersant* nie 'n saamgestelde rang is nie, maar 'n gewone samestelling wat vas geskryf word.

Wanneer 'n eienaam 'n eenheid saam met rigting vorm, word dit ook deur 'n koppelteken aan mekaar verbind:

Pretoria-Noord, Oos-Pretoria, Suid-Afrika, Pretoria-Wes, Noorder-Paarl, Suidwes-Afrika, Noordwes-Kaap, Verre-Noord-Transvaal, Beaufort-Wes

Maar ook gevalle soos:

Waterval-Onder, Onder-Kaap, Klein-Olifantsrivier, Groot-Brittanje, Johannesburg-Sentraal, Agter-Platrand, Midde-Ooste, Saoedi-Arabië, Wit-Rusland, Klein-Asië, Nieu-Suid-Wallis

Let op die spelwyses van die volgende:

Suid-Afrika x *Suider-Afrika* x *Suidelike Afrika*
Suidwes-Afrika x *Suidwestelike Afrika*
Sentraal-Transvaal x *Sentrale Transvaal*
Maagde-eilande, Baleariese Eilande, Aroe-eilande, Asoriese Eilande

Samestellings en afleidings van woorde met simbole, syfers, afkortings en ander soorte tekens word ook met 'n koppelteken aan mekaar verbind:

T-aansluiting, 3-jarige, SAUK-uitsending, $-teken, kleur-TV, 5c-stuk, R10-noot, 10 mm-lyn, 10 m-streep, 2 ℓ-bottel, 8 kg-sak, 1 °C-daling, 20 °F-lesing, verbindings-s, 6 m x 3 m-vertrek, vitamine B1-inname, graad A-vleis, B-span, A5-papier, ¹/₄-koppie

Let op die verskil in spelwyse in die volgende gevalle:

3 mm-pyp, 3-millimeterpyp, driemillimeterpyp; 50 kg meel, ('n) 50 kg-sak, ('n) 50 kg-sak meel, ('n) 50-kilogramsak, ('n) 50-kilogramsak meel, vyftig kilogram meel, ('n) vyftigkilogramsak, ('n) vyftigkilogramsak meel; 5 ℓ koeldrank, 5 liter koeldrank, vyf liter koeldrank, ('n) 5 ℓ-emmer, ('n) 5 ℓ-emmer koeldrank, ('n) 5 ℓ-koeldrankemmer, ('n) 5-literemmer, ('n) 5-literemmer koeldrank, ('n) 5-literkoeldrankemmer, ('n) vyfliteremmer, ('n) vyfliteremmer koeldrank, ('n) vyfliterkoeldrankemmer, vyf liter koue koeldrank

Let ook op die volgende gevalle:

Letter-syfer-kombinasiename word met 'n koppelteken aan 'n daaropvolgende selfstandige naamwoord geskryf:

B1 + bomwerper: B1-bomwerper   G5 + kanon: G5-kanon
F16 + vegvliegtuig: F16-vegvliegtuig   AK47 + geweer: AK47-geweer
R4 + aanvalsgeweer: R4-aanvalsgeweer   V8 + bakkie: V8-bakkie

'n Selfstandige naamwoord (gewoonlik 'n eienaam) word nie vas aan 'n daaropvolgende letter-syfer-kombinasie geskryf nie, bv.:

Ford V8, Mazda XR3, Klub A88

Wanneer 'n voorvoegsel voor aan 'n woord kom wat met 'n hoofletter begin, word die dele deur 'n koppelteken aan mekaar verbind:

anti-Amerikaans, pro-Russies, nie-Suid-Afrikaans, half-Spaans, oud-Johannesburger, neo-Nazi, semi-Afrikaner

By verbindings met vreemde woordgroepe word ook koppeltekens gebruik:

ad hoc-komitee, Vat watch-beginsel, grand dame-beeld, bona fide-boer, vox populi-uitgangspunt

By 'n herhalingsvorm wat een begrip uitdruk, word ook 'n koppelteken ingespan:

Ons loop **sing-sing** rond.
Dit gaan vandag maar **so-so**.
Plek-plek reën dit kwaai.
Hy stap **fluit-fluit** deur die kerkhof.
Ons sal **een-twee-drie** klaar wees met die werk.

Dit spreek vanself dat die herhaling van woorde in die volgende gevalle nie in een begrip saamgetrek word nie, maar tot verskillende funksies behoort en daarom nie koppeltekens kry nie:

Toe hulle hulle kom kry, was dit te laat.
As julle julle nie gedra nie, kry julle slae.
As kinders mishandel word, word ek baie kwaad.
Wie geseënd is, is gelukkig.
Baie baie dankie vir die geskenk.
Daar was strate strate mense (bedoelende: strate en strate vol).
Verbindings met *hulle* (soos *Gert-hulle, Pa en Ma-hulle, my boetie-hulle*) kry ook telkens 'n koppelteken. (Let daarop dat *u-hulle* nie as korrek aanvaar word nie; die vorm is slegs *u* en kan op sowel enkel- as meervoud dui.)

109

9.3 **AANDUIDING VAN VERHOUDINGS TUSSEN WOORDE**
Let op die spellingverskil in die volgende sinne:

Hy wag 'n bietjie as hy sien ek is moeg.
Ek het 'n wag-'n-bietjie in my tuin geplant.

Die woorde *wag, 'n* en *bietjie* het in die tweede sin 'n bepaalde onderlinge verhouding ontwikkel wat 'n bepaalde saak aandui. Om hierdie verhouding uit te druk word koppeltekens by die spelling van die woorde gebruik. Nog voorbeelde is:

piet-my-vrou, kop-en-pootjies (die kossoort), môre-oormôre, koning-moeder, wins-en-verlies-rekening, hout-en-sink-huise, haak-en-steek-doringboom, kaas-en-wynonthaal

Dieselfde geld ook die volgende:

rond en bont staan x *rond-en-bont-stanery*
op en af loop x *op-en-af-lopery*
heen en weer stap x *heen-en-weer-stappery*
oor en weer skreeu x *oor-en-weer-skreeuery*

maar: *voor die hand liggend, voor die hand liggende, voor op die wa, 'n voor op die wa kêrel*

Let op die verskil tussen:

kaas-en-wyn-onthaal x *kaas- en wynonthaal*
hout-en-sink-huise x *hout- en sinkhuise*

9.4 **WEGLATINGS- EN ONDERBREKINGSTEKEN**
Indien dieselfde woord in samevoegings wat herhaal word, voorkom, kan die onnodige herhaling van dié betrokke woord deur die koppelteken uitgeskakel word, byvoorbeeld: *kinderboeke, laerskoolboeke, hoërskoolboeke, universiteitsboeke, leesboeke en handboeke* kan geskryf word *kinder-, laerskool-, hoërskool-, universiteits-, lees- en handboeke.* Die woord *boeke* word slegs in die laaste samestelling geskryf. Die koppelteken word in gevalle van hierdie aard slegs gebruik indien die weggelate woord vas aan die ander woorddeel is. Indien herhalingswoorde wat los geskryf word, weggelaat is, word geen koppelteken geskryf nie, byvoorbeeld: *primêre boeke, sekondêre boeke, tersiêre boeke, provinsiale boeke en Afrikaanse boeke* kan ook geskryf word *primêre, sekondêre, tersiêre, provinsiale en Afrikaanse boeke.* Ook hier word *boeke* slegs in die laaste instansie gebruik. Vergelyk ook die volgende:

kinderboeke, sekondêre boeke, universiteitsboeke, provinsiale boeke en leesboeke kan geskryf word *kinder-, sekondêre, universiteits-, provin-*

siale en leesboeke; of ook: *primêre boeke, laerskoolboeke, sekondêre boeke, universiteitsboeke en provinsiale boeke* kan geskryf word *primêre, laerskool-, sekondêre, universiteits- en provinsiale boeke*

Dieselfde beginsels geld indien woorde vooraan weggelaat word, bv.:

boekbesprekings, boekbeskouings, boekverkope en boekpryse kan geskryf word as *boekbesprekings, -beskouings, -verkope en -pryse*. In hierdie geval word die woord *boek* in die eerste samestelling gebruik en daarna deur die weglatingsfunksie van die koppelteken gehandhaaf.

Vergelyk ook die volgende voorbeelde:

mooi meisies, mooi seuns, mooi mans en mooi vrouens kan geskryf word *mooi meisies, seuns, mans en vrouens*. Die laaste voorbeeld loop die gevaar om dubbelsinnig te wees, naamlik dat net die meisies mooi is en nie die seuns, mans en vrouens nie. Indien die bedoeling wel is dat net die meisies mooi is en nie die ander nie, sal dit raadsaam wees om *mooi meisies* laaste te plaas en te sê: *seuns, mans, vrouens en mooi meisies.*

Bestudeer ook die volgende sinne:

Kerkbesoek, huisbesoek, sosiale besoek en hospitaalbesoek is van die belangrikste take van 'n geestelike leier, gemeenskapsleier en kultuurleier. Hulle moet geestesleiding, geestesvoorligting en geestesondersteuning bied.
Meetkundeprobleme en algebraïese probleme is nie dieselfde as algebraïese probleme en meetkundeprobleme nie. Meetkundehuiswerk en meetkundeleerwerk is moeiliker as algebrawerk en ander werk.

Om die onnodige herhaling van woorde te voorkom kan die bostaande sinne d.m.v. die weglatingsfunksie van die koppelteken soos volg geskryf word:

Kerk-, huis-, sosiale en hospitaalbesoek is van die belangrikste take van 'n geestelike, gemeenskaps- en kultuurleier. Hulle moet geestesleiding, -voorligting en -ondersteuning bied.
Meetkunde- en algebraïese probleme is nie dieselfde as algebraïese en meetkundige probleme nie. Meetkundehuis- en -leerwerk is moeiliker as algebra- en ander werk.

Wat het ons hier bo gedoen? Ons het die koppelteken gebruik om aan te dui dat 'n woorddeel telkens weggelaat is, om die onnodige herhaling van woorddele te voorkom, bv. *-besoek,-leier, geestes-, -probleme, -werk* en *meetkunde-*(leerwerk) en *algebra-*(werk).

Let daarop dat die koppelteken as weglatingsteken net gebruik word as die woorddeel wat herhaal word, vas aan die ander deel geskryf word.

Indien die herhalende woord los geskryf word en dan weggelaat word, word die koppelteken nie gebruik nie, byvoorbeeld na *sosiale, geestelike* en *algebraïese*.

Dit is verkeerd om te praat van *Kerk- en Langstrate*, omdat die koppelteken na *Kerk* nie vir *strate* staan nie, maar vir *straat*. Die korrekte is dus: *Kerk- en Langstraat*.

Die koppelteken kan ook vir die weglating van meer as een woorddeel dien, bv.:

langtermynbeplanning en korttermynbeplanning kan geskryf word as *lang- en korttermynbeplanning; Yskoraandeleaanvraag en Yskoraandeleaanbod* kan geskryf word as *Yskoraandeleaanvraag en -aanbod*.

Ander moontlikhede van die koppelteken se weglatingsfunksie kan in die volgende voorbeelde gesien word:

houtbeitelhandelaar en houtsaaghandelaar
= *houtbeitel- en -saaghandelaar*
geelhoutbeitelhandelaar en algemene saaghandelaar
= *geelhoutbeitel- en algemene saaghandelaar*
algemene houtbeitelhandelaar en algemene houtsaaghandelaar
= *algemene houtbeitel- en -saaghandelaar*

Die sogenaamde afstandskoppelteken is 'n ander vorm van weglating. Die woord *hoofdirekteur* bestaan uit twee selfstandige naamwoorde en word vas geskryf. Dit is moontlik om *hoofdirekteur* en *uitvoerende direkteur* in een benaming saam te voeg, sonder om die woord *direkteur* te herhaal. Dit word gedoen deur die woord *direkteur* in *uitvoerende direkteur* te laat verval en die byvoeglike naamwoord *uitvoerende* tussen die twee selfstandige naamwoorde *hoof* en *direkteur* in te voeg. Die patroon is dan s.nw. + b.nw. + s.nw. Omdat die twee s.nwe. in *hoofdirekteur* vas aan mekaar geskryf word en nou deur die b.nw. van mekaar geskei is, word 'n koppelteken na die eerste selfstandige naamwoord gebruik om aan te toon dat dit eintlik vas aan die s.nw. na die b.nw. kom. 'n B.nw. word los van 'n s.nw. geskryf. Dus skryf ons:

hoofdirekteur + *uitvoerende direkteur* = *hoof- uitvoerende direkteur*
s.nw.   b.nw.   s.nw.

Die koppelteken na *hoof* dien as weglatingsteken vir die woord *direkteur*. In plaas van *hoofdirekteur uitvoerende direkteur* skryf ons *hoof- uitvoerende direkteur*. Die koppelteken na *hoof* staan bekend as die afstandskoppelteken, omdat daar 'n spasie tussen *hoof* en *uitvoerende* is en *hoof* eintlik oor *uitvoerende* se kop heen met *direkteur* verbind. Die volgende voorbeelde lig dieselfde punt toe:

adjunksekretaris + organiserende sekretaris =
adjunk- organiserende sekretaris

s.nw.   b.nw.   s.nw.

hulpadviseur + finansiële adviseur = hulp- finansiële adviseur

                         s.nw.   b.nw.   s.nw.

Sedert 1978 kan 'n mens egter die afstandskoppelteken weglaat en skryf:

hoof- uitvoerende direkteur of *hoof uitvoerende direkteur*
adjunk- organiserende sekretaris of *adjunk organiserende sekretaris*
hulp- finansiële adviseur of *hulp finansiële adviseur*

Die keuse hier bo is nie van toepassing waar die eerste selfstandige naamwoord op 'n verbindings-s eindig nie en daarom is die afstandskoppelteken in sulke gevalle verpligtend, soos in:

volks- nasionalistiese beweging
groeps- administratiewe bestuurder

'n Koppelteken word ook as onderbrekingsteken gebruik wanneer 'n woord aan die einde van 'n reël afgebreek moet word en op die volgende reël verder geskryf word. Dit gebeur dikwels dat 'n woord aan die einde van 'n reël nie voltooi kan word nie en dan moet die res van die woord op die volgende reël voortgesit word. In so 'n geval word 'n koppelteken aan die einde van die woorddeel op die vorige reël geheg om te sê: hierdie woord word hier onderbreek en op die volgende reël of bladsy voortgesit. Voorbeelde hiervan is:

| be- | bro- | afgedank- | koe- | en- | wik- |
| sonder | sjure | ste | el | gel | kel |

Die gebruik van die koppelteken kom neer op vas skryf. Wanneer 'n koppelteken as onderbrekingsteken aan die einde van die reël dien, wil hy sê: die woord wat hier onderbreek is, word eintlik vas aan mekaar geskryf, bv.:

halssnoer: hals-   seunskool: seun-   hondehok: honde-
     snoer   skool   hok

gesinsveiligheidsplakkaat: gesinsveiligheids-
                                   plakkaat

Verwarring kan ontstaan wanneer 'n woord wat normalweg 'n koppelteken het, by die koppeltekenplek onderbreek moet word aan die einde van 'n reël. Indien die stuk waarin die betrokke koppeltekenwoord voorkom, oorgeskryf moet word en dié koppeltekenwoord verskyn in die middel van die woord, bestaan die moontlikheid dat die oorskrywer dit vas gaan skryf. Daarom het baie mense die gebruik om koppeltekenwoorde aan die einde van 'n reël by die koppeltekenplek met 'n koppelteken te onderbreek, en vasgeskrewe woorde met 'n dubbele koppelteken (=), soos in onderskeidelik *toe-eien, toegeëien, makro-ontwikkeling en haarborsel:*

toe-	toege=	makro-	haar=
eien	eien	ontwikkeling	borsel

Oor hierdie aangeleentheid is daar egter tot nog toe geen vaste reëls aangegee nie. Die minimum vereiste tot dusver is dat wanneer vasgeskrewe en koppeltekenwoorde (wat ook 'n vorm van vas skryf is) aan die einde van 'n reël onderbreek word, moet sodanige onderbreking met 'n koppelteken aangedui word. By *Lettergreepverdeling* (p. 144) word meer oor hierdie funksie van die koppelteken gesê.

Ten slotte: 'n koppelteken se hooftaak is om leesbaarheid te vergemaklik. 'n Oordadige gebruik van die koppelteken is onvanpas, maar oordeelkundige gebruik daarvan volgens die riglyne wat hier bo gegee is, maak die koppelteken 'n noodsaaklike hulpmiddel in die Afrikaanse spelling. Die koppelteken kom ook elders in hierdie boek ter sprake, byvoorbeeld waar die spelling van verbindings ter sprake kom (p. 116). Lees daardie gedeeltes dus saam met die uiteensetting hier bo, ten einde 'n volledige prentjie van die koppelteken te kry. Indien taalgebruikers die verskillende gebruike van die koppelteken ken, word baie van hulle spelprobleme opgelos – en die leser lees die geskrewe teks makliker.

10 Verbindingsklanke

In die taalkunde staan die term *verbindingsklank* onder verskillende name bekend: verlengde stamvariant/eerstestamvariant, voegsel ens. Omdat *verbindingsklank* bekend en ingeburger is, is dít die term wat in die onderstaande bespreking gebruik sal word. Taalgebruikers twyfel dikwels of hulle by bepaalde samestellings verbindingsklanke moet gebruik of nie. 'n Gerieflike vertrekpunt is om te bepaal waar 'n verbindingsklank **nie** gebruik word nie.

In 'n samestelling wat uit twee dele bestaan, waarvan die tweede deel met 'n *s* begin, word 'n verbindings-*s* nie gebruik nie. Die rede daarvoor is dat daar dan twee *s*'e langs mekaar staan, en dan dien die verbindings-*s* geen doel nie. Die doel van 'n verbindingsklank is om klankmatig 'n spontane oorvloei van die eerste deel van die samestelling na die tweede deel te bewerkstellig. As daar dan reeds 'n *s* by die verbindingspunt aanwesig is, is 'n tweede *s* oorbodig. Dus:

seun + fiets = seunsfiets, maar *seun + skool = seunskool*
meisie + fiets = meisiesfiets, maar *meisie + skool = meisieskool*
dame + horlosie = dameshorlosie, maar *dame + skoene = dameskoene*
man + hemp = manshemp, maar *man + skoene = manskoene*
lewe + loop = lewensloop, maar *lewe + skets = lewenskets*

Soos reeds gesê, is 'n verbindingsklank 'n klankmatige hulpmiddel; dit het sy oorsprong in spontane spreektaal.

Die gebruik in skryftaal behoort daarom deur die voorkoms in spontane spreektaal bepaal te word. Indien 'n taalspreker in sy spontane spreektaal 'n *s* tussen *verjaar* en *dag* gebruik (*verjaarsdag*), dan verhinder niks hom om die *s* in skryftaal te gebruik nie. Andersom: indien 'n spreker nie in sy spontane spreektaal 'n *s* tussen *bad* en *kamer* gebruik nie (en dus *badkamer* sê), verplig niks hom om die *s* in skryftaal te gebruik nie.

Daar is benewens die s-klank ook ander verbindingsklanke en kombinasies van verbindingsklanke, byvoorbeeld die *e-*, *er-* en *ens*-klanke. Kyk na die volgende samestellings en bepaal self watter rol verbindingsklanke daarin speel:

hondehok (hond + hok)
perdestal (perd + stal)
kalwerhok (kalf + hok)
kinderspel (kind + spel)
bewonderenswaardig (bewonder + waardig)
r'etjie (r + -tjie)

Ondersoekers het al patroonmatighede bepaal en die omgewings waarin

115

die verbindingsklank optree, uitgewys. So word byvoorbeeld aanvaar dat wanneer 'n woord wat op -*heid, -ing,* of -*skap* eindig, in 'n samestelling aan 'n ander woord verbind word, daar 'n verbindingsklank by die verbindingspunt optree, byvoorbeeld: *wetenskapsbeoefening, hoogwaardigheidsbekleër, ontmoetingsplek.* Tog is daar talle soortgelyke woorde wat nie 'n verbindingsklank bykry nie. Die beginsel bly dus: skryf 'n verbindingsklank waar jy as taalgebruiker dit spontaan en natuurlikerwys in gesproke taal gebruik; waar jy dit nie in gesproke taal gebruik nie, is jy nie verplig om dit in geskrewe taal aan te wend nie. In dieselfde asem moet egter gesê word dat die verbindingsklank in sekere gevalle redelik dwingend is, soos byvoorbeeld die verbindings-e in woorde soos beddegoed, dieretuin, eikehout, duiwehok ens.

Verbindingsklanke kom nie net voor by samestellings wat uit twee woorddele bestaan nie; dit kom ook voor by samestellings wat uit drie of meer dele bestaan. By lang samestellings moet gewaak word teen te veel verbindingsklanke, omdat dit by lees die uitspraak van die woord vertraag. Sê en skryf liewer *magverwysingsnommer* i.p.v. *magsverwysingsnommer; geletterdheidbevorderingsjaar* i.p.v. *geletterdheidsbevorderingsjaar* ens. Waar meer as een verbindingsklank in 'n samestelling nodig geag word, is dit natuurlik nie verkeerd om dit te gebruik nie; waak egter teen oordadigheid en bemoeiliking van uitspraak.

Enkele wenke:

● Lettergreepverdeling vind nooit direk voor 'n verbindingsklank plaas nie, maar kan direk na 'n verbindingsklank geskied.

● 'n Koppelteken kan nooit direk voor óf direk na 'n verbindings-s gebruik word nie, want dan word die primêre funksie van die verbindingsklank, naamlik om direk te verbind, uitgeskakel. By die verbindings-e is daar tóg uitsonderings, bv.:

duiwe-eier, eende-eier ens.

● 'n Afstandskoppelteken moet altyd gebruik word wanneer die eerste woord (d.w.s. die woord waarby die koppelteken betrokke is) 'n verbindingsklank dra. In die volgende gevalle kan op twee maniere gespel word:

assistent- uitvoerende beampte óf *assistent uitvoerende beampte*
korttermyn- tegniese opleiding óf *korttermyn tegniese opleiding*

In die volgende gevalle kan egter net op een manier geskryf word, omdat die eerste van die drie dele telkens 'n verbindingsklank het:

staats- ekonomiese verteenwoordiger
groeps- uitvoerende direkteur

11 Meervoud

11.1 WOORDE MET MEER AS EEN MEERVOUDSVORM

Die meeste naamwoorde het slegs een meervoudsuitgang, maar daar is 'n klompie wat meer as een vorm in die meervoud kan hê. Albei sodanige vorme is gelykwaardig en daar is geen voorkeurvorm nie, bv.:

laboratoriums	*laboratoria*	*agense*	*agentia*
akademikusse	*akademici*	*aksiomas*	*aksiomata*
aksioom	*aksiome*	*alluviums*	*alluvia*
ametisse	*ametiste*	*atriums*	*atria*
anestetikums	*anestetika*	*bakterieë*	*bakteries*
bacalaureusse	*bacalaurei*	*uitings*	*uitinge*
barrage'e	*barrages*	*analitikusse*	*analitici*
blusmiddele	*blusmiddele*	*bloedspuwinge*	*bloedspuwings*
antibiotikums	*antibiotika*	*breins*	*breine*
blootlegginge	*blootleggings*	*vroue*	*vrouens*
buurmans	*buurmanne*	*addendums*	*addenda*
abdomens	*abdomina*	*da(g)erade*	*da(g)eraads*
analogons	*analoga*	*diederikke*	*diederiks*
desenniums	*desennia*	*eksaminatore*	*eksaminators*
epe	*eposse*	*falieë*	*falies*
falli	*fallusse*		

11.2 WOORDE MET MEER AS EEN SKRYFVORM

By woorde wat op twee of meer maniere geskryf kan word en wat 'n meervoud kan hê, moet gelet word op die verskillende meervoudsvorme wat van toepassing is, bv.:

anafoor, anafore – maar: *anafora, anaforas*
daktiel, daktiele – maar: *daktilus, daktilusse*
girandool, girandole – maar: *girandole, girandoles*
halide, halides – maar: *halied, haliede*
ietermagô, ietermagôs – maar: *ietermagog, ietermagogge of ietermagogs*
kief, kiewe – maar: *kieu, kieue*
vreug, vreugdes – maar: *vreugde, vreugdes*
wederhelf, wederhelfte – maar: *wederhelfte, wederhelftes*
deursnit, deursnitte – maar: *deursnee, deursneë*
keisersnit, keisersnitte – maar: *keisersnee, keisersneë*
bylaag, bylae, maar: *bylae, bylaes*
oplaag, oplae, maar: *oplae, oplaes*

Let op die meervoudsvorme by die volgende gevalle (waarby die gebruik van *snit* teenoor *snee* geen betekenisverskil meebring nie):

deursnit, deursnitte; deursnee, deursneë; keisersnit, keisersnitte; keisersnee, keisersneë

11.3 ENERSE ENKEL- EN MEERVOUDE

Die meervoudsvorm van sommige Afrikaanse woorde kan ook as enkelvoudsvorm gebruik word, soos die vetgedrukte woorde in die volgende sinne:

Die môrestond is verkwikkend. x *Die môrestonde is verkwikkend.*

Dieselfde geld die volgende:

stond x *stonde, aandstond* x *aandstonde, middagstond* x *middagstonde*

Indien jy *stond* as enkelvoudsvorm gebruik, is *stonde* die meervoudsvorm, maar as jy *stonde* as enkelvoudsvorm gebruik, is *stondes* die meervoudsvorm. Vergelyk ook die volgende voorbeelde:

molekuul x *molekule (*teenoor: *molekule* x *molekules)*
DNS-molekuul x *DNS-molekule (*teenoor: *DNS-molekule* x *DNS-molekules)*
vitamien x *vitamiene (*teenoor: *vitamine* x *vitamines)*
aanklag x *aanklagte (*teenoor: *aanklagte* x *aanklagtes)*
bloes x *bloese (*teenoor: *bloese* x *bloeses)*
bylaag x *bylae (*teenoor: *bylae* x *bylaes)*
sperm x *sperm/sperme/sperms/sperma*
eon x *eon of eons*
kloaak x *kloake (*teenoor: *kloaka* x *kloakas)*
krotbuurt x *krotbuurte (*teenoor: *krotbuurte* x *krotbuurtes)*
rabbi x *rabbi's (*teenoor: *rabbyn* x *rabbyne)*
langsnee x *langsneë (*teenoor: *langsnit* x *langsnitte)*

11.4 MEERVOUD BY DIE EERSTE DEEL VAN 'N SAMESTELLING

Daar is samestellings in Afrikaans waarin die eerste komponent (as dit 'n selfstandige naamwoord is) in die meervoudsvorm staan. Albei die volgende vorms is dus korrek:

aandelesertifikaat en *aandeelsertifikaat,* met die volgende as meervoudsvorm: *aandelesertifikate* en *aandeelsertifikate*

Nog voorbeelde is:

blomkweker x *blommekweker*
bossieveld x *bossiesveld*
boeklys x *boekelys*
boekkennis x *boekekennis*
boektaal x *boeketaal*
boerbeskuit x *boerebeskuit*

bolkweker x *bollekweker*
bynes x *byenes*
grensloos x *grenseloos*
handwerk x *handewerk*
kastrolkas x *kastrollekas*
katgeslag x *kattegeslag*
kersfabriek x *kersefabriek*
kismakery x *kistemakery*
kliëntwerwing x *kliëntewerwing*
knoopfabriek x *knopefabriek*
kontrakbestuurder x *kontraktebestuurder*
lidlande x *ledelande*
versbundel x *versebundel*
versskrywer x *verseskrywer*
versieskrywer x *versiesskrywer*

Daar is egter 'n verskil tussen *taalkenner* en *talekenner*. 'n *Taalkenner* is 'n kenner van taal as sodanig, of van 'n bepaalde taal. 'n *Talekenner* is 'n kenner van meer as een taal.

11.5 **MEERVOUDSVORME VAN DIE UITGANGE *-ING/-VORM/-MIDDEL***
(a) -ing
Die opvatting dat die e-uitgang gebruik moet word by abstrakte begrippe en dat die s-uitgang by konkrete voorwerpe in die meervoud van toepassing is, word nie oral as 'n gangbare uitgangspunt beskou nie. Inteendeel – daar is redelike konsensus onder kenners oor die uitruilbaarheid van die meervouds -s en -e. 'n Mens kan dus by meersillabige woorde byvoorbeeld sê en skryf: *sienings* óf *sieninge*. In enkele gevalle is een van die vorme gebruikliker as in ander gevalle, bv.:

beklaginge, beklemtonings, belastings, Boesmantekeninge, boetelinge, vergaderings, vertonings, regerings, handelsbetrekkinge, heinings, oefeninge, leunings, ingange, rotstekeninge, tellings, uitgrawings, volgelinge, voerings

In enkele gevalle is die -e en -s nie uitruilbaar nie en is slegs die een vorm gebruiklik, bv.:

inboorling x *inboorlinge; inboorlingbevolking* x *inboorlingbevolkings*

In eenlettergrepige woorde is die e-uitgang feitlik deurgaans gebruiklik. 'n Mens praat van *kringe, longe, tange* ens. en nie van *krings, longs, tangs* ens. nie. Samestellings met sulke woorde sal ook *-e* as meervoudsuitgang hê:

knyptange, beeslonge, trouringe

119

(b) -vorm
Die argument dat *vorm* 'n -s in die meervoud kry wanneer dit konkrete voorwerpe aandui en 'n -e wanneer dit op abstrakte saak sake dui, is nie 'n waterdigte argument nie. In die meeste gevalle is die -e en -s as meervoudsuitgang by woorde wat op *vorm* eindig, uitruilbaar, bv.:

nadruksvorms x *nadruksvorme*   *enkelvoudsvorms* x *enkelvoudsvorme*
skryfvorms x *skryfvorme*   *uitspraakvorms* x *uitspraakvorme*
spelvorms x *spelvorme*   *regeringsvorms* x *regeringsvorme*

Tog het sekere gebruike t.o.v. die gebruik van -e en -s met die verloop van tyd gebruiklik geraak. So byvoorbeeld sal *aanspreekvorm* se meervoud net *aanspreekvorme* wees, terwyl *inskryfvorm* se meervoud net *inskryfvorms* is. Nog voorbeelde van woorde wat op *vorm* eindig en wat telkens net een meervoudsvorm het, is:

gipsvorms, aansoekvorms, aanslagvorme, belastingvorms, kunsvorme, finansieringsvorme

(c) -middel
Aan die einde van *middel* en samestellings daarmee kan 'n -e of -s in die meervoud bygevoeg word, ongeag of die betrokke woord op 'n abstrakte of konkrete begrip dui, bv.:

blusmiddels x *blusmiddele*
braakmiddels x *braakmiddele*
beitsmiddels x *beitsmiddele*
bindmiddels x *bindmiddele*
doofmiddels x *doofmiddele*
dwelmmiddels x *dwelmmiddele*
verdowingsmiddels x *verdowingsmiddele*

Tog het sekere voorkeure t.o.v. die gebruik van die -e of -s met die verloop van tyd gebruiklik geraak. So byvoorbeeld sal *geneesmiddel* se meervoud *geneesmiddels* wees, terwyl *bestaansmiddel* se meervoud nét *bestaansmiddele* sal wees.

11.6 NÉT MEERVOUD- OF ENKELVOUDSVORM
(a) Nét meervoud
Daar is woorde wat nie 'n enkelvoudsvorm het nie en net in die meervoud gebruik word, byvoorbeeld *stêre* (vir *agterstewe*). Sulke woorde word nie in die enkelvoudsvorm gebruik nie. Nog voorbeelde is:

spiritualieë, brangieë, bure, brongieë, frommels, frummels, gramadoelas (of grammadoelas), insignia, lagplooitjies, marginalieë, memoires, meubels, radiolarieë, realia, regalia of regaliëë, seneblare, dramatis personae, stamvrugte, sterfregte, stukkole, universalia

In ander gevalle is die enkel- en meervoudsvorm uitruilbaar. Jy kan dus sê *aanstalte* én *aanstaltes,* dit maak geen verskil aan die betekenis nie. Nog voorbeelde is:

bate x *bates, agterbuurt* x *agterbuurte*

(b) Nét enkelvoud

Woorde soos *Uniegebou, Sterkfonteingrot* en *Victoriawaterval* word net in die enkelvoud gebruik, omdat daar onderskeidelik net een *Uniegebou, Sterkfonteingrot* en *Victoriawaterval* is. Hierdie woorde word soms **verkeerdelik** in die meervoud gebruik. Die vraag is nou: wat is die beginsel in gevalle soos hierdie?

Indien daar net een gebou, waterval, grot, kampioenskap, argief, hoofkwartier ens. is, is dit verkeerd om (onder Engelse invloed) die meervoudsvorm te gebruik; die korrekte is om die enkelvoudsvorm te gebruik:

*Belangrike dokumente moet in die **argief** bewaar word.*
*Verslete uniforms gaan **hoofkwartier** toe.*
*Die N.Tvl.-**kampioenskap** van 1990 het uiters geslaag verloop.*

(Die meervoud word slegs gebruik indien daar inderdaad van meervoudigheid sprake is.)

Normaalweg word *koste* en *geld* ook net in die enkelvoud gebruik:

Ons het baie koste met die aanbouings gehad.
Die prokureursgeld vir my hofsaak beloop 'n enorme bedrag.

11.7 SI-, FISIESE, GELD- EN ENKELE ANDER EENHEDE

11.7.1 In die aanduiding van eenhede groter as een kan SI-, fisiese, geld- en enkele ander eenhede in die enkel- of meervoud geskryf word; dus:

2 meter x *2 meters*
14 kilogram x *14 kilogramme*
50 kilojoule x *50 kilojoules*
30 ohm-sentimeter x *30 ohm-sentimeters*
2 dekaliter x *2 dekaliters*
5 dekameter x *5 dekameters*
8 gram x *8 gramme*
10 mikron x *10 mikrone* x *10 mikrons*
70 kilogram x *70 kilogramme*
80 kilometer x *80 kilometers*
90 kilovolt x *90 kilovolts*
100 kilowatt x *100 kilowatts*

200 volt x *200 volts*
50 watt x *50 watts*
40 ampère x *40 ampères*
6 farad x *6 farads*
20 volt-coulomb x *20 volt-coulombs*
10 coulomb x *10 coulombs*
10 curie x *10 curies*
9 voltampère x *9 voltampères*
30 megampère x *30 megampères*
6 megawatt x *6 megawatts*
15 ohm x *15 ohms*
200 desibel x *200 desibels*
10 sent x *10 sente*
5 rand x *5 rande*
20 jen x *20 jens*
300 dollar x *300 dollars*
40 tree x *40 treë*
2 gallon x *2 gallonne*
5 gelling x *5 gellings*
3 hektaar x *3 hektare*

Omdat *treë* nie 'n SI-eenheid is nie, word die enkelvoud *tree* geskryf en die meervoud altyd *treë*.

11.7.2 Die lugdrukeenheid *bar* word net in die enkelvoudvorm gebruik:

1 bar, 2 bar, 3 bar ens.

Nog voorbeelde van hierdie aard is:

kilohertz en megahertz

11.7.3 'n Mens praat gewoonlik van bepaalde honderd-, duisend-, miljoen-, miljard-, biljoen- en triljoengetalle in die enkelvoud, soos in:

Daar was ('n) honderd/duisend/miljoen/miljard/biljoen/triljoen mense.
en:
Daar was tweehonderd/drieduisend/viermiljoen/vyfmiljard/sesbiljoen/sewetriljoen mense.

Daarteenoor verwys ons na onbepaalde honderd-, duisend-, miljoen-, miljard-, biljoen- en triljoengetalle in die meervoud, bv.:

Ons het honderde/duisende/miljoene/miljarde/biljoene/triljoene rande.
Daar was tienduisende/honderd(e)miljoene/duisendemiljarde/duisendebiljoene rande by die hofsaak betrokke.

11.7.4 By minute, dae, weke, maande en eeue is die meervoudsuitgang by meervoudsaanduiding verpligtend, dus:

1 minuut en 5 minute
1 dag en 5 dae
1 week en 5 weke
1 maand en 5 maande
1 eeu en 5 eeue

11.7.5 By *uur* en *jaar* is die enkel- en meervoudsvorm by meervoudsaanduiding uitruilbaar:

Ek wag al twee uur/twee ure vir jou. (Maar: *Dit is nou tweeuur/twee-uur.*)
Daar het ses jaar/jare verby gegaan sedert ons mekaar laas gesien het.

11.7.6 By *sekonde* kry ons die interessante verskynsel dat die meervoudsvorm vir getalle bokant een gebruik word (bv. *5 sekondes*), maar wanneer 'n desimale breuk bygevoeg word, kan die enkel- en meervoudsuitgang gebruik word: *5,63 sekonde/5,63 sekondes*.

11.7.7 By vissoorte is die meervoud- en enkelvoudsvorm in die meeste gevalle uitruilbaar:

20 geelvis x *20 geelvisse; 40 snoek* x *40 snoeke; 30 steenbras* x *30 steenbrasse; 10 stokvis* x *10 stokvisse*

11.8 ENKEL- EN MEERVOUD BY BEVOLKINGSGROEPE
Wanneer na 'n bevolkingsgroep verwys word, kan van sowel die enkel- as meervoudsvorm gebruik gemaak word, bv.:

Die Bapedi is trotse mense. x *Die Bapedi's is trotse mense.*
Die Xhosa begin boer. x *Die Xhosas begin boer.*
Die Tswana is 'n vredeliewende groep. x *Die Tswanas is 'n vredeliewende groep.*
Die Zoeloe glo aan voorvaders. x *Die Zoeloes glo aan voorvaders.*
By die Swazi (Swati) is gesinsbande nog sterk. x *By die Swazi's (Swati's) is gesinsbande nog sterk.*
Die Afrikaner hou baie van die buitelewe. x *Die Afrikaners hou baie van die buitelewe.*
Die Ndebele is baie kultuurgebonde. x *Die Ndebeles is baie kultuurgebonde.*
Die Duitser is maklik aanpasbaar. x *Die Duitsers is maklik aanpasbaar.*

By verwysing na meer as een lid van 'n bevolkingsgroep, veral waarby telwoorde betrokke is, word die meervoudsvorm gebruik:

Ek sien 6 Vendas in die span.
Hier was 8 Afrikaners in die besprekingsgroep.
100 Sotho's wil emigreer.
Die maatskappy behoort aan drie Indiërs.

Die gebruik om die enkel- of meervoudsvorm aan te wend by die aanduiding van meer as een saak, kom ook by ander woorde voor, bv. *sperm*:

'n Manlike sperm dring die eiersel binne. (enkelv.)
Manlike sperm dring die eiersel binne. (meerv.)
Manlike sperms dring die eiersel binne. (meerv.)
Manlike sperma dring die eiersel binne. (enkel- en meerv.)

11.9 MEERVOUDSVORME WAT SPELPROBLEME LEWER

(a) Meervoud by beklemtoonde *ie*-slotlettergrepe

Woorde wat op 'n beklemtoonde *ie*-slotlettergreep eindig, kry in die meervoud 'n ë by:

knie, knieë; monargie, monargieë; teorie, teorieë; demokrasie, demokrasieë; kalorie, kalorieë; ensiklopedie, ensiklopedieë; industrie, industrieë; kopie, kopieë; monografie, monografieë; melodie, melodieë; allergie, allergieë; diakonie, diakonieë; dinastie, dinastieë; kategorie, kategorieë; fantasie, fantasieë; draperie, draperieë; eidografie, eidografieë; fekalie, fekalieë; ideologie, ideologieë; monopolie, monopolieë; kompromie, kompromieë

Uitsonderings hierop is:

drie, dries/drieë;

en ook gevalle waar die klem anders val, soos:

falie, falies/falieë; domisilie, domisilies/domisilieë

(b) Wisselende meervoudsvorme

Wisselende meervoudsvorme is moontlik by woorde wat op byvoorbeeld *-aar*, *-on* en *-ier* eindig. So byvoorbeeld sal die meervoud van *jaar, kanon* en *bier* onderskeidelik *jare, kanonne* en *biere* wees. Daarteenoor sal die meervoud van *baar* (die vis), *kanton* en *koerier* onderskeidelik *baars, kantons* en *koeriers* wees. By *kandelaar, balkon* en *tier* kan weer telkens twee meervoude gebruik word: *kandelare* én *kandelaars*; *balkonne* én *balkons*; *tiere* én *tiers*.

Daar is talle van hierdie soort gevalle. Ook by ander slotklankkombinasies kom meervoudswisselings van hierdie aard voor. Taalgebruikers moet by meervoudsvorme dus daarop bedag wees dat wyses van meervoudsvorming kan wissel; soms a.g.v. betekenisverskil, soms a.g.v. klemverskille, en dikwels n.a.v. die aantal lettergrepe en ander redes.

Sommige woorde wat op 'n *n* eindig, kry 'n *s* in die meervoud by, terwyl ander weer 'n *(n)e* bykry:

divans   *balonne*
tampans   *vanne*
tampons   *planne*
taipans   *panne*
sjebiens   *plafonne*
kolofons   *nonne*

In ander gevalle word albei meervoudsvorme telkens by 'n bepaalde woord aangetref, soms met betekenisverandering en soms nie:

koepons/koeponne; mans/manne; balkons/balkonne; tiens/tiene; eens/ene; kokons/kokonne; romans/romanne; dreins/dreine; dukatons/dukatonne

(c) Meervoude by woorde wat eindig op -*oog*
Let op die meervoude van die volgende woorde:

boog, boë; geoloog, geoloë; betoog, betoë; oog, oë

(d) Meervoude by woorde wat op -*r* eindig
By woorde wat op *r* eindig, is daar by meervoudsvorming nie groot eenvormigheid nie. Soms is die meervoudsuitgang -*e* en soms -*s*; soms met en soms sonder betekeniswysiging, soos blyk uit die volgende:

eksaminators x *eksaminatore*
dossiere x *dossiers,* maar net: *offisiere*
doktors x *doktore,* maar net: *dokters*
kandelaars x *kandelare,* maar net: *dobbelaars en drentelaars*
donateure x *donateurs,* maar net: *inspekteurs*

(e) Meervoud by eiename
Let op hoe die meervoude by die volgende eiename gebruik word:

Piet is 'n regte don Juan.
Hierdie seuns is ware don Juans.
Hier kom Sannie aan.
Hier sit nou net 'n klomp Sannies.
My van is Terblanche.
Ek hou van die Terblanche'e.
'n Le Roux het langs my ingetrek.
Die Le Rouxs pla my nie
Die kinders se van is Postma.
Die Postmas bly nou hier.
Ek wil met 'n Van Breda trou.

Die wêreld wemel van die Van Breda's.
Jy kan 'n Du Toit altyd vertrou.
Moet nooit die Du Toits vertrou nie.
My van is Du Preez.
Julle Du Preezs is oulike mense.
Wie ken vir Marais?
Wie ken die Marais's?
Wie ken vir Maré?
Wie ken die Marés?
Wie ken vir Maree?
Wie ken die Marees?

11.10 MEERVOUDSVORME BY SAAMGESTELDE RANGE

Die meervoudsvorme met saamgestelde range in die Weermag en Polisie verskil van dié by saamgestelde titels/ampsbenamings, wat oënskynlik soos saamgestelde range lyk. By saamgestelde titels/ampsbenamings kom die meervoudsuitgang aan die einde van die eerste komponent voor, bv:

posmeesters-generaal, ouditeurs-generaal, sekretarisse-penningmeester

By sommige saamgestelde range (veral dié wat op *generaal* eindig) dra die eerste komponent die meervoudsuitgang:

kommandante-generaal, adjudante-generaal

By die ander saamgestelde range kom die meervoudsuitgang aan die einde van die tweede komponent voor:

generaal-majoors, luitenant-kolonels, sersant-majoors, skout-admiraal, skout-admiraals

Let op die meervoudsvorme:

direkteur-generaal, direkteurs-generaal; adjunk-direkteur-generaal, adjunk-direkteurs-generaal; generaal-majoor, generaals-majoor

11.11 ALFABETLETTERS – MEERVOUD EN VERKLEINING

By die meervoud en verkleining van alle alfabetletters word die afkappingsteken gebruik:

a	*a's*	*a'tjie*
b	*b's*	*b'tjie*
c	*c's*	*c'tjie*
d	*d's*	*d'tjie*
e	*e's*	*e'tjie*

f	*f*'s	*f*'ie
g	*g*'s	*g*'tjie
h	*h*'s	*h*'tjie
i	*i*'s	*i*'tjie
j	*j*'s	*j*'tjie
k	*k*'s	*k*'tjie
l	*l*'e/*l*'s	*l*'etjie
m	*m*'e/*m*'s	*m*'etjie
n	*n*'e/*n*'s	*n*'etjie
o	*o*'s	*o*'tjie
p	*p*'s	*p*'tjie
q	*q*'s	*q*'tjie
r	*r*'e/*r*'s	*r*'etjie
s	*s*'e	*s*'ie
t	*t*'s	*t*'tjie
u	*u*'s	*u*'tjie
v	*v*'s	*v*'tjie
w	*w*'s	*w*'tjie
x	*x*'e	*x*'ie
y	*y*'s	*y*'tjie
z	*z*'e/*z*'s	*z*'tjie

11.12 **MEERVOUD BY NOMMERS, BLADSYE, HOOFSTUKKE ENS.**

Sê 'n mens *nommer 1 tot 10* of *nommers 1 tot 10; bladsy 1 tot 10* of *bladsye 1 tot 10; hoofstuk 1 tot 10* of *hoofstukke 1 tot 10*?

As 'n mens bedoel *nommer 1 tot nommer 10* en jy wil nie die tweede *nommer* herhaal nie, dan sê jy *nommer 1 tot 10*. As jy bedoel *nommer 1, nommer 2, nommer 3, nommer 4 ... ens.*, en jy wil elke nommer afsonderlik kwalifiseer, dan sê 'n mens *nommers 1 tot 10*. Albei gebruike is dus reg, dit hang net af watter soort bedoeling jy daaraan wil heg. In die praktyk kom dit eintlik op geen verskil neer nie. Dieselfde geld *bladsy/bladsye, hoofstuk/hoofstukke, eenheid/eenhede* ens.

12 Verkleining

ENKELE PROBLEEMGEVALLE
Foutiewe verkleiningsvorme of spelfoute by verkleining kom dikwels voor. Met vorme soos die volgende word byvoorbeeld probleme ondervind:

insek   *insekkie*
koningin   *koninginnetjie*
nooi   *nooientjie*
wa   *waentjie*

By die verkleining van meerlettergrepige woorde wat op *g* eindig, is die verkleiningsuitgang *-kie* en die *g* val weg, bv.:

koning   *koninkie*
piesang   *piesankie*
verbetering   *verbeterinkie*
aansluiting   *aansluitinkie*

By eenlettergrepige woorde wat op *g* eindig, is die verkleiningsuitgang gewoonlik *-etjie*:

ring   *ringetjie*
tong   *tongetjie*
gang   *gangetjie*
long   *longetjie*

Kyk by hoofstuk 11, paragraaf 11.11 vir die verkleiningsvorme van die alfabetletters.

13 Verledetydsvorme

13.1 MET EN SONDER *GE*-

Taalgebruikers vra dikwels: moet ek sê "het probeer" of "het geprobeer"; "het baklei" of "het gebaklei"? Gewoonlik word die verlede tyd in Afrikaans aangedui met *het* + *ge-* + *werkwoord*, bv.:

Jan swem. x *Jan het geswem.*

Daar is egter 'n klompie werkwoorde waar hierdie wyse van verledetydsaanduiding nie konsekwent gehandhaaf word nie. Een kategorie hiervan, naamlik werkwoorde wat op *-eer* eindig, verdien aandag.

13.1.1 Werkwoorde wat op *-eer* eindig en wat meer as twee lettergrepe het, kry vir die verledetydsaanduiding *het* + *ge-* by, bv.:

gekommunikeer, gemurmureer, gefantaseer, geïgnoreer ens.

13.1.2 Werkwoorde eindigende op *-eer* wat uit net twee lettergrepe bestaan, en met die klem op die laaste lettergreep (in die oorgrote meerderheid van die gevalle is die klem op die laaste lettergreep), kan met of sonder *ge-* geskryf word, bv.:

Jan het hard probeer. x *Jan het hard geprobeer.*
Piet het hiér studeer. x *Piet het hiér gestudeer.*
Die ruite het vibreer. x *Die ruite het gevibreer.*
Ons het hier kampeer. x *Ons het hier gekampeer.*
Hy het die lesing dikteer. x *Hy het die lesing gedikteer.*
Ek het die probleme goed hanteer. x *Ek het die probleme goed gehanteer.*

Die vorm mét *ge-* word aanbeveel, bv.:

greineer, gegreineer

Let daarop dat *kamp* óf *kampeer* en *fokus* óf *fokusseer* as werkwoorde gebruik kan word.

13.1.3 Daar is ook 'n ander kategorie werkwoorde waarby die *ge-* in gedrang is, naamlik die werkwoorde wat begin met die voorvoegsels *ge-* (geniet), *her-* (hersien), *be-* (bekommer), *er-* (ervaar), *ver-* (verkry), *ont-* (ontglip), en *onder-* (ondervang), *oor-* (oorval), *deur-* (deurboor), *voor-* (voorspeel), *aan-* (aanskou) ens. By hierdie werkwoorde word *ge-* normaalweg nie gebruik nie, soos die volgende sinne demonstreer:

geniet: Ons het die dag geniet.
hersien: Hy het ons werk hersien.
bekommer: Sy het haar oor die werk bekommer.

ervaar: Hulle het net geluk ervaar.
verkry: Hy het toegang tot die perseel verkry.
ontglip: Dit het my aandag ontglip.
ondervang: Ons het die probleem ondervang.
oorval: Die onheil het ons oorval.
voorspel: Sy het voorspoed voorspel.
deurboor: Die pyl het sy hart deurboor.
aanskou: Ons het die wonder aanskou.
deurgrond: Ek het die saak goed deurgrond.
misgis: Ek het my met hom misgis.
herenig: Ons het na 'n lang skeiding weer herenig.
gesels: Die ou mense het rustig gesels.
geskied: God se wil het geskied.
behoort: Hierdie sak het aan my behoort. (Maar: Hierdie sak het by my gehoort.)

In al die werkwoorde in die bostaande sinne val die klem nie op die eerste lettergreep nie. Hierdie werkwoorde word nie beskou as saamgestelde werkwoorde, of werkwoorde in verbinding nie; dit is telkens één enkele werkwoord. Sodra die klem op die eerste lettergreep val, is dit 'n aanduiding dat ons met werkwoorde in vaste verbinding (die sg. deeltjiewerkwoorde) te make het, bv.:

deurwerk, voorspeel, oorkom, ondergaan, aankom ens.

In hierdie gevalle kom die *ge-* wél by:

Die pyl het sy hart deurboor. x *Ek het die boek deurgewerk.*
Sy het voorspoed voorspel. x *Sy het die musiekstuk voorgespeel.*
Die onheil het ons oorval. x *Wat het jou oorgekom?*
Ons het die probleem ondervang. x *My firma het ondergegaan.*
Ons het die wonder aanskou. x *Die besoekers het aangekom.*

13.1.4 Daar is 'n aantal werkwoorde wat nie op *-eer* uitgaan óf enige vorm van samestelling is nie, maar wat nie noodwendig *ge-* in die verledetydsvorm bykry nie. Dit toon wel ooreenkoms met die tweesillabige werkwoorde wat op *-eer* uitgaan, naamlik dat hulle óók die klem op die tweede lettergreep dra. Ook by hierdie werkwoorde kan *ge-* gebruik of weggelaat word, bv.:

kafoefel x *gekafoefel; baklei* x *gebaklei; karnuffel* x *gekarnuffel; galop* x *gegalop; karwei* x *gekarwei; kerjakker* x *gekerjakker; paljas* x *gepaljas*

In die volgende sinne kan *ge-* vooraan gebruik word of nie, sonder betekenisverandering:

kafoefel: Hulle het lekker kafoefel. x Hulle het lekker gekafoefel.

baklei: Ons het baklei. x Ons het gebaklei.
karnuffel: Hy het my aanhoudend karnuffel. x Hy het my aanhoudend gekarnuffel.
galop: Die perd het galop. x Die perd het gegalop. (Maar net: Die perd het gegaloppeer.)
karwei: Sy het die goedere karwei. x Sy het die goedere gekarwei.
krepeer: Ons het krepeer van die ellende. x Ons het gekrepeer van die ellende.

Die vorm mét *ge-* word aanbeveel.

13.2 *GE-* SE POSISIE IN SAAMGESTELDE WERKWOORDE

By saamgestelde werkwoorde, of werkwoorde wat uit meer as een woorddeel bestaan, is daar dikwels twyfel oor waar die *ge-* in die geval van verledetydsaanduiding moet kom – vooraan of in die middel; is dit *genaaap* of *nageaap, gelugdroog* of *luggedroog?* Die *ge-* gedra hom by hierdie soort werkwoorde nie altyd op dieselfde manier nie – soms staan hy voor en soms in die middel. Omdat daar oor hierdie aangeleentheid nog nie klinkklare duidelikheid bestaan nie, is die volgende uiteensetting bedoel om rigtingwysend te wees.

13.2.1 By saamgestelde werkwoorde, d.w.s. werkwoorde wat uit meer as een woorddeel bestaan, kan die verbinding van die (meestal twee) woorddele aan mekaar baie heg wees, of dit kan minder heg wees. Wanneer die verbinding baie heg is, kan die werkwoord op enige manier in enige sin gebruik word, sonder dat die twee woorddele in die werkwoord van mekaar skei, bv.:

Ek gaan my motor spuitverf. x *Ek spuitverf my motor.*
Spuitverf asseblief my motor. x *Ek moet onthou om my motor te spuitverf.*

By hierdie saamgestelde werkwoorde, waar die woorddele telkens tot 'n hegte eenheid saamgebind is en dus as een, enkele, onskeibare werkwoord beskou kan word, kom die *ge-* vóór aan die woord, dus:

beeldhou, gebeeldhou; drafstap, gedrafstap; domkrag, gedomkrag; knipoog, geknipoog; breinspoel, gebreinspoel; beeldsend, gebeeldsend; soeklees, gesoeklees; huilsê, gehuilsê; grynslag, gegrynslag; halfsool, gehalfsool ens.

In sinne lyk van hierdie werkwoorde só:

Hy het my skoene gehalfsool.
Die SAUK het die rugby gebeeldsend.
Hy het vir my geknipoog.

Ons het gedrafstap werk toe.
Ek het vir hom gegrynslag.

Nog voorbeelde is:

fynkam, gefynkam; boegseer, geboegseer; buikspreek, gebuikspreek, deaktiveer, gedeaktiveer; ryloop, geryloop; roepjaag, geroepjaag; huilkreun, gehuilkreun; knetterkraak, geknetterkraak; grondves, gegrondves; kuierkoop, gekuierkoop; skandmerk, geskandmerk; skandvlek, geskandvlek; toonset, getoonset; sloerstaak, gesloerstaak; soengroet, gesoengroet; sitstaak, gesitstaak; skaterlag, geskaterlag; skepskop, geskepskop; sandblaas, gesandblaas

13.2.2 Daar is egter werkwoorde wat uit meer as een woorddeel bestaan, maar wat nie so heg verbind is soos dié in (13.2.1) hier bo nie. Die woorddele toon telkens nog sterk 'n eie, indiwiduele klem en betekenis, en kan in sommige sinne los van mekaar staan, byvoorbeeld *baasspeel* in die volgende sinne:

Moenie oor my baasspeel nie.
Om oor my baas te speel, is 'n fout.
Ek droom ek speel baas oor jou.
Ek gaan oor jou baasspeel.
Ek speel baas oor jou.

By hierdie werkwoorde kom die *ge-* in die vasgeskrewe gevalle in die middel, tussen die twee woorddele, bv.:

Ek het oor jou baasgespeel.

Nog voorbeelde is:

blootlê, blootgelê; bontspring, bontgespring; brandskilder, gebrandskilder; dophou, dopgehou; feesvier, feesgevier; bergklim, berggeklim; goedpraat, goedgepraat; visvang, visgevang; hokslaan, hokgeslaan; huishou, huisgehou; asemhaal, asemgehaal; boekhou, boekgehou, fynmaak, fyngemaak; deurwerk, deurgewerk; grondvat, grondgevat; grynslag, gegrynslag; koudwals, koudgewals; na-aap, nageaap

In sinne lyk van hierdie werkwoorde só:

Sy het vir ons huisgehou.
Ek het gister visgevang.
Ons het vanmôre feesgevier.
Hulle het die foute blootgelê.
Ek het asemgehaal.

13.2.3 Daar is heelparty saamgestelde werkwoorde waarvan die hegtheid van die binding sodanig is dat die *ge-* óf voor aan die woorde óf by die bindingspunt geplaas kan word, bv.:

droogskoonmaak: *gedroogskoonmaak* óf *droogskoongemaak*
duimry: *geduimry* óf *duimgery*
haarlaat: *gehaarlaat* óf *haargelaat*
hardsoldeer: *gehardsoldeer* óf *hardgesoldeer*
bokspring: *gebokspring* óf *bokgespring*
kortsluit: *gekortsluit* óf *kortgesluit*
lugdroog: *gelugdroog* óf *luggedroog*
luglaat: *geluglaat* óf *luggelaat*
lugledig: *gelugledig* óf *luggeledig*
kopspeel: *gekopspeel* óf *kopgespeel*
gekskeer: *gegekskeer* óf *gekgeskeer*
koudsaag: *gekoudsaag* óf *koudgesaag*
superponeer: *gesuperponeer* óf *supergeponeer*

In die geval van *gebokspring* x *bokgespring* is daar 'n betekenisverskil: *gebokspring* word gebruik vir die gewone bokspringery, terwyl *bokgespring* in gimnastiek gebruik word vir die spring oor 'n bepaalde apparaat. Normaalweg speel betekenisverandering nie 'n rol by hierdie woorde nie en kan enige van die twee moontlikhede gebruik word. In gevalle soos die volgende is dit egter nie die geval nie. By sommige werkwoorde van hierdie soort tree betekenisverskil in wanneer die *ge-* vooraan of by die bindingspunt staan, of selfs nie gebruik word nie:

deurkruis: Ek het die land deurkruis.
　　　　　　 Ek het die verkeerde antwoord deurgekruis.
deurloop: 　Ek het die kursus deurloop.
　　　　　　 Ek het die hele land deurgeloop.
deurdínk: 　Ek het die saak goed deurdink.
déúrdink: 　Ek het die saak goed deurgedink.
deurréis: 　 Ons het al baie lande deurreis.
déúrreis: 　 Ons het al baie lande deurgereis.
maar:
deurgrond: Ek het die saak goed deurgrond.
misgis: Ek het my met hom misgis.
herenig: Ons het na 'n lang skeiding weer herenig.
gesels: Die oumense het rustig gesels.
geskied: God se wil het geskied.
behoort: Hierdie sak het aan my behoort.
maar:
Hierdie sak het by my gehoort.

In die volgende geval kan *ge-* vooraan gebruik word of nie, sonder

betekenisverandering:
karnuffel: *Hy het my goed karnuffel.*
Hy het my goed gekarnuffel.
galop: *Die perd het galop.*
Die perd het gegalop.
(maar net: Die perd het gegaloppeer.)
krepeer: *Ons het krepeer van ellende.*
Ons het gekrepeer van ellende.

13.2.4 Saamgestelde werkwoorde met bywoorde, voorsetsels en byvoeglike naamwoorde as eerste komponent kry *ge-* gewoonlik tussen die twee woorddele:

aantrek, aangetrek; bykom, bygekom; deurgaan, deurgegaan; afval, afgeval; goedkeur, goedgekeur; uitskop, uitgeskop; opspring, opgespring; neerval, neergeval; agterbly, agtergebly; ondergaan, ondergegaan; naaap, nageaap ens.

Nog voorbeelde is:

fynmaak, fyngemaak; deurwerk, deurgewerk; grondvat, grondgevat; koudwals, koudgewals

Let op die verskil tussen die volgende gevalle waarin *toe* voorkom:

Ons het hospitaal toe gegaan.
Ons het die hospitaal toegemaak.

14 Byvoeglike naamwoorde

14.1 ATTRIBUTIEWE EN PREDIKATIEWE B. NWE.
'n Byvoeglike naamwoord beskryf 'n selfstandige naamwoord, maar bepaal nooit die soort selfstandige naamwoord nie. In die geval van *rooi rak* beskryf *rooi* vir *rak*, maar in *boekrak* bepaal *boek* die soort rak, naamlik *boekrak*. Daarmee sê ons dat 'n byvoeglike naamwoord altyd **los** van 'n selfstandige naamwoord geskryf word. Sodra 'n byvoeglike naamwoord vas aan 'n selfstandige naamwoord geskryf word, word dit deel van die selfstandige naamwoord en 'n nuwe soort selfstandige naamwoord word so gevorm.

Dus, eerstens: 'n byvoeglike naamwoord word altyd **los** van 'n selfstandige naamwoord geskryf. Nog voorbeelde is:

infrarooi lig, blou oog, potblou oog, seer skouer, los klip, lelike man, mooi man, slegte werk, baie werk

Tweedens: 'n byvoeglike naamwoord kan voor of na 'n selfstandige naamwoord staan. *Rooi* staan in die volgende twee gevalle eers voor en dan na die selfstandige naamwoord, maar is in albei gevalle 'n byvoeglike naamwoord:

Die rooi rak val om. (In hierdie sin staan *rooi* attributief.)
Die rak is rooi. (In hierdie sin staan *rooi* predikatief.)

Die attributiewe en predikatiewe posisie van byvoeglike naamwoorde bied ook 'n manier om vas te stel of 'n bepaalde komponent 'n byvoeglike naamwoord is wat los van die daaropvolgende deel geskryf moet word, en of dit 'n bepaler by 'n samestelling is wat vas aan die kern geskryf moet word. Dus: indien 'n mens twyfel of *gelykop* + *wedstryd* los van mekaar geskryf moet word, moet jy net vra: kan ek sê *die wedstryd is gelykop*? Indien wel, is *gelykop* 'n byvoeglike naamwoord en word hy los van die volgende komponent geskryf. Kan 'n mens by *boekrak* sê *die boek is rak*? Nee, daarom is *rak* nie 'n byvoeglike naamwoord nie, maar 'n bepaler in die samestelling *boekrak* en word daarom vas aan *rak* geskryf. Op grond hiervan word die volgende verbindings los van mekaar geskryf:

'n naby foto; 'n digby foto; 'n dweepsiek groep; 'n gelyk hoop grond; 'n op en wakker sakeman; 'n dikmond kind; 'n dikbek kind (jy kan sê: *die kind is dikbek)*, maar: *dikraambril* (jy kan nie sê *die bril is dikraam* nie*); 'n kop aan kop botsing* (die botsing is *kop aan kop*), maar: *'n wins-en-verliesrekening* (die rekening is nie *wins en verlies* nie)

Derdens: sommige byvoeglike naamwoorde se vorm wysig in die attributiewe en predikatiewe posisie, terwyl andere se vorm dieselfde bly:

Die man is mooi. x *Die mooi man werk hier.*
Die man is lelik. x *Die lelike man werk hier.*

Dit gebeur heel dikwels dat taalgebruikers nie weet of die byvoeglike naamwoord in die attributiewe posisie verbuig word of nie – daarom word 'n aantal probleemgevalle hier behandel. In die volgende gevalle bly die attributiewe en predikatiewe vorm dieselfde:

Die bokser is katswink. x *Die katswink bokser lê op sy rug.*
Die skaap is keelaf. x *Die keelaf skaap bloei baie.*
Hy is baie kapabel. x *Die kapabel seun vaar goed in sy werk.*
Christene is kerklos. x *Die kerklos Christene is selftevrede.*
Die ou man is nog kersregop. x *Die kersregop man leef gesond.*
Die rok is klaar. x *Ek koop vir my 'n klaar rok.*
Die dokter is kil. x *Die kil dokter ondersoek my.*
Die kos is kitsgaar. x *Ek hou nie van kitsgaar kos nie.*
Die koffie is kitsklaar. x *Kitsklaar koffie maak my siek.*
Ornitoloë is knap in hulle werk. x *Knap ornitoloë is skaars.*
Die pasiënt is kreupel. x *Die kreupel pasiënt kla nie.*
My vrou is koel teenoor my. x *Ek haat 'n koel vrou.*
Die aankondiging is laat. x *Die laat aankondiging help niks.*
Baie kos is klaargaar. x *Klaargaar kos is gewoonlik koud.*
In die stryd is ek manalleen. x *'n Manalleen stryd kos iets.*
Die bus is topswaar. x *'n Topswaar bus is gevaarlik.*
Ek is vaak. x *Die vaak seun kan sy oë nie oophou nie.*
Die kind is voor op die wa. x *Die voor op die wa kind pla my.*
My oë is wawyd oop. x *Die kind met die wawyd oop oë is vaak.*
Ek is wawyd wakker. x *Die wawyd wakker kind is nie vaak nie.*
Ek is raadop. x *Die raadop ouers gaan soek elders raad.*
Die klere is ragfyn. x *Die ragfyn klere is van sy gemaak.*
Die berghange is regaf. x *Die regaf berghange maak my bang.*
Die man se gewoontes is sober. x *Die man met die sober gewoontes ...*
Wiskundeonderwysers is skaars. x *Wiskunde is 'n skaars vak.*
Die regter bly skuinsoor my. x *Die skuinsoor bure is nuut.*
Die varkie is speenoud. x *Ek gaan die speenoud varkie slag.*
Die saal is stampvol. x *Die stampvol saal is vol rook.*
Die saal is stikdonker. x *Die stikdonker saal is vol mense.*

In 'n klompie gevalle kan die attributiewe vorm met of sonder verbuiging gebruik word:

Die instrumente is kiemvry. x *Die kiemvry(e) instrumente is nuut.*
Die vlieënier is kleurblind. x *'n Kleurblind(e) vlieënier word geskors.*
Alle wiellaers is roesvry. x *Met roesvry(e) laers is jy veilig.*
Goeie gom is gewoonlik kleefvry. x *Kleefvry(e) gom bestaan nie.*

Let ook op die volgende:

Hy is vlug van verstand. x *Sy vlugge verstand verbaas my.*

Sommige attributiewe byvoeglike naamwoorde wat normaalweg nie verbuig nie, kan verbuig as daar 'n spesiale gevoelsbelading aan die betrokke adjektief geheg is. In plaas daarvan om te praat van die *blou hemel* kan van die *bloue hemel* gepraat word as daarmee byvoorbeeld bewondering te kenne gegee wil word. Nog voorbeelde is:

Sy het 'n spierwitte rok aangehad.
Hy is opgeroep vir hoëre diens.
Die groene velde van die platteland bekoor my.
Is sy nie 'n mooie mens nie!

Let op die spelling van sekere predikatiewe teenoor attributiewe vorme:

hoog x *hoë*, **maar:** *moeg* x *moeë*
droog x *droë*, **maar:** *vroeg* x *vroeë*

14.2 TRAPPE VAN VERGELYKING

Dit is verbasend hoe baie taalgebruikers probleme met trappe van vergelyking ondervind. Daar is reëlmatige en onreëlmatige trappe van vergelyking. Voorbeelde van eersgenoemde is:

| *slim* | *slimmer* | *slimste* |

Voorbeelde van onreëlmatige trappe is:

goed	*beter*	*beste*
weinig	*minder*	*minste*
graag	*liewer*	*graagste*

Die meeste probleme duik by die reëlmatige vorme op. Daar is twee wyses waarop die vergrotende en oortreffende trap aangedui word:

| *belangrik* | *belangriker* | *belangrikste* |
| *opgewonde* | *meer opgewonde* | *mees opgewonde* |

Een van die probleme is dat taalgebruikers hierdie twee wyses meng en byvoorbeeld praat (en skryf!) van *meer belangriker* en (nóg erger!) *mees belangrikste*. Dit is foutief.

Wanneer jy *-er* en *-ste* gebruik, word *meer* en *mees* nie ook gebruik nie, en andersom: Kortom: *-er* en *meer*, en *-ste* en *mees* word nie gelyktydig as een wyse van trappe van vergelyking saam gebruik nie. Dit is óf *-er* óf *meer*, óf *-ste* óf *mees*.

Wat wél kan gebeur, is dat die vergrotende trap die *meer*-vorm dra en die oortreffende trap die *-ste*-vorm het:

| *bek-af* | *meer bek-af* | *bek-afste* |

Dit is in enkele gevalle (soos in *bek-af*) toelaatbaar, maar normaalweg korreleer *-er* en *-ste* met mekaar; so ook *meer* en *mees*.

Mense vra ook dikwels wanneer *meer* en *mees*, en wanneer *-er* en *-ste* gebruik word. Hierop kan nie 'n maklike en noukeurige antwoord gegee word nie. By kort woorde word in die oorgrote meerderheid gevalle van *-er* en *-ste* gebruik gemaak.

In die geval van lang woorde by trappe van vergelyking "klink" *-er* en *-ste* nie altyd reg nie en word *meer* en *mees* eerder gebruik. Daar is egter 'n hele aantal woorde waarby sowel *-er* en *-ste* as *meer* en *mees* gebruik kan word, bv.:

verkwiklik	*verkwikliker*	*verkwiklikste*
of:		
verkwiklik	*meer verkwiklik*	*mees verkwiklik*

Vermy *meer* en *mees* sover moontlik, want *-er* en *-ste* is eintlik die Afrikaanse wyse van vergelykingsvorming en dra by tot 'n gemakliker skryfstyl. Let ook op die volgende:

woes + *ste* = *woesste*
los + *ste* = *losste*
boos + *ste* = *boosste*

Tot dusver is gepraat van *-er* en *-ste*, maar die uitgang kan ook ander vorme dra: *-der* en *-dste* (befoeterder, befoeterdste), *-ner* en *-nste* (verlatener, verlatenste), *-te* en *-tste* (verlepter, verleptste).

Die woordelys agterin die *Afrikaanse woordelys en spelreëls* het die meeste woorde waarby probleme met trappe van vergelyking ervaar word, opgeneem. By twyfel oor bepaalde vorme kan dié woordelys gerus geraadpleeg word.

Interpretasieverskille kan by die gebruik van *meer* voorkom, bv:

Ons het meer doeltreffende masjiene nodig.
Is meer masjiene nodig wat doeltreffend is?

Die tweede sin impliseer dat enkele van die huidige masjiene doeltreffend is en dat die meeste masjiene ondoeltreffend is. Daarom is meer masjiene nodig wat doeltreffend is.

'n Ander interpretasie is moontlik, naamlik dat al die masjiene nie doeltreffend is nie en dat al die masjiene met doeltreffender masjinerie vervang moet word.

Indien *doeltreffender* vir die vergrotende trap gebruik word, is interpretasieverskille soos met *meer doeltreffend* uitgeskakel.

Enkele probleemgevalle by trappe van vergelyking gaan nou aan bod gestel word sodat taalgebruikers enersyds hierdie gevalle reg kan gebruik en andersyds op hulle hoede kan wees vir dergelike gevalle:

alledaags	alledaagser	mees alledaagse
botaf	meer botaf	botafste/mees botaf

(Die oortreffende trap kan dus lui: *Hy is die botafste man wat ek ken/Hy is die mees botaf man wat ek ken.*)

geslepe	geslepener meer geslepe	mees geslepe
geswolle	geswollener meer geswolle	mees geswolle
graag	liewer	liefste graagste
kasueel	kasueler meer kasueel	kasueelste mees kasuele
smaakloos	smaakloser	smaakloosste mees smaaklose
slu	sluer/sluwer	sluuste
teleurgestel	meer teleurgestel	teleurgestelste
teleurgesteld	meer teleurgesteld	teleurgesteldste mees teleurgestelde
verwar	meer verwar	verwarste
verward	meer verward	verwardste mees verwarde
verwelk	verwelkter meer verwelkte	mees verwelkte
verwoed	meer verwoede	verwoedste mees verwoede
digby	digterby	digsteby

Let op die spellingverskil by gevalle soos:

hoog	hoër	hoogste
droog	droër	droogste

teenoor:

moeg	moeër	moegste
vroeg	vroeë	vroegste

Taalgebruikers word aangeraai om nie te gespanne te raak wanneer hulle trappe van vergelyking moet maak nie en nie te hard moet probeer om die regte vorm te gebruik nie. Vermy die slaggate wat hier bo aangedui is, hou by die riglyne wat voorgestel is en vind aansluiting by natuurlike uitspraak – so sal trappe van vergelyking hopelik nie meer 'n nagmerrie wees nie.

Let daarop dat die woorde *anderkantste, diékantste, bokantste* en *duskantste* nie oortreffende trappe is nie, maar dieselfde betekenis het as *anderkantse, diékantse, bokantse,* en *duskantse.* 'n Mens kan dus sê: *anderkantse* én *anderkantste; diékantse* én *diékantste; bokantse* én *bokantste; duskantse* én *duskantste* – hulle het dieselfde betekenis.

Sommige byvoeglike naamwoorde en bywoorde het die opsie om soms 'n slot-*s* te neem, bv.:

mondeling x *mondelings*
mondelik x *mondeliks*
eienaardig x *eienaardigs*
'n Mondelinge/mondelingse boodskap word gou vergeet.
Hy dra die boodskap mondeling/mondelings oor.
Jy moet jou pille mondelik/mondeliks inneem.
'n Mondelike/mondelikse inname beïnvloed die maag.
Die dood bly maar iets eienaardig/eienaardigs.
Ek sien iets groot/groots.
Hy sê iets verkeerd/verkeerds.

14.3 DIE UITGANGE -*TE* EN -*DE*

Taalgebruikers twyfel gereeld by swak verlede deelwoorde of die uitgang -*de* of -*te* moet wees; is dit byvoorbeeld *gekruisde* of *gekruiste, gestyfde* of *gestyfte*? Deur die volgende vier uitgangspunte in gedagte te hou, kan 'n mens hierdie aangeleentheid vir jouself baie maklik maak.

Eerstens: woorde wat op 'n vokaal of diftong eindig, kry -*de* by, soos:

gelaaide (laai), gelooide (looi), gebroude (brou), gewyde (wy), opgestude (opstu), gelêde (lê), geveede (vee) ens.

Tweedens: woorde wat eindig op die konsonante *b, d, m, n, ng, l,* en *r,* kry -*de* by, soos:

gelobde (lob), geslibde (slib), gekladde (klad), geskudde (skud), geroemde (roem), geraamde (raam), gekamde (kam), uitgediende (dien), verwende (wen), gewaande (waan), gevangde (vang), geringde (ring), opgesaalde (opsaal), gewerwelde (werwel), geroerde (roer), verwarde (verwar) ens.

Derdens: woorde wat op die konsonante *k* en *p* eindig, kry -*te* by, soos:

tuisgemaakte, gesakte, gehokte, uitgerukte, gekookte, gekapte, gestroopte, werkbehepte, aangestipte, opgekropte ens.

Vierdens: by woorde wat op die konsonante *f, g* en *s* eindig, kan óf -*de* óf -*te* gebruik word. Dus: *gestyfde* óf *gestyfte; gekruisde* óf *gekruiste; gejaagde* óf *gejaagte ens.*

14.4 DIE -*D* VAN *BEROEMD, VERBAASD* EN *BELEEFD*

Taalgebruikers twyfel dikwels oor die korrekte vorm van die vetgedrukte woorde in die volgende sinne:

*Hy het **ongenooi** by die partytjie opgedaag, maar die gasheer het desnietemin **beleef** opgetree.*

of

*Hy het **ongenooid** by die partytjie opgedaag, maar die gasheer het desnietemin **beleefd** opgetree.*

Uit die bespreking hier onder sal lesers kan aflei dat 'n rigiede bereëling nie moontlik is nie; nogtans kan 'n mens deur groter duidelikheid oor hierdie aangeleentheid die betrokke woordvorme met groter sekerheid en vrymoedigheid gebruik.

14.4.1 Die gebruik al dan nie van die slot-*d* kom ter sprake by 'n bepaalde groep bywoorde en byvoeglike naamwoorde, waarvan baie van werkwoorde afgelei is, hoewel nie noodwendig almal nie.

14.4.2 By 'n sekere groep is die vorm sonder die -*d* nie gebruiklik nie en kan die vorm mét die -*d* as verpligtend beskou word, soos in die volgende sinne:

*Helde is nie almal **beroemd** nie.*
*Organiseerders is met baie reëlings **gemoeid**.*
*Plattelanders is **gewoond** aan rustigheid.*
*My oupa is al baie **bejaard**.*
*Stedelinge raak gou **verbouereerd**.*
*Die slagoffer van die rooftog het **ongedeerd** daarvan af gekom.*
*Die beskuldigde se borgtog is **verbeurd** verklaar.*
*Ek is nie met jou optrede **gediend** nie.*
*Jy kan **bepaald** met die projek voortgaan.*
*Hy is heel **bedaard** in sy optrede.*

Kyk ook byvoorbeeld na *iets beter* x *iets beters*.

14.4.3 By *getrou* teenoor *getroud* tree betekenisverskil in. Iemand wat *getrou* is, is toegewyd, met 'n diepe pligsbesef; iemand wat *getroud* is, is in die huwelik verbind.

14.4.4 Teenoor die groep in 14.4.2 hier bo wat die -*d* moet bykry, is daar 'n groep waar die -*d* opsioneel is, soos blyk uit die volgende sinne:

Die moordenaar is begenadig. x *Die moordenaar is begenadigd.*
Moenie so onvergenoeg wees nie. x *Moenie so onvergenoegd wees nie.*
My gesin is versorg. x *My gesin is versorgd.*
Hierdie foto is baie gewaag. x *Hierdie foto is baie gewaagd.*
Die lewe is baie gejaag. x *Die lewe is baie gejaagd.*
Immigrante is baie beleef. x *Immigrante is baie beleefd.*
Die agtergeblewenes is bedroef. x *Die agtergeblewenes is bedroefd.*

Hy het verdwaas na ons gestaar. x *Hy het verdwaasd na ons gestaar.*
Hy het verbaas gelyk. x *Hy het verbaasd gelyk.*
Hierdie kind is uiters begaaf. x *Hierdie kind is uiters begaafd.*
Hy is benewel van al die drank. x *Hy is beneweld van al die drank.*
Sommige toeriste is onverfyn. x *Sommige toeriste is onverfynd.*
Almal was netjies geklee. x *Almal was netjies gekleed.*
Matrikulante is nie voldoende gekwalifiseer nie. x *Matrikulante is nie voldoende gekwalifiseerd nie.*
Die drankie is gemeng. x *Die drankie is gemengd.*
Die haelkorrels lê versprei op die grasperk. x *Die haelkorrels lê verspreid op die grasperk.*

Kyk ook na die volgende woorde wat met *ge-* begin:

geroetineer(d): *Ons program is baie geroetineer/geroetineerd.*
geprikkel(d): *Na die interessante lesing was ek baie geprikkel/ geprikkeld.*
geseën(d): *Geseën/Geseënd is die vredemakers.*
geskakeer(d): *Sy lewe is ryk geskakeer/geskakeerd.*
geskool(d): *Die werkers is hoog geskool/geskoold.*
gereserveer(d): *Hierdie plek is gereserveer/gereserveerd.*
gespasieer(d): *Die foto's is netjies gespasieer/gespasieerd.*
geslaag(d): *Die projek was uiters geslaag/geslaagd.*
gevleuel(d): *Sy woorde was gevleuel/gevleueld.*
gevorder(d): *Die kursus is redelik gevorder/gevorderd.*
gewaag(d): *Gewone rolprente is nie baie gewaag/gewaagd nie.*
godgewy(d): *Die liedere is totaal en al godgewy/godgewyd.*
gewapen(d): *Die soldate is swaar gewapen/gewapend.*
(*maar net: Die soldate is swaar bewapen.*)

14.5 **DIE UITGANGE -*IEK(E)/-IES(E)***

Die vraag word dikwels gevra wanneer -*iek(e)* en wanneer -*ies(e)* gebruik word in bepaalde **adjektiefvorme**. Is dit byvoorbeeld *politieke* of *politiese*, *fisiese* of *fisieke*?

Hoewel die antwoord hierop nie in alle gevalle 'n maklike een is nie, behoort die volgende riglyne tog 'n mate van helderheid te bring:

14.5.1 By die volgende gevalle is daar geen verskil tussen -*iek(e)* en -*ies(e)* nie; enigeen van die twee kan gebruik word:

politiek(e) x *polities(e)*
numeriek(e) x *numeries(e)*
fanatiek(e) x *fanaties(e)*
antipatiek(e) x *antipaties(e)*
artistiek(e) x *artisties(e)*

14.5.2 By die volgende gevalle is daar 'n betekenisverskil tussen die *-iek(e)* en *-ies(e)*; die een kan dus nie in die plek van die ander gebruik word nie:

diplomatiek(e) x *diplomaties(e)*
identiek(e) x *identies(e)*
eksentriek(e) x *eksentries(e)*
statistiek(e) x *statisties(e)*
fisiek(e) x *fisies(e)*
mistiek(e) x *misties(e)*
logistiek(e) x *logisties(e)*

In heelparty gevalle is daar benewens 'n betekenisverskil ook 'n woordsoortelike verskil, naamlil die *-iek*-vorm wat die selfstandigenaamwoordvorm aandui en die *-ies*-vorm wat die byvoeglikenaamwoordvorm aandui:

akoestiek x *akoesties*
Amerikanistiek x *Amerikanisties*
apologetiek x *apologeties*
ballistiek x *ballisties*
biblistiek x *biblisties*
diagnostiek x *diagnosties*
dialektiek x *dialekties*
didaktiek x *didakties*
dinamiek x *dinamies*
gimnastiek x *gimnasties*
heraldiek x *heraldies*
dogmatiek x *dogmaties*
romantiek x *romanties*
etiek x *eties*
tegniek x *tegnies*
tektoniek x *tektonies*
chromatiek x *chromaties*

14.5.4 Baie woorde het net óf die *-ies* óf die *-iek*-vorm, nie al twee nie:

karakteristiek(e), mities(e), manies(e), aërobatiek, logies(e), tirranniek(e), outomaties(e), antiek(e)

Hoewel talle voorbeelde by dié hier bo gevoeg kan word, behoort die bostaande kort uiteensetting voldoende te wees om taalgebruikers daarvan bewus te maak dat uitgange met *-iek* en *-ies* variasie toon en dus versigtig gehanteer moet word.

15 Lettergreepverdeling

Elke taalgebruiker kry feitlik daagliks op die een of ander wyse met lettergreep- (of sillabe-) verdeling (skeiding van woorddele) te doen en daarom is dit noodsaaklik om op die hoogte te wees van die voorskrifte hieromtrent. Hoewel 'n mens 'n ingewikkelde saak daarvan kan maak deur diep in die morfologiese aspekte van woorddele, sillabes en lettergrepe te gaan ronddelf, is dit nie nodig nie. Vir alledaagse taalgebruik kan 'n mens met slegs enkele beginsels voor oë in groot vertroue en met sukses op die korrekte wyse met die onderskeiding van woorddele omgaan. Wanneer 'n meerlettergrepige (meersillabige, as u taalkundig korrek wil wees) woord aan die einde van 'n geskrewe of getikte reël afgebreek moet word voordat die woordeinde bereik is, word 'n koppelteken (-) normaalweg gebruik om die woord te onderbreek. Die res van die betrokke woord word dan op die volgende reël geskryf, bv.:

boek-
rak

Sommige mense verkies om 'n dubbele koppelteken (=) by die afbreking binne 'n woord te gebruik en om die enkele koppelteken (-) te gebruik waar 'n koppeltekenwoord by die koppelteken afgebreek word; *boekrak* en *toe-eien* se woorddele sal dus onderskeidelik soos volg geskei word:

boek=   *toe-*
rak   *eien*

Daar was nog nooit 'n vaste voorskrif hieroor nie en daarom is dit nie moontlik om 'n reël te gee nie. Hoewel die gebruik van die dubbele koppelteken by vasgeskrewe woorde en die enkele koppelteken by koppeltekenwoorde na 'n uiters sinvolle maatreël lyk, vind dit – vreemd genoeg – nie algemene byval nie. In albei bogenoemde gevalle is taalgebruikers geneig om slegs die enkele koppelteken (-) te gebruik. Desnieteenstaande wil ek die gebruik van die dubbele koppelteken by die skeiding van woorddele by vasgeskrewe woorde aanbeveel.

Hoewel hier bo van lettergrepe gepraat is, is die rol wat uitspraak en daarom klankgrepe in die skeiding van woorddele speel, baie belangrik. Daarom is die eerste beginsel: verdeel volgens klankgrepe. Daar waar die tong natuurlikerwys die verdeling laat val, daar kan die verdeling in skryftaal goedskiks geskied, bv.:

boe-tie, ver-ne-de-ring, baar-djie, boos-heid, ram-pe, kap-tei-ne, Jo-din, bog-te-ry, be-skei-e, ver-we-ry

Bogenoemde beginsel word ondersteun deur wat as 'n tweede beginsel genoem kan word, naamlik: in 'n woord waarin konsonante enkel staan (d.w.s. nie dubbel nie), word altyd tussen die voorafgaande vokaal of diftong en die daaropvolgende konsonant geskei; dit is eintlik 'n natuurlike neiging, soos in:

nei-ging, le-we, brou-sel, be-ter, be-ly-de-nis, mo-to-re, ge-na-de, be-de-laar, moei-te-lo-se, leeu-ky-ke-ry

'n Derde uitgangspunt is dat betekenisvolle dele soms sterk kan meespreek in die bepaling van sillabegrense. Voorvoegsels soos *ont-* en *her-* moet liefs as eenheid behou word, soos in:

ont-erf, her-af-ba-ken, on-af-ge-sien, ver-oor-saak, ge-an-ti-si-peer, be-angs, uit-een, af-ets

Wanneer twee konsonante langs mekaar staan, word tussen die twee verdeel:

mid-del, kom-mis-sie, een-heid, oor-saak

Die *sj* in die volgende woorde vorm een klank en daarom word daar nie tussen die *s* en *j* verdeel nie:

bro-sju-re en *ma-sjien* (teenoor: *aas-joggie* en *oes-jaar*)

Indien drie of meer konsonante langs mekaar staan, moet op natuurlike klankkombinasies en betekeniseenhede teruggeval word, soos in:

ek-spe-ri-ment, eks-klu-sief, mar-sjeer, mars-man, on-trou, ont-hou, eind-vrag, een-drag, re-gi-streer, bos-trou-e, haar-tjie, voort-jaag, kon-trak, ont-rafel, Trans-vaal, tran-sport, (maar: *man-gels, vin-ger, hon-ger, tan-ge-rig, rin-ge-tjie* teenoor *angs-rit, bang-heid, vang-net)*

Indien jy oor die lettergreepverdeling by 'n bepaalde woord twyfel en jy het nie 'n verwysingsbron byderhand nie, is dit die beste om jou op die klankverdeling in natuurlike spraak te verlaat.

16 Woordkeuse

Sprekers van Afrikaans gebruik bepaalde woorde dikwels uit verband, anglisisties of om ander redes "foutief". Baie van die sogenaamde "foutiewe" woordkeuses is 'n kwessie van smaak of ietwat streng puristies. Omdat daar egter by bepaalde taalgebruikers 'n behoefte aan leiding hieroor is, word aandag aan 'n aantal gevalle gewy, hoewel toegegee kan word dat van die gevalle omstrede is en selfs na die ander kant toe kon geval het. Dit is moontlik om die onderstaande lys aansienlik uit te brei, hoewel hierdie lys gevalle die algemeenste in die praktyk voorkom.

-aal/-eel
Taalgebruikers gebruik onder die invloed van Engels dikwels die uitgang *-aal* i.p.v. *-eel*. Die regte vorm van enkele sodanige gevalle word hier onder gegee:

driedimensioneel, institusioneel, kondisioneel, opsioneel, temporeel, departementeel, kontraktueel

Dit geld ook die attributiewe uitgange: *-ele (opsionele, driedimensionele, institusionele* ens.*)*

aanbeveling
Foutief: *'n aanbeveling maak.*
Korrek: *'n aanbeveling doen.*

aan die man bring
Die betekenis van *ware verkoop* het in dié verband grootliks uit Afrikaans verdwyn. Al wat nou nog lewend is, is *aan die man bring* om 'n oortreder of misdadiger aan die pen te laat ry, soos in:

Ons moet die inbreker soek en aan die man bring.

aandoen
Foutief: *Ek wil by die hoofstad aandoen.*
Korrek: *Ek wil die hoofstad aandoen.*

aangeheg/ingeslote
In 'n brief lees 'n mens dikwels:

Vind die afskrif hierby aangeheg/ingeslote.

Die *hierby* is oorbodig, behalwe as die skrywer wil aandui dat die afskrif nêrens elders aangeheg of ingeslote is nie. Dit is voldoende om te sê:

Vind die afskrif aangeheg/ingeslote.

aanmeld
Foutief: *Ek meld om l4:00 by die kommandant aan.*
Korrek: *Ek meld my om l4:00 by die kommandant aan.*
Korrek: *Jy moet jou om 14:00 by die kommandant aanmeld.*

aansluit
Ek sluit my by die Voortrekkers aan.
Sluit jou by die Voortrekkers aan.

afkeer aan/van
Foutief: *Ek het 'n afkeer aan leuens.*
Korrek: *Ek het 'n afkeer van leuens.*

afsetter
'n *Afsetter* is 'n bedrieër. Die persoon wat by 'n atletiekbyeenkoms die atlete laat wegspring, is 'n *afsitter*.

afspeel
Foutief: *Hy speel sy pa en ma teen mekaar af.*
Korrek: *Hy speel sy pa en ma teen mekaar uit.*

afspraak/bestelling
'n Mens maak 'n afspraak (nie 'n bestelling nie) om iemand te gaan spreek, maar plaas 'n bestelling vir goedere wat jou later moet bereik.

albei/almal
Foutief: *Albei van ons gaan al skool toe. Almal van hulle presteer goed. Almal van julle behoort te werk.*
Korrek: *Ons albei gaan al skool toe. Hulle almal presteer goed. Julle almal behoort te werk.*

al die tyd
In Afrikaans is dit *gedurig* of *deurentyd*, soos in:

Die toesighouer het ons gedurig/deurentyd dopgehou.

algemeen/besonder
Onthou die lidwoord: *Oor/in* die algemeen; *in* die besonder.

ander pad kyk
Foutief: *As hy my groet, kyk ek anderpad.*
Korrek: *As hy my groet, kyk ek weg.*
Korrek: *As hy my groet, kyk ek ander kant toe.*

angstig

Indien *gretig, opgewonde* of selfs *driftig* bedoel word, is dit foutief om die woord *angstig* te gebruik. In die volgende sinne is *angstig* verkeerd aangewend:

Ek is so angstig oor my Kersgeskenk.
Hy is angstig om aan die pret deel te neem.
Angstig slaan hy die voordeur toe.

Indien *beangs, benoud* of *vol angs* bedoel word, is die gebruik van *angstig* korrek. In Engels beteken *anxious* sowel *beangs* as *begerig, gretig*. Dit is moontlik waarom *angstig* soms foutiewelik in Afrikaans gebruik word.

appeltjie skil/mes vir iemand inhê
Foutief: *Ek het my mes in vir iemand.*
Korrek: *Ek het 'n appeltjie met iemand te skil.*
Korrek: *Ek het 'n grief teen iemand.*

as 'n reël
Foutief: *Ons gaan as 'n reël nooit Kersnaweke kuier nie.*
Korrek: *Ons gaan in die reël nooit Kersnaweke kuier nie.*

as sodanig x as sulks

In Afrikaans het ons woorde soos *sulke* en *sulks*. *As sulks* is egter 'n Anglisisme wat nie gebruik behoort te word nie. Die korrekte Afrikaans is *as sodanig*.

-asie/-ering

Taalgebruikers vra dikwels wanneer van byvoorbeeld *vibrasie* en wanneer van *vibrering* gepraat moet word. Sowel *vibrasie* as *vibrering* is selfstandige naamwoorde. Die verskil tussen die twee is dat *-asie* die verskynsel van vibreer is, terwyl *vibrering* die proses van te vibreer behels.

Hoewel albei selfstandige naamwoorde is, staan *vibrering* nader aan die werkwoord *vibreer* en is trouens daarvan afgelei. In sinne sal dit só gebruik kan word:

Alle motors sit met vibrasies opgeskeep. (die verskynsel)
Die vibrering wat deur ou onderdele veroorsaak word, sal mettertyd toeneem. (handeling van te vibreer)

Hierdie beginsel kan op die meeste woorde met 'n '*-asie-/-ering*-uitgang toegepas word.

as volg/soos volg
Albei is aanvaarbaar.

baard kweek/groei
Jy groei nie 'n baard nie, jy kweek dit. Dieselfde met plante. Baard en plante groei vanself.

bargain
Bargain in Engels is in Afrikaans 'n *winskoop*.

BBP/VIP
In Afrikaans 'n *BBP (baie belangrike persoon)*:
'n BBP kom kuier. Hier is 'n klomp BBP's.

bedenkinge hê oor
Let op die regte voorsetsel:

Ek het bedenkinge oor jou samewerking.
Ons moenie bedenkinge oor sy lojaliteit hê nie.

behoefte aan/vir
Die korrekte Afrikaans is *behoefte aan*, soos in:

Ek het 'n behoefte aan goeie geselskap.
Pasiënte het 'n behoefte aan beter medisyne.

beide
Die gebruik van *beide* en sinne soos *Beide ouers het doop toe gegaan* en *Die water stroom van beide kante af in* is toelaatbaar. In die plek van *Beide Jan en Sarel het gaan visvang* word die eg Afrikaanse stelwyse voorgestel:

Sowel Jan as Sarel het gaan visvang.

bekommer
Hy bekommer hom oor alles.
Ons bekommer ons oor jou.

belangeloos/onbelangstellend
Iemand wat onbelangstellend is, stel nie belang in 'n bepaalde saak nie. Iemand wat belangeloos is, het nie noodwendig direkte belang of voordeel uit 'n bepaalde saak te put nie, al is hy belangstellend.

belowe/verseker
Foutief: *Ek belowe jou dit gaan reën.*
Korrek: *Ek verseker jou dit gaan reën.*
Belowe is om 'n belofte te doen en nie om iemand van 'n bepaalde saak te oortuig nie.

149

benodig
Nodig, nodige, benodigde en *benodigdhede* is gewone en goeie Afrikaanse woorde. Teen *benodig* in werkwoordvorm word nog heelwat beswaar ingebring.
Foutief: *Ons benodig baie geld.*
Korrek: *Ons het baie geld nodig.*

beste/beter van die twee
Die een speler is nie die beter een van die twee nie, hy is die *beste* een van die twee.

besware teen
Let op die regte voorsetsel:

Ek het besware teen sy houding/optrede/woorde/argument.

betyds x op tyd
Foutief: *Jy is in/op tyd vir die vergadering.*
Korrek: *Jy is betyds vir die vergadering.*

biljoen/miljard
Miljard is 'n duisend miljoen (1 000 000 000), hoewel 'n duisend miljoen dikwels 'n biljoen genoem word.
   'n *Biljoen* is 'n miljoen miljoen (1 000 000 000 000).

bindend
'n Ondertekende ooreenkoms is bindend *vir* albei partye (en nie *op* nie).

binne/in 'n maand (se tyd)
Die korrekte Afrikaans is: *binne 'n maand.*

bottelstoor
Sê liewer: *drankwinkel.*

braaivleis/vleisbraai
In Afrikaans hou ons 'n *braaivleis*, ons braai vleis en dan eet ons *braaivleis*. *Vleisbraai* vir die geleentheid is foutief.

brand uit/blaas
'n Gloeilamp blaas nie, dit *brand uit.*
'n Sekering *smelt.*

bril
Ek dra 'n *bril* (enkelvoud), nie brille nie.

bruikleen
Foutief: *Ek het 'n boek op bruikleen.*
Korrek: *Ek het 'n boek in bruikleen.*

bylaag/bylae, toelaag/toelae en klag/klagte
Die enkelvoudsvorm is *bylaag* of *bylae*. *Bylaag* se meervoud is *bylae* en *bylae* s'n *bylaes*. Dieselfde geld vir *toelaag/toelae* en *klag/klagte*.

bylyn/uitbreiding
Die telefoonnommer 571235 X 99 moet gelees word: vyf sewe een twee drie vyf, *bylyn* nege nege (en nié *uitbreiding* nege nege nie).

by tye/met tye
Die korrekte Afrikaans is *by tye*:
By tye weet ek nie waar ek is nie.

China/Sjina en Chinees/Sjinees
Albei vorme is telkens aanvaarbaar.

chop
In Afrikaans is dit *tjop*.

data/gegewens/inligting
Die gebruik van die woord *data* moet liefs beperk word tot vaktaalgebiede soos die rekenaarwese. In die alledaagse gebruik is *gegewens* of *inligting* korrek.

deur en deur/uit en uit
Die korrekte Afrikaans is *deur en deur*, bv.:
Dit was deur en deur die moeite werd.

deurspek met/van
Albei is korrek:
Sy toespraak is deurspek met leuens.
Sy toespraak is deurspek van leuens.

die en 'n
op die hoogte bring (foutief: *op hoogte bring*);
van die meeste mense hou (foutief: *van meeste mense hou*);
in die reël (foutief: *as 'n reël*);
om die een of ander rede (foutief: *om een of ander rede*);
die genoeë hê om (foutief: *genoeë hê om*);

die ontvangs van 'n brief erken (foutief: *ontvangs van 'n brief erken*);
in die een of ander opsig (foutief: in een of ander opsig);
in die besonder (foutief: *in besonder*);
*die ondervinding het my gelee*r (foutief: *ondervinding het my geleer*).

die hele pad/al die pad
Foutief: *Hy het al die pad van die huis af geloop.*
Korrek: *Hy het die hele ent pad van die huis af geloop.*
Foutief: *Ek sit al die pad en luister.*
Korrek: *Ek sit die hele tyd en luister.*

dien in x dien op
'n Mens *dien in* 'n kerkraad, kommissie, komitee, bestuur, raad ens.

doen/maak
Ek wil aanbevelings/besprekings/inkopies of 'n oproep/navraag/aansoek *doen* – nie maak nie. Ons doen ook stappe – en neem nie stappe nie.

doen/maak 'n voorstel
In Afrikaans *doen* ons 'n voorstel.

drom/trom
'n *Drom* is 'n konka of blikhouer. 'n *Trom* is 'n soort musiekinstrument.

eer- en -eur
Die *-eur*-uitgang verwys na die persone, en *debiteer, inspekteer* en *krediteer* is die werkwoordvorme.

debiteer/debiteur; inspekteer/inspekteur; krediteer/krediteur; debiteur, inspekteur en krediteur:

eie plek
Foutief: *Ons het 'n plek van ons eie.*
Korrek: *Ons het ons eie plek.*

eie reg gebruik/reg in eie hande neem
Korrek: *eie reg gebruik.*

ek en my vriend/my vriend en ek
Die volgorde in Afrikaans is: *ek en my vriend.*

"Ek sit u deur"
'n Telefoniste behoort nie te sê "Ek sit u deur" nie, maar "U is verbind", of: "Ek skakel u deur."

enkelvoud
Die volgende word, anders as in Engels, net in die enkelvoud gebruik:
Uniegebou, Augrabieswaterval, koste, geld

en so meer/ensovoorts
Albei vorme is aanvaarbaar. (Let op die spelwyses.)

eventueel
Eventueel beteken in Afrikaans *moontlik, toevallig, gebeurlik* of *gevolglik* en **nie** *uiteindelik* nie. Om *eventueel* in die sin van *uiteindelik* te gebruik is nie korrek nie.

feitlik en feitelik
Feitlik beteken *amper* of *byna*. *Feitelik* het op *feite* betrekking. As 'n verslag dus *feitelik* korrek is, is daar nie twyfel oor sy korrektheid nie.

fisiek en fisies
Fisiek het te make met die liggaamlike (*fisieke aanraking*), terwyl *fisies* te make het met alle tasbare voorwerpe op aarde, dus ook die liggaamlike.

fooi
In Afrikaans is *fooitjie* of *fooi* tradisioneel die ekwivalent van die Engelse *tip* en nie *fee* nie. In *boekfooie* en *doktersfooie* is die neiging te bespeur om wat algemeen as Anglisisme aanvaar word, toe te laat. *Boekgeld, doktersgeld* en *tarief* word as ekwivalente vir *fee* voorgehou.

gaan sy eie gang/loop sy eie pad
Korrekte Afrikaans: *elkeen gaan sy eie gang*.

gebruik en verbruik
Gebruik beteken om jou van iets te bedien, om van iets gebruik te maak. Ons gebruik byvoorbeeld taal, boeke, voedsel, en ons motors gebruik brandstof.
   Die woord *verbruik* beteken *opgebruik*. Ek gebruik elke dag voedsel en aan die einde van die maand bepaal ek hoeveel voedsel ek opgebruik het – dus: ek bepaal my voedselverbruik. My motor gebruik brandstof en aan die einde van die maand kan ek die brandstofverbruik bereken.
   Ons kan dus praat van voedselverbruik en -verbruikers, maar nie van taalverbruik en taalverbruikers of padverbruik en -verbruikers nie, omdat taal en paaie nie opgebruik kan word nie.

geen besware hê teen/geen probleme hê met
Engelssprekendes het geen probleem met iets nie. Afrikaanssprekendes

het geen besware teen (of geen bedenkinge oor) iets nie. Dit is foutief om te sê:

Ek het geen probleem met haar voorstel nie.

gemeen x in gemeen
Foutief: *Ons het baie kenmerke in gemeen.*
Korrek: *Ons het baie kenmerke gemeen.*

geniet iets/jouself
Die korrekte Afrikaans is om iets te geniet, maar nooit jouself nie.

gesin/familie
'n *Gesin* is die pa, ma en kinders. Die *familie* bestaan uit al die bloedverwante soos oupas en oumas, ooms, tantes, neefs, niggies, kleinkinders en selfs skoonfamilie.

goeie vriende/beste vriende
Om te sê ek en X is beste vriende (n.a.v. die Engelse *best friends*) is nie idiomatiese Afrikaans nie. Ons is goeie (selfs: baie goeie) vriende. Ek kan ook sê dat X my beste vriend is.

gort is gaar/vet is in die vuur
Korrek: *die gort is gaar.*

grootword/opgroei
'n Mens verwys nie na die plek van jou kinderdae as die plek waar jy *opgegroei* het nie, maar as die plek waar jy *grootgeword* het.

harmonieer/harmoniseer
Die woord *harmonieer* is nie noodwendig 'n musiekterm nie en kan beteken: *skakel goed by mekaar in; sluit goed by mekaar aan; stem ooreen.* *Harmoniseer* is wel 'n musiekterm en beteken: *van begeleidende stemme voorsien.*

herinner
Ek herinner my aan die dae toe ek jonk was.
Kan jy jou daardie dae herinner?

hoe laat is dit x wat is die tyd?
Die korrekte Afrikaans is: *hoe laat is dit?*

hoe meer hoe beter
Foutief: *Die meer jy oefen, die hoër sal jy spring.*

Korrek: *Hoe meer jy oefen, hoe hoër sal jy spring.*
Korrek: *Hoe verder ek loop, hoe banger word ek.*

hou/maak 'n toespraak
In Afrikaans *hou* 'n mens 'n toespraak.

hou steek/hou water
Foutief: *Jou argument hou nie water nie.*
Korrek: *Jou argument hou nie steek nie.*

hulle/hul; julle/jul
Gebruik *hulle* en *julle* altyd in sowel die persoonlike- as besitlikevoornaamwoordverband:

Hier kom hulle. Ek kan julle sien.
Kom haal hulle boeke. Kom haal julle boeke.

Al wanneer *hul* en *jul* gebruik word, is wanneer dit as 'n besitlike voornaamwoord direk na die persoonlike voornaamwoord gebruik word:

As hulle hul boeke wil hê, ...
As julle jul boeke wil hê, ...

Wanneer *hulle* en *julle* as persoonlike voornaamwoorde herhaal word, word die volle vorm geskryf:

As julle julle nie gedra nie, ...
As hulle hulle nie gedra nie, ...

in die naam/op die naam
Ek verwelkom u *in* die naam van die Here.
Al my bates is *op* my naam geregistreer.

ingevolge/ooreenkomstig/in terme van
Foutief: *Jy moet die besluit in terme van die beleid uitvoer.*
Korrek: *Jy moet die besluit ooreenkomstig die beleid uitvoer.*
Korrek: *Jy moet die besluit ingevolge die beleid uitvoer.*

in hierdie stadium/op hierdie stadium/op hierdie punt in tyd
Afrikaans: *tans/nou/in hierdie stadium* en nié *op hierdie punt in tyd* of *op hierdie stadium* nie.

in klein, groot maat/op klein, groot maat
Die korrekte is: *in* klein, groot maat.

in/onder kruisverhoor neem
Die korrekte Afrikaans is *in kruisverhoor neem*.

inlewer, indien/inhandig
Inhandig word nog as 'n Anglisisme beskou en moet liewer deur *inlewer* of *indien* vervang word: *Ek moet my vorms indien/inlewer.*

in/op
'n Mens bly *in* 'n land, provinsie en stad, maar *op* 'n plaas en dorp (veral as die dorp se naam genoem word).

in plaas van
By die gebruik van *in plaas van* moet sorg gedra word dat lesers nie die omgekeerde verstaan as wat bedoel word nie. By die sin *Jan moes gewerk het in plaas van slaap* is twee interpretasies moontlik, nl.:

Jan was nalatig en het geslaap, terwyl hy eintlik moes gewerk het.
Jan is verplig om te werk, terwyl hy toegelaat moes gewees het om te slaap.

Die eerste interpretasie is korrek. Indien die tweede betekenis bedoel word, moet die skrywer of spreker dit anders formuleer, bv.:

Jan is verplig om te werk, terwyl hy eintlik moes geslaap het.

in so 'n mate/soveel so
Foutief: *Hy het gebrand, soveel so dat die velle gewaai het.*
Korrek: *Hy het gebrand, in so 'n mate dat die velle gewaai het.*

integrale/integrerende
Daar is geen verskil in betekenis by hierdie twee woorde nie. Net in die gespesialiseerde vaktaal word daar soms onderskei.

intreetoespraak/nooienstoespraak
Beter Afrikaans is: *intree-* of *nuwelingtoespraak.*

in veiligheid/na veiligheid
Die korrekte Afrikaans is *in* veiligheid:
Die slagoffers is in veiligheid gebring.

in verband met
Hierdie woordgroep word soms onnodig dikwels gebruik, selfs wanneer dit deur net een woord vervang kan word, bv.:

Ek het al die inligting in verband met mnr. Toerien se saak ingewin.
Ek het al die inligting oor mnr. Toerien se saak ingewin.

Die tweede sin is verkieslik bo die eerste een.

in verbinding tree/kontak maak/kontak
In Afrikaans kontak ons nog nie iemand anders nie. Ons tree met hom in verbinding, of ons maak met hom kontak.

invul/voltooi
Die korrekte is: 'n vorm i*nvul*. (*Voltooi* beteken om die vorm op te stel.)

Jan Alleman/Jan Burger/Jan Publiek/die man in die straat
Idiomatiese Afrikaans lui: *Jan Alleman* of *Jan en alleman*; *Jan Burger*; *Jan Publiek*, soos in:

Die regering behoort om te sien na Jan Alleman.
Die regering behoort om te sien na Jan en alleman.
Die regering behoort om te sien na Jan Burger.
Die regering behoort om te sien na Jan Publiek.

"jy beter dit doen"
Die korrekte Afrikaans hiervoor is:

Doen dit maar liewer. (sag gestel)
Sorg dat jy dit doen. (sterk gestel)

kans sien/weg oopsien
Foutief: *Ek sien nie my weg oop om saam te werk nie.*
Korrek: *Ek sien nie kans om saam te werk nie.*

kans staan
Hy *staan* nie 'n kans om te wen nie, hy *het* 'n kans om te wen.

kans vat
'n Mens *vat* nie 'n kans nie, jy *waag* 'n kans.

karavaan
Die wooneenheid wat agter 'n motor gehaak word, is 'n *woonwa*.

kassier/teller
Die persoon in die bank wat geldtransaksies aangaan, is die kassier.

klerikale/klerklike
Iemand wat kantooradministrasie in 'n staatsdepartement doen, is nie met *klerikale* werk besig nie, maar met *klerklike* werk. *Klerikale* werk dui op kerklike aangeleenthede.

kleurryk/kleurvol
Die korrekte Afrikaans is *kleurryk*.

komplimenteer x komplementeer
Komplimenteer beteken prys of 'n pluimpie gee, terwyl *komplementeer* beteken om aan te vul.

koop by/deel by
Foutief: *Ek deel by daardie winkel.*
Korrek: *Ons koop by/ondersteun daardie winkel.*

kort
Foutief: *Ek is R10 kort.*
Korrek: *Ek het R10 te min.*
Foutief: *Ek kort R10.*
Korrek: *Ek het nog R10 nodig.*

kortliks/in kort
Die korrekte Afrikaans is *kortliks* of *kortweg*, soos in:
Dit kom kortliks/kortweg daarop neer dat...

kosmopolities/kosmopolitaans
Johannesburg is nie 'n kosmopolitaanse nie, maar 'n *kosmopolitiese* stad.

kruis of munt x kop of stert
Die korrekte Afrikaans is: *kruis of munt*.

kursus volg/neem
In Afrikaans *volg* 'n mens 'n kursus.

kweek plante
Jy groei nie plante nie, jy *kweek* dit.

Los en vas skryf van hoër, laer, standaard, junior, senior, reuse, gunsteling en hoof
In hoofstuk 6 en 7 word die *beginsels* by die spelling van hierdie woorde uiteengesit. Hier word op die spelling van dié spesifieke gevalle gelet:

hoër graad, hoër diploma, hoër diens, hoër punt, hoër stand
laer graad, laer diploma, laer rang, laer punt, laer stand
standaardgraad, standaardpraktyk, standaardformule
junior atleet, junior klerk, junior dosent, junior leerling
senior atleet, senior klerk, senior dosent, senior leerling
reusedier, reusetamatie, reusesprong, reusesukses (maar: reusagtige dier, reusagtige tamatie, reusagtige skilpad)
gunstelingsanger, gunstelingdosent, gunstelingfliek
hoofamptenaar, hoofbeampte, hoofdirekteur, hoofleier

lui/lees
Korrek: *Hoe lui die formulering/sin/paragraaf?*
Foutief: *Hoe lees die formulering/sin/paragraaf?*

mag/kan
Wanneer gebruik 'n mens *mag* en wanneer *kan*?

Mag word gewoonlik gebruik wanneer 'n mens toestemming van jou meerdere vra om iets te doen. Die persoon verleen dan toestemming of nie.

Kan word gebruik wanneer jy 'n eweknie of mindere vra of "inlig" dat jy graag iets wil doen. Dit is informeler van aard en nie werklik afhanklik van gewigtige toestemming nie.

manifesteer op/in
In Afrikaans manifesteer iets *op* 'n bepaalde vlak/*op* baie maniere.

meesal/meestal/die meeste van die tyd
Die korrekte Afrikaans is *meesal* of *meestal*, bv.:

Ons gaan meestal/meesal Kaap toe vir vakansie.

meester
Die oorspronklike kopie van 'n manuskrip, rekenaardrukstuk, sleutel, getikte stuk, publikasie ens. word die *meester* genoem.

merk
Foutief: *Hy het sy merk gemaak.*
Korrek: *Hy het naam gemaak.*
Korrek: *Hy het diep spore getrap.*
Foutief: *Hy het sy merk daarop afgedruk.*
Korrek: *Hy het sy stempel daarop afgedruk.*
Foutief: *Hy is vinnig van die merk af.*
Korrek: *Hy kom gou op spoed.*
Foutief: *Jy moet daardie man merk.*
Korrek: *Jy moet daardie man dophou.*
Korrek: *Jy moet daardie man in die oog hou.*
Foutief: *Hy is 'n gemerkte man.*
Korrek: *Hy word dopgehou.*

met ingang/met ingang van
Foutief: *Die nuwe bestuurder is met ingang van 1 Julie aangestel.*
Die nuwe bestuurder is met ingang van 1 Januarie 1990 aangestel.
Korrek: *Die nuwe bestuurder is met ingang van Julie aangestel.*
Die nuwe bestuurder is met ingang van Januarie 1990 aangestel.

(*Met ingang van* beteken mos juis vanaf die eerste dag. Daarom is die volgende ook aanvaarbaar: Sy is met ingang van 1990 aangestel.) Hier bo is telkens *met ingang van* gebruik. Die *van* is telkens onnodig, dus:

Die nuwe bestuurder is met ingang Julie aangestel.
Die nuwe bestuurder is met ingang 1990 aangestel.
'n Mens sou ook kon sê: *Sy is sedert begin Julie aangestel.*
Die volgende is minder aanvaarbaar:

Sy is sedert die begin van Julie aangestel.
(Rede: die *van* is onnodig.)
Sy is begin Julie aangestel.
(Rede: Hierdie sin sou vertolk kon word as sou die werkgewer haar op 1 Julie aangestel het, terwyl die aanstelling reeds vroeër geskied het, maar dat sy op 1 Julie moet begin werk.)

met vakansie/op vakansie
Die korrekte Afrikaans is *met vakansie*.

min of meer/meer of min
Die volgorde is: *min of meer*.

minimum en maksimum
Minimum en *maksimum* word los geskryf van die woord daarna, soos:

minimum tarief, minimum lone; maksimum bedrag, maksimum lone.
maar:
minimum-en-maksimum-temperatuur (soos wins-en-verlies-rekening).

moraal/moreel
Moraal het te doen met sedelike peil, terwyl *moreel* met moed, gemotiveerdheid en deursettingsvermoë in verband staan. As die rugbyspelers se moraal hoog is, beteken dit dat hulle goeie sedelike lewens lei. Dit beteken egter nie dat hulle moreel, die wil om 'n wedstryd te wen, hoog is nie. Die omgekeerde is ook waar: 'n rugbyspan met 'n hoë moreel is gemotiveer om 'n wedstryd te wen, maar dit beteken nie dat die spelers se moraal (sedelike lewens) noodwendig hoog is nie.

Die attributiewe vorm van sowel *moreel* as *moraal* is *morele*. 'n Mens se morele lewe kan dus op sowel sy sedelikheid as gemotiveerdheid dui.

na/agter die kinders kyk
'n Mens kyk nie *agter* die kinders nie, jy kyk *na* die kinders.

Vir *agter alles* of *na alles* wanneer *alles in ag genome* bedoel word, is daar die volgende eg Afrikaanse ekwivalente: *per slot van rekening* en *op stuk van sake*:

Op stuk van sake is ons nou beter mense as voor die ramp.
Die ontgroening was per slot van rekening nie so erg nie.

Na alles is miskien nog toelaatbaar, maar *agter alles* nie, nie in hiérdie verband nie.

'n aanvang/in aanvang
Foutief: *Die verrigtinge neem in aanvang.*
Korrek: *Die verrigtinge neem 'n aanvang.*

na my beste vermoë/wete
Die korrekte Afrikaans is *na my beste vermoë/wete*. Om *na die beste van my vermoë/wete* te sê kom neer op direkte vertaling uit Engels. Die korrekte Afrikaans lyk in sinne só:

Hulle het ons na hulle beste vermoë probeer lei.
Na my beste wete bestaan daar nie so 'n naam nie.

na my mening/in my opinie
Die korrekte Afrikaans is *na my mening*.

'n gans ander saak/'n perd van 'n ander kleur
Korrekte Afrikaans: *'n gans ander saak.*

nie
Afrikaans het 'n dubbelontkenningspatroon, bv.:

Ek hou nie van jou nie.
Ons het hulle nog nooit gesien nie.
Niemand weet waar hy skuil nie.
Ons het nog geen brief van hom gekry nie
Ek weet nie wat jy bedoel het toe jy gesê het dat jy my liefhet nie.
Gereelde besoekers aan die Krugerwildtuin is nie bang wanneer 'n groot trop olifante rondom hulle motor kom staan nie.

Die tweede *nie* staan gewoonlik aan die einde van die sin, ofskoon dit nie altyd so móét wees nie. 'n Mens kan by bepaalde sinne die *nie* nader aan die hoofsin plaas, sodat die res van die sin normaalweg kan voortgaan, bv.:

Ek weet nie wat jy bedoel het nie toe jy gesê het dat jy my liefhet.

Let ook op die voorkoms van *nie* in sinne soos:

Ek sal nie weggaan voordat jy my nie betaal het nie, of:
Ek sal nie weggaan voordat jy my betaal het nie.

Die posisie van *nie* kan ook betekenisverskuiwing teweegbring:
Alle slange kan nie swem nie. x *Nie alle slange kan swem nie.*

nog/so onlangs as
Foutief: *Ons het so onlangs as verlede week met hom gepraat.*
Korrek: *Ons het verlede week nog met hom gepraat.*

nommerpas x sit/pas soos 'n handskoen
Die korrekte Afrikaans: *is nommerpas.*
Foutief: *Die klere pas soos 'n handskoen.*
Korrek: *Die klere is nommerpas.*

noodwiel/spaarwiel
Die korrekte Afrikaans is *noodwiel.*

'n oomblik/een oomblik/minuut
'n Telefoniste behoort nie "Net een oomblik" of "Net een minuut" te sê nie. "Bly aan" of "'n Oomblik, asseblief" is beter Afrikaans.

nuttig x handig
Foutief: *Dit is 'n handige sakboekie.*
Korrek: *Dit is 'n nuttige sakboekie.*

nuwe jaar/nuwejaar
Na elke 365 dae begin 'n *nuwe jaar* – dan wens ons mekaar 'n voorspoedige *nuwe jaar* toe. Vandag is dit *nuwejaar*, d.w.s. nuwejaarsdag.

'n volle/soveel as
Foutief: *Ons het soveel as R100,00 ingesamel.*
Korrek: *Ons het 'n volle R100,00 ingesamel.*

onderdeel x spaarpart
Die mooi Afrikaanse woord is *onderdeel.*

ongeveer x in die omgewing van
Foutief: *In die omgewing van veertig beeste.*
Korrek: *Ongeveer veertig beeste.*
Korrek: *Sowat veertig beeste.*

ontklee
Sy ontklee haar.
Ontklee jou, dadelik!

ontslae raak van/uit die pad kry
Die korrekte Afrikaans is om *van iemand ontslae te raak.*

ontvangs
Die korrekte voorsetsels is *by* ontvangs of *na* ontvangs, soos in:

Jy moet die kontrak na ontvangs teken.
Jy moet die kontrak by ontvangs teken.

onverhoeds betrap/op die verkeerde voet betrap
Die korrekte Afrikaans is *onverhoeds betrap.*

onwettig/teen die wet
Foutief: *Moord is teen die wet.*
Korrek: *Moord is onwettig.*

oor/in die algemeen
In Afrikaans sê ons *oor die algemeen.*

op die vlug/aan die hardloop
Foutief: *Die misdadiger is aan die hardloop.*
Korrek: *Die misdadiger is op die vlug.*

op dreef kom/jou voete vind
Die korrekte Afrikaans is *om op dreef te kom*, of: *om op stryk te kom/om vaste grond onder die voete te kry.*

openbare x publieke telefoon/aankondiging
Die korrekte woord is *openbare*, soos in:

Ek sal jou van die openbare telefoon skakel.
Die openbare aankondiging word in Engels gedoen.

op hoogte bring
Bring jouself liewer op die hoogte. 'n Lidwoord is egter nie noodsaaklik by *tot op sekere hoogte* nie:

Tot op sekere hoogte stem ek met jou saam.
Bring my op die hoogte van sake.
Foutief: *Bring my op hoogte met sake.*

op/in die agtergrond of voorgrond
Die korrekte Afrikaans is *op die agtergrond of voorgrond.*

op/in die oog
Albei is korrek, soos in:

Ek het hoër winste op die oog.
Ek het hoër winste in die oog.

plastiek/plasties
Plastiek is 'n soort stof of materiaal. *Plasties* is 'n byvoeglike naamwoord wat *buigsaam* beteken. 'n Sak wat van plastiek gemaak is, is dus nie 'n *plastiese sak* nie, maar 'n *plastieksak*.

plekke/merk(e)
Foutief: (by 'n atletiekbyeenkoms): *Op julle merke.*
Korrek: *Op julle plekke.*
Foutief: *Jy moet die vraestelle merk.*
Korrek: *Jy moet die eksamenskrifte/antwoordstelle nasien.*

privaat en private
Privaat en *private* word los geskryf van die woord daarna, bv.:

private inkomste, privaat lesse, privaat tyd en *private sekretaris.*

Daar is enkele uitsonderings, soos *privaatsak* wat om tradisionele redes toegelaat word en *privaatreg* wat 'n vaknaam is.

program loop/hardloop
Foutief: *Ons laat 'n nuwe program hardloop.*
Korrek: *Ons laat 'n nuwe program loop.*
Foutief: *Ons het uit geld gehardloop.*
Korrek: *Ons geld is klaar.*

pryse verlaag/pryse sny
Korrekte Afrikaans: *pryse verlaag.*

pylvlak/pylvak
Die laaste reguit stuk wenpaal toe is nie die *pylvlak* nie, maar die *pylvak*.

reeds/so ver terug as
Foutief: *Hierdie boek kom so ver terug as Napoleon se tyd.*
Korrek: *Hierdie boek het reeds in Napoleon se tyd bestaan.*

rand en rant
'n *Rant* is 'n geografiese uitstulping soos 'n heuwel of 'n koppie, en *rand* verwys na die kante van voorwerpe, bv.'n bord se rand.

reëls en lyne
'n Mens skryf op die lyne, maar die geskrewe sin op die lyn is 'n reël. Jy lees die volgende reël (nie lyn nie) en tussen die reëls (nie die lyne nie)!
  'n Mens bring ook nie iets in lyn nie, maar *op een lyn* met iets anders.

reg voorbehou
Die eienaar behou hom die reg voor om toe te laat wie hy wil.
Ek kan my nie die reg voorbehou om toe te laat wie ek wil nie.

rekord slaan/verbeter
Foutief: *Hy breek 'n rekord.*
Korrek: *Hy verbeter/slaan/oortref 'n rekord.*
Korrek: *Hy stel 'n nuwe rekord op.*

riool-, water-, soutwerke/aanleg
Werke is foutief, dit moet *aanleg* wees, dus: *riool-, water- en soutaanleg.*

rookpouse/teepouse x rookbreek en teebreek
In Afrikaans is dit *rookpouse* en *teepouse.*

rustyd/halftyd
Foutief: *Die rugbyspan het nou halftyd.*
Korrek: *Die rugbyspan het nou rustyd.*

seker/sekere
Seker kan beteken:
vermoedelik, waarskynlik, miskien – Hy gaan seker vandag dorp toe.
of:
ongetwyfeld, verseker, beslis – Hy gaan vandag dorp toe, dit is seker.
Sekere beteken:
onbekende, onbepaalde – 'n Sekere mnr. Yssel het die feite aan die koerante bekendgemaak.
of:
bekende, bepaalde – Sekere feite wat jy gestel het, is reg.

selfs van/so ver as
Foutief: *Hulle kom van so ver as Komatipoort.*
Korrek: *Hulle kom selfs van Komatipoort af.*

sien/kyk
Wanneer 'n mens in 'n teks na 'n ander bladsy of paragraaf verwys, is die vraag of 'n mens sê *sien* of *kyk* paragraaf of bladsy so en so. Van die vorige geslag taalkundiges het gestaan en geval by *kyk*, terwyl die huidige geslag taalkundiges geen beswaar teen *sien* het nie. Dit lyk of daar 'n saak vir albei vorme uit te maak is. 'n Mens kan dus sê:

kyk op bladsy x/kyk paragraaf x/sien bladsy x/sien paragraaf x/kyk op p. x/kyk par. x/sien op p. x/sien par. x.

sit aan en op
Jy sit 'n das *aan* en 'n hoed *op*.

skoolgronde/skoolterrein
Korrek: *skoolterrein, sportterrein, sportveld*, maar nie *-gronde* nie

skop in die tande/klap in die gesig
Foutief: *Ek verwag hulde, toe kry ek 'n skop in die tande.*
Korrek: *Ek verwag hulde, toe kry ek 'n afjak/klap in die gesig.*

skyfie
Skyfie word aanbeveel in woorde soos *skyfieprojektor, kleurskyfie* ens.

slaag (in) 'n toets/eksamen
Korrek: *Slaag in 'n toets/eksamen.*

soggens/smiddae/saans x in die oggende/middae/aande
In plaas van in die oggende/middae/aande kan ons sê *soggens/smiddae/saans*.

so spoedig/duidelik/gou/helder/ver/naby as moontlik
Die *as* moet uit, sodat ons sal sê: *so spoedig/duidelik/gou/helder/ver/naby moontlik*. Terselfdertyd is dit korrek om te sê:
Hardloop so vinnig as wat jy kan.
Hy hardloop so vinnig as wat moontlik is.
(Maar: *Hy hardloop so vinnig moontlik.*)

so wat hy kan x vir al wat hy werd is
Foutief: *Hy hardloop vir al wat hy werd is.*
Korrek: *Hy hardloop so wat hy kan.*
Korrek: *Hy hardloop so vinnig soos wat hy kan.*

spaar en bespaar
Spaar beteken *oppot* of *bewaar*, terwyl *bespaar* iets met *spaarsamig* te doen het. Jy spaar geld deur dit in 'n trommeltjie, in 'n bankrekening of in 'n belegging te (laat) oppot of bewaar. Jy bespaar geld deur dit nie kwistig nie, maar spaarsamig en oordeelkundig te bestee.

'n Mens spaar geld, jou kragte, asem ens. – d.w.s. jy "bêre" dit met die oog op 'n latere, doeltreffender gebruik.

Wanneer jy iets (soos geld) bespaar, beteken dit jy verkwis dit nie, jy bestee dit oordeelkundig, jy betaal minder vir meer waarde, jy hou meer geld oor deur versigtige besteding. Dus: ek spaar my geld om eendag vir my 'n groot huis te koop; wanneer ek dan die huis koop, kan ek bespaar deur minder luuks te wil koop.

spaarkamer/vry kamer, spaar tyd/vrye tyd, af dag/dag vry, af diens/van diens af
In Afrikaans praat ons van 'n *vry kamer, vrye tyd, 'n dag vry,* en *van diens af.*
Ook: *gastekamer, oop tyd, los dag, vry van diens.*

spandeer op/aan
'n Mens spandeer nie geld *op* iets nie, maar *aan* iets.
Goeie Afrikaans is natuurlik *bestee aan:*
Ons bestee baie geld aan ontspanning.

spin
Motors se wiele *tol* en draaibalboulers se balle *draai,* soms met 'n trutol. 'n Spinwiel *spin.*

spreek/sien
Foutief: *Ek gaan die dokter sien.*
Korrek: *Ek gaan die dokter spreek.*

stoor
Die korrekte Afrikaans is *pakkamer, bêreplek* of *bergplek.*

stukke beter/strate beter
Foutief: *Jan is strate voor/strate beter as Piet.*
Korrek: *Jan is los voor/stukke beter as Piet.*

swak kant/swak punt
Foutief: *Diefstal is sy swak punt.*
Korrek: *Diefstal is sy swak kant.*

taxi/huurmotor
'n *Taxi* is 'n motor met 'n bestuurder wat jou teen betaling van een plek na 'n ander vervoer.
'n *Huurmotor* is 'n motor wat jy by 'n verhuringsmaatskappy huur.

te danke/wyte aan
Te danke aan het 'n positiewe en *te wyte aan* 'n negatiewe konnotasie:
Jou lofwaardige optrede is aan my voortreflike voorbeeld te danke.
Jou skandalige optrede is aan my swak voorbeeld te wyte.

teen/by
Foutief: *By die einde van die maand behoort ek geld te hê.*
Korrek: *Teen die einde van die maand behoort ek geld te hê.*
Korrek: *Teen daardie tyd is ek ryk.*

teengekom/teëgekom
Hierdie twee woorde het dieselfde betekenis; soos uit die volgende blyk:

Ek het hom in die kroeg teengekom. x *Ek het hom in die kroeg teëgekom.*

tekenmagte/tekenregte
Bestuurslede het *tekenmagte*, en nie *tekenregte* nie, op 'n bepaalde vereniging se tjeks. Iemand het ook *volmag*, en nie *vrymag* nie, om iets te doen.

te/in goeder trou
Die korrekte Afrikaans is: *te goeder trou.*

ten opsigte van
Dikwels kan en behoort hierdie woordgroep deur een enkele woord vervang te word, bv.:

Die reëlings ten opsigte van die rugbywedstryd is afgehandel.
Die reëlings vir die rugbywedstryd is afgehandel.

te oordeel na/aan
Foutief: *Te oordeel aan sy gedrag is hy ...*
Korrek: *Te oordeel na sy gedrag is hy ...*

till
Die korrekte Afrikaans is *kasregister.*

toepaslik/toepasbaar
Iets is toepaslik wanneer dit pas, van toepassing is, so hoort:

Vul die toepaslike woord in die oop spasie in.
Iets is toepasbaar wanneer dit van toepassing gemaak kan word; die moontlikheid bestaan dat iets toepaslik kan wees. Wanneer 'n toepasbare iets inderdaad pas – en dit 'n feit word dat dit pas – word dit toepaslik/van toepassing.

tot elke prys/ten alle koste
Die korrekte Afrikaans is *tot elke prys*, soos in:

Hy beskerm sy lewe tot elke prys.

tot/na
'n Mens word bevorder *tot* 'n hoër rang of pos, nie *na* nie.
Tot op sekere hoogte stem jy met iemand saam.
Die dier behoort *aan* my, maar *tot* die spesie Leto venus.
Rig vertoë *tot* die stadsraad, nie *aan* nie.
Verhoog/verlaag die prys *tot* R10, nie *na* nie.
Die reënvalsyfer het *tot* 10 mm gestyg/gedaal.

trek aan/trek uit
Ek trek my aan.
Trek jou onmiddellik aan!
Hy trek hom uit.
Sal jy jou asseblief uittrek?

triljoen
Dit beteken miljoen miljoen miljoen.

trouens x inteendeel
Sprekers gebruik dikwels die woord *inteendeel* wanneer hulle *trouens* bedoel. *Trouens* bevestig of versterk die saak wat gestel word, bv.:

Ek ondersteun die Groen Party; trouens, ek gaan vir dié party werk.

Inteendeel wil die teenoorgestelde van die aanvanklike saak stel:

Die tamatie is nie ryp nie; inteendeel dis groen.

uit eie reg/in eie reg
Foutief: *Hy is 'n politikus in eie reg.*
Korrek: *Hy is 'n politikus uit eie reg.*

underdone (vleis)
In Afrikaans: *lig gaar*

van stapel stuur/loods/op tou sit
In Afrikaans wil ons 'n veldtog *van stapel stuur/op tou sit.*

van voorneme/voornemens
Korrek: *Ek is van voorneme om te slaag.*
Korrek: *Ek is voornemens om te slaag.*
Foutief: *Ek is van voornemens om te slaag.*

veramerikaans/amerikaniseer
Die korrekte Afrikaanse werkwoordvorm is *amerikaniseer.*

verander in/na
Foutief: *Die papie verander na 'n mot.*
Korrek: *Die papie verander in 'n mot.*
Ook: *Sannie het van mening verander.*

verdra x vat
Foutief: *Ek kan sy optrede nie vat nie.*
Korrek: *Ek kan sy optrede nie verdra nie.*

verkies tot/verkies as
In Afrikaans word 'n mens verkies *tot*:

Gert is verkies tot lid van die stadsraad.
Ook: *Jan is in hierdie amp verkies.*

verpolitiek/politiseer/verpolitiseer
Die werkwoordvorm vir *politiek* is *politiseer* – dit is wanneer 'n gewone, normale politieke betekenis aan 'n saak geheg word. Wanneer 'n politieke konnotasie aan iets toegeken word wat normaalweg nie 'n politieke verband het of behoort te hê nie, sê ons dat die saak *verpolitiseer* word.

vertaal uit/van
Foutief: *Vertaal van Afrikaans na Engels.*
Korrek: *Vertaal uit Afrikaans in Engels.*

verreweg/by verre
Foutief: *Die kampioen het by verre die meeste punte aangeteken.*
Korrek: *Die kampioen het verreweg die meeste punte aangeteken.*

verskil met/van
Ek verskil *van* jou wanneer ek anders lyk as jy en 'n ander persoonlikheid het. Ek verskil *met* jou wanneer ek 'n ander standpunt as jy huldig.

verstaan onder
Die korrekte Afrikaans is: *Ek verstaan onder...* (nie *met* nie), bv.:

Ek verstaan onder die begrip taal iets meer as 'n kommunikasiemiddel.
Ook:
*Wat verstaan jy hieronder? (*nie *hiermee* nie*).*

vervang deur/vervang met
In Afrikaans vervang ons iets *deur* iets anders, nie *met* nie.
Foutief: *Ek vervang my Datsun met 'n Fiat.*
Korrek: *Ek vervang my Datsun deur 'n Fiat.*

verwys
Skrywers van amptelike briewe ondervind soms probleme met die eerste sin van hulle briewe. Die volgende formulerings van aanvangsinne is niksseggend:

My brief van 12 Mei 1990 verwys.
My brief van 12 Mei 1990 het betrekking.

Die volgende formulerings is aanvaarbaarder:

Ek verwys na my brief van 12 Mei 1990 ...
Met verwysing na my brief van 12 Mei 1990 ...
Hierdie brief het op my skrywe van 12 Mei 1990 betrekking.

vorm verloor/van stryk af
Die korrekte Afrikaans is *van stryk af*, soos in:

Die krieketspeler is van stryk af.

vra af
Ek vra my af of alles die moeite werd is.
Hy vra hom af of alles die moeite werd is.

vrye tyd/spaartyd
Die korrekte Afrikaans is *vrye tyd*, dus: iemand beoefen 'n stokperdjie in sy *vrye tyd*.

vigs of *Aids*
Hoewel die Engelse woord *Aids* dikwels in Afrikaans gebruik word, is die korrekte Afrikaans vigs – nie met 'n hoofletter nie, maar met kleinletters, soos in:

Losbandige mense kry maklik vigs (of: griep/verkoue/ kanker/geelsug/infeksie).

vir – noodsaaklik of onnodig?
'n Mens kan die sin *Ek hou hom al vir drie jaar dop* sonder die *vir* sê sonder dat die betekenis verander. Die *vir* is dus onnodig. Nog sinne met die onnodige *vir* en die alternatiewe sinne daarnaas is:

Ek sien vir jou. x *Ek sien jou.*
Hulle wil vir ons aanval. x *Hulle wil ons aanval.*

Hiermee word nie gesê dat *vir* in alle gevalle weggelaat kan word nie. In sinne met indirekte voorwerpe is dit noodsaaklik:

171

Ek wag vir jou.
Ek skryf vir jou 'n brief.
Maak vir my die knoop los, asseblief.
Ek wag al drie jaar lank vir jou.
Die gebeure van gister is vir my nuus.

Dus: as *vir* weggelaat kan word sonder dat die betekenis van die sin verander, is dit toelaatbaar, anders nie.

w x v

In Afrikaans word toenemend die *w*-spelling verkies in woorde wat vroeër met 'n *v* gespel is:

pawiljoen, indiwideel, rewolusie, diwidende.

-wee x weë

Let op die spelwyse van die volgende woorde:

allerweë, vanweë, owerheidsweë; weemoedig, wee jou (as ek jou betrap)

welaf/welgestelde
Foutief: *Hy is 'n welaf man.*
Korrek: *Hy is 'n welgestelde man.*

well done (vleis)
In Afrikaans: *goed gaar.*

wil hê x soek

'n Mens soek iets wat weg is; jy soek nie iets wat nie weg is nie. Dit is daarom verkeerd om aan tafel te sê jy *soek* die botter as jy bedoel dat iemand die botter moet aangee. Wanneer jy iets op 'n winkelrak sien wat jy wil hê, dan *soek* jy dit nie – jy wil dit hê.

Die gebruik van *soek* in plaas van *wil hê* is 'n slordigheid wat hand oor hand toeneem. (Dit is hoekom die saak hier bo so sterk en herhaaldelik gestel is.)

17 Woorde wat dikwels verkeerd gespel word

Daar is 'n klompie woorde en woordgroepe waarmee dikwels probleme ondervind word. Hier onder volg 'n lys van hierdie woorde, in hulle korrekte spelvorm, wat nie elders in die boek reeds behandel is nie:

onmiddellik	*huis toe*	*ter wille van*
om te (speel)	*teweegbring*	*teweeggebring*
akkommodasie	*weereens (só!)*	*appèl*
finansieel	*gereëlde (wat gereël is)*	*gereelde (voortdurende)*
tegelykertyd	*ter elfder ure*	*te eniger tyd*
te alle tye	*vergoed (goed te maak)*	*vir goed (vir altyd)*
vereers of vir eers	*adellik*	*benodigdhede*
bestanddeel	*gewelddadig*	*guerrillavegter*
halsstarrig	*ingenieur*	*kanselleer*
landdros	*tabuleer of tabelleer*	*merendeels*
onttrek	*reusedier*	*reusagtige dier*
wit wyn	*rooi wyn*	*roséwyn*
soetwyn	*droëwyn*	*stookwyn*
komplimenteer	*implementeer*	*middelpuntvliedend*

majestueus (uit *majesteit*)
melodieus (uit *melodie*)
meubeleer of meubileer
meubelment of meublement of ameublement
objektiwiteit (maar: *objektivisme, positivisme* ens.)
meervoudige keusetoets (vir: *monkey puzzle*)

Let ook op die volgende spelwyses:

teengaan/teëgaan   *teengif/teëgif*
teenhanger/teëhanger   *teenkanting/teëkanting*
teenkom/teëkom   *teengaan/teëgaan*

Die volgende woorde word ook dikwels verkeerd gespel:

parallelle, parallellie, maar: *parallelisme, parallelogram; terdeë, vanweë, o wee* (uitroep), *appèl, appèlhof,* maar: *appellant, appelleer*

Let ook op die koppeltekengebruik by:

verbindings-s, verbindings-e, verbindings-'e
klein a, maar: *kleinletter-a*
groot b, maar: *hoofletter-b*
klein 3, maar: *kleinsyfer-3, grootsyfer-3*

18 Vertaling van name uit ander tale

Moet name uit ander tale vertaal/getranslitereer word?
Daar is verskillende oorwegings wat geld, byvoorbeeld of dit 'n pleknaam, persoonsnaam, handelsnaam, publikasienaam, produkte uit die uitvoerende en ander kunsgenres is. Daarby speel die taal waaruit die naam afkomstig is ook 'n rol. Voeg daarby die feit dat daar reeds 'n tradisionele (en dikwels inkonsekwente patroon) gevestig is, dan is die vraag nie meer so maklik om te beantwoord nie. Dikwels vind slegs gedeeltelike vertaling of transliterasie plaas. Daar is ook deesdae 'n neiging om by nuwe naamvorming die oorspronklike spelling te behou. Tog is daar enkele riglyne wat gevolg kan word, maar onthou dat daar by elke riglyn 'n klomp uitsonderings is. Om die kwessie van vertaling by name uit ander tale volledig te behandel, sal 'n studie op sigself kan wees. Hier word slegs op enkele neigings gewys. Vir meer besonderhede kan die volgende drie publikasies geraadpleeg word: *Buitelandse plekname*, uitgegee deur die Staatsdrukker, *Lys klassieke eiename*, uitgegee deur die S.A. Akademie vir Wetenskap en Kuns, en *Plekname in Suid-Afrika en Suidwes-Afrika*, uitgegee deur die RGN Engelse plekname word afsonderlik behandel in hoofstuk 19.

(a) Plekname
By landname is dit die gebruik om te verafrikaans, bv.:

Rusland, Frankryk, Amerika, Sjina, Oostenryk, Zambië, Duitsland, Bolivië, Namibië, Kaaimanseilande, Dominikaanse Republiek, Griekeland, Hongarye, Maagde-eilande ens.

Daar is egter in die jongste tyd 'n neiging om byvoorbeeld in die geval van die onafhanklike en selfregerende state in Suid-Afrika die oorspronklike spelling te behou:

Ciskei, Bophuthatswana, Venda, KwaZulu, Lesotho, KwaNdebele, KaNgwane, Qwaqwa ens.

Daar is ook buitelandse landname wat nie verafrikaans is nie, bv.:

Bhutan, Bahrein, Seychelles, Uruguay ens.

Sommige lande se name is net gedeeltelik vertaal. Die slotsom waartoe gekom moet word, is dat daar nie 'n vaste bereëling by landname gemaak kan word nie.

Stadname word ook nie eenders behandel nie; in sommige gevalle vind vertaling plaas, bv.:

Moskou, Parys, Tokio, Kartoem, Kaboel, Oos-Berlyn ens.

In ander gevalle word die oorspronklike spelling behou:

New York, Melbourne, Sydney, München, Buenos Aires, Accra

In die geval van die onafhanklike en selfregerende state in Suid-Afrika en baie Afrikalande word die oorspronklike spelling behou:

Mmabatho, Bisho, Louieville, Giyani, Ulundi, Funchal, Nouakchott, Dzaoudzi, Maputo, Thohoyandou ens.

Dus: ook by stadname kan nie 'n vaste riglyn gegee word nie.

Streeks-, dorp- en bergname word normaalweg nie vertaal nie, behalwe wanneer die oorspronklike taal 'n ander alfabetstelsel as Afrikaans het, sodat 'n Afrikaanssprekende nie die oorspronklike spelling sal kan volg nie.

By riviername heers daar 'n Babelse verwarring: sommige buitelandse riviername word vertaal (bv. *Amasone, Jangtse, Amoer, Eufraat, Amoer Darja, Teems, Ryn* en *Nyl*), terwyl die oorspronklike spelling by ander behou word (bv. *Hwang Ho, Yokon, Orinoco, Mississippi, Rio Grande, Araguaia, Darling* ens.). By sommige riviername vind ook net gedeeltelike vertaling plaas, byvoorbeeld *Soengari, Brahmapoetra, Donau.*

Slotsom: riviername word nie konsekwent vertaal nie.

In Afrikaans het ons ook nog met 'n ander interessante situasie te make, naamlik dat baie van ons plekname in Nederlands tot stand gekom het (d.w.s. voordat Afrikaans sy beslag gekry het) en dat van daardie betrokke name hulle Nederlandse spelvorm en uitspraak behou het, terwyl ander name intussen verafrikaans het, maar steeds volgens die Nederlandse spelling geskryf word. Onder die eerste groep kan die volgende name genoem word: *Bloemfontein, Paardekraal, Robbeneiland, Morgenson* ens. Onder die tweede groep tel die volgende: *Meintjeskop* (uitgespreek as *Meintjieskop*), *Paardekop* (uitgespreek as *Perdekop*), *Paarl* (uitgespreek as *Pêrel*), *Volksrust* (uitgespreek as *Volksrus*) ens.

Op die vraag of ons sulke name nie maar in die verafrikaanste vorm kan skryf nie, is my antwoord: Mense skryf in elk geval al *Meintjieskop, Volksrus* en *Drie Riviere* (i.p.v. *Drie Rivieren*) – indien dit 'n oorgang is wat spontaan plaasvind, moet daar nie geprobeer word om dit te keer nie.

(b) Volksname

Volksname word oor die algemeen in Afrikaans vertaal, bv.:

Russe, Franse, Amerikaners, Duitsers, Japanners ens.

By die Afrikavolke is die neiging om die oorspronklike spelwyse te behou, bv.:

Xhosa, Sotho, Nguni, Venda

Let op die volgende benamings (die verkeerde vorm word in hakies gegee):

175

Amerikaner (Amerikaan), Italianer (Italiaan), Dominikaner (Dominikaan), Pretorianer (Pretoriaan), Australianer (Australiaan), Zimbabwiër, Namibiër, Japanner of *Japannees, Argentyn, Belg (mv. Belge), Sjinees, Ciskeier, Ethiopiër, Guinee-Bissauer*

Die naam *Hottentot* en *Boesman* gee in sekere kringe aanstoot. Die wetenskaplike naam vir *Hottentot* is *Khoekoen* of *Koikoi*, en dié vir *Boesman* is *Saan* of *San*. Daar word aanbeveel dat hierdie name gebruik word.

(c) Persoonsname
By persoonsname uit die vroeëre geskiedenis is daar 'n groter neiging om 'n verafrikaanste vorm aan name te gee, bv.:

Johanna van Arkel, Homerus, Johannes die Doper, Petrus, Maria Magdalena, Karel die Grote, Hendrik VIII, Boeddha, Pieter die Grote, Keiser Augustus ens.

Die meeste name uit die moderne era word egter in hulle oorspronklike vorm weergegee, bv.:

Fidel Castro, Enrico Fermi, Mussolini, Strassmann, Wittle, Martin Luther, Röntgen, Freud ens.

Gedeeltelike vertaling kom ook dikwels voor:

Acheloös, Gorbatjof, Hirosjima, Xanthippê, Aleksi Kosigin ens.

Die name van historiese figure uit die Afrikavolke word tradisioneel vertaal, hoewel daar aanduidings is dat dié volke (veral in Suid-Afrika) verkies dat die spelling en skryfwyse wat die betrokke name in die taal van oorsprong het, in Afrikaans behou moet word, met net die klasvoorvoegsel weggelaat. So behoort name soos *Panda, Moselkaats, Silkaats, Dingaan* en *Tjaka* in Afrikaans onderskeidelik as *Mpande, Moselekatse, Mzilikazi, Dingane* en *Shaka* gespel te word. Die name van nuwe leiers wat na vore tree, word volgens hulle oorspronklike spelwyse geskryf. Name uit ander tale word in die moderne era in hulle oorspronklike vorm weergegee, ongeag uit watter taal hulle kom, behalwe wanneer die alfabetstelsel van die taal van oorsprong nie deur 'n Afrikaanssprekers begryp word nie.

(d) Handelsname
Die name van maatskappye, sakeondernemings, handelsprodukte ens. moet altyd volgens die oorspronklike naam geskryf word, omdat die naam kragtens wet so geregistreer is. Alle wetlik geregistreerde name moet in daardie vorm gespel word, al is hulle foutief gespel. Dit beteken dat enige persoon sy naam, sy maatskappy se naam, sy sakeonderneming se naam, sy produk se naam ens. kan laat registreer in die spelwyse wat hy wil, al

sou dit "spelfoute" bevat. Enigiemand anders moet daardie betrokke naam dan so spel, omdat dit so geregistreer is.

(e) Publikasiename
Die name van koerante en tydskrifte, en die titels van boeke word gewoonlik in die oorspronklike taal weergegee, behalwe wanneer dié taal se alfabetstelsel vir ons onverstaanbaar is. Dikwels word die oorspronklike titel gegee, met 'n Afrikaanse titel daarnaas.

(f) Name van kunswerke
In die kunswêreld – veral by die uitvoerende kunste – heers daar dikwels verwarring oor wat vertaal moet word en wat nie. Weereens: die name van skilderye, operas, musiekuitvoerings ens. uit die voortwintigste tydperk word gewoonlik vertaal, maar dié uit die moderne era nie. Wanneer titels van kunswerke in tale is wat vir die deursnee-Afrikaansspreker nie bekend is nie, soos Russies, Italiaans en Duits, word aanbeveel dat dit in Afrikaans vertaal word. Die beginsel kan verder deurgetrek word: enige naam wat nie by die klank- en/of spelpatroon van Afrikaans inpas nie, moet vertaal word of ten minste 'n Afrikaanse ekwivalent kry.

(g) Voorstede en straatname
Die name van voorstede word normaalweg nie vertaal nie. *Kwaggasrand* en *Brooklyn* in Pretoria sal in Engels en in Afrikaans dieselfde wees. Tóg kom dit voor dat vertalings plaasvind: in Kaapstad word *Tuine* in Engels *Gardens* en in Durban word *Manor Gardens* as *Manor Tuine* in Afrikaans vertaal. In die name van sommige voorstede is daar 'n duidelik vertaalbare komponent, byvoorbeeld 'n rigtingaanduiding: *Pretoria-Noord, Springs-Oos*.

Oor die los en vas skryf van woongebiedname soos *Aucklandpark/Auckland Park, Kemptonpark/Kempton Park, Menlopark/Menlo Park* is daar werklik groot verwarring. Die Nasionale Pleknamekomitee gee leiding daaroor en gooi dit oor die boeg van die amptelike wyse waarop die naam geregistreer is. 'n Mens wonder tog of dit nie vir almal makliker sal wees nie as ons sê: indien die Afrikaanssprekende hierdie name vas wil skryf, kan hy dit maar doen, en as die Engelssprekende dit los wil skryf, kan hy dit maar doen. Want om elke keer te gaan seker maak of die naam amptelik los of vas geregistreer is, belas die taalgebruiker onnodig.

Die vertaling van straatname lewer sy eie probleme op. Die komponent *-straat/Street, -laan/Avenue, -weg/Road* ens. word altyd vertaal. Indien die eerste komponent soortnaamwoordelik (en dus vertaalbaar) is, kan dit gedoen word. *Johanstraat* kan nie *Johnstreet* word nie en omgekeerd. *Church Street* kan *Kerkstraat* word en omgekeerd. So kan *Main Reef Road* as *Hoofrifweg* vertaal word en *First Avenue* as *Eerste Laan*.

19 Engelse plekname

Die vraag word dikwels gevra of 'n mens 'n Engelse pleknaam in Suid-Afrika na Afrikaans toe kan vertaal, en andersom. Indien vertalings wel voorkom, is die vraag dan: watter Suid-Afrikaanse plekname word wel vertaal en watter nie? Dit is nie so 'n maklike vraag om te beantwoord nie, omdat verskillende faktore hierin 'n bepaalde rol speel. Die opmerkings in die paragrawe hier onder kan in hierdie opsig as riglyne geld.

Die name van bepaalde Suid-Afrikaanse stede, dorpe ens. word wel uit Afrikaans na Engels vertaal, en andersom, soos:

Witrivier, Kaapstad, Leeubrug, Goudrifstad, Warmbad, Kanonplek, Drieankerbaai, Tuine, Halfweghuis, Oesterbaai, Stilbaai, Leliedal, Bosveld ens.

Die rede vir die vertaling van hierdie name is dat hulle waarskynlik in die meeste gevalle in albei amptelike landstale 'n hoë gebruiksfrekwensie het, of om die een of ander rede 'n gevestigde patroon van vertaalde vorme het. Die vorme leen hulle dan ook geredelik tot vertaling.

Die name van sekere plekke word nie vertaal nie, byvoorbeeld *Windhoek, King William's Town, Bloemfontein, Wonderboom, Witbank, Queenstown, Spioenkop, Kroonstad, Brakpan, Bosbokrand, Stofberg* ens. Die rede hiervoor is dat die gevestigde naam al so ingang gevind het dat daar geen behoefte meer is om dit te wil vertaal nie, of omdat die betrokke pleknaam in die ander taal 'n relatief lae gebruik het.

Sommige binnelandse plekname word net halfpad vertaal:

Kuilsrivier (Kuils River), Houtbaai (Hout Bay), Sandybaai (Sandy Bay), Coffeebaai (Coffee Bay), Groot Brakrivier (Great Brak River), Seweweekspoort (Seven Weeks Poort), Oos-Londen (East Londen), Grahamstad (Grahamstown)

In gevalle van die name van voorstede wat byvoorbeeld *park* as laaste komponent het, word die *park*-gedeelte in Afrikaans vas aan die voorafgaande deel geskryf:

Kemptonpark, Aucklandpark, Menlopark, Karenpark ens.

Raadpleeg die publikasie *Amptelike plekname in Suid-Afrika en Suidwes-Afrika*, wat by die RGN verkrygbaar is, vir inligting oor plekname.

20 Goeie Afrikaanse woorde

Taalgebruikers gebruik dikwels woorde uit ander tale omdat hulle nie die Afrikaanse ekwivalent ken nie of nie daarvan bewus is dat daar wel 'n Afrikaanse ekwivalent vir die (gewoonlik) Engelse woorde wat hulle gebruik, bestaan nie. Die volgende Afrikaanse woorde wat dalk minder bekend is, maar goeie alternatiewe is vir die gebruiklike Engelse terme, word by hernuwing onder taalgebruikers se aandag gebring:

apparatuur (vir *hardware*)
babasit (vir *baby sit*)
bêre (vir die rekenaarterm *save*)
druprak (vir *dish drainer*)
fopmyn (vir *booby trap*)
hardehoedwerkers (vir *hard-hat workers*)
hardeskyf (vir *hard disk*)
hoofskakelaar (vir *main switch*)
kantoorpublisering (vir *desk top publishing*)
keertyd/spertyd (vir *deadline*)
klimtol (vir *yo-yo*)
krui(d)eryskyf (vir *monkey gland steak*)
kruisskyf (vir *rump steak*)
kykkoop (vir *window shopping*)
laserplaat (vir *compact disk*)
lendeskyf (vir *sirloin steak*)
lokprent/lokfilm (vir *trailer*)
meentbehuising (eiendomsontwikkelaars hou blykbaar nie van die terme *korf-* of *trosbehuising* nie. *Townhouse* lewer ook bepaalde probleme.)
meester (sleutel) (i.p.v. *loper* vir *masterkey*)
noodhulp (vir *first aid*)
pandjieswinkel (vir *pawn shop*)
pasprop (vir *adaptor*)
pretbederwer (vir *spoil sport*)
programmatuur (vir *software*)
raaivraag (vir *spot*-vraag)
rediteur (kontaminasie van *redakteur* en *redigeerder*)
redkake (vir *jaws of life*)
rompslomp (vir *red tape*)
skoolterrein (vir *schoolgrounds*)
slapskyf/disket (vir *floppy disk*)
superpyp (vir *supertube*)
tekenprent (i.p.v. *cartoon*)
tweederangs (vir *second rate*)

winskoop (vir *bargain*)
wrakwerf (vir *scrap yard*)

Om 'n woord direk uit byvoorbeeld Engels aan te haal word normaalweg afgekeur, maar as dit om 'n dwingende rede móét gebeur, moet dit in aanhalingstekens geplaas word.

21 Letterlike vertalings

'n Mens het begrip vir die betekenisnuanses wat deur woorde soos *offisieel* (i.p.v. *amptelik*) teweeggebring kan word. Tóg kry 'n mens die indruk dat sommige taalgebruikers onkundig is oor die bestaan van goeie woorde in Afrikaans vir die ekwivalente wat hulle so goedsmoeds uit ander tale vertaal, bv.:

Onnodige vertaalde ekwivalent	Goeie Afrikaanse woord
bilaterale	*wedersydse*
fasiliteerder	*tussenganger/skakelman*
fasiliteite	*geriewe*
industrie	*nywerheid*
informasie	*inligting*
kapasiteit	*vermoë*
kompeteer	*wedywer*
konfidensieel	*vertroulik*
kwaliteit	*gehalte*
substituut	*plaasvervanger*
legitieme	*wetlike*
legitimiteit	*wetlikheid*
realiteit	*werklikheid*
regionale (belange)	*streeks(-belange)*
transporteer	*vervoer*
(iets) aanspreek/adresseer	*bespreek/behandel*

(In Afrikaans *adresseer* ons net 'n brief en *spreek* net 'n persoon *aan*, nie 'n saak of probleem nie – 'n saak of probleem word *behandel* of *bespreek* of *hanteer* of *aangepak*.)

22 Sinsbou en die probleme daarvan

22.1 INLEIDEND

Sinne kan op verskillende maniere gebou word, afhangende van wat 'n mens wil sê. Soms maak 'n mens swak sinne, d.w.s. sinne wat nie duidelik geformuleer is nie en dan die betekenis vaag en onvolledig weergee, bv.:

Die student het sy leeslus verloor wat aangewakker moet word.
Daar is 'n spesiale groep materiale bekend as halfgeleiers waarvan die gedrag tussen dié van isolators en geleiers lê en hul toon daarby 'n ander temperatuurafhanklikheid vir geleidingsvermoë as genoemde metale.

Ander kere begryp die hoorder of leser die betekenis baie duidelik, maar die sin is nie volgens die Afrikaanse sintaktiese reëls gebou nie, bv.:

Ek my gewas het.
Ons wonder of was jy régtig siek.

Die vraag kan nou gevra word: wanneer is 'n sin net swak geformuleer en wanneer is dit foutief? Eerder as om daardie vraag te probeer beantwoord, gaan daar in hierdie afdeling leiding gegee word oor die vermyding van swak sinne. Daar is een probleem aan 'n oefening van hierdie aard verbonde, naamlik dat 'n mens nouliks oor sinsbou kan praat sonder om die formele taalkunde en die sintaktiese reëls daar rondom by te haal. In die proses verloor jy dan dié leser wat nie die teoretiese kennis van sintaksis het nie en nie begryp waaroor dit gaan nie, en vir wie hierdie gids eintlik bedoel is. Daarom sal geprobeer word om lesers oor sinsbou in te lig sonder om tegnies te raak. Sinne wat uit verskillende geskrifte gehaal is, word as voorbeeldmateriaal gebruik.

Kennis van die volgende elementêre begrippe gaan plek-plek nodig wees om bepaalde verduidelikings te verstaan:

Enkelvoudige sin

Die belangrikste kenmerk van 'n enkelvoudige sin is dat dit uit **slegs een** gesegde/werkwoorddeel bestaan. Die volgende is voorbeelde van enkelvoudige sinne, omdat daar telkens net een gesegde in die sin is:

Ek is moeg.
Ek is baie moeg.
Die student lees die boek hier.
Die student lees die boek vinnig.
Die student lees die boek baie vinnig.
Die student met die rooi hare lees die dik boek in 'n hoë tempo.
Sannie skryf 'n brief aan haar ma.
Sannie skryf nou 'n mooi brief aan haar ma.

Die dele waaruit 'n enkelvoudige sin saamgestel is, word genoem die onderwerp/subjek, gesegde/werkwoord(-deel), (direkte) voorwerp/objek, (indirekte) voorwerp/objek en byvoeglike en bywoordelike bepalings. Die sinne hier bo kan soos volg benoem word:

Ek – onderwerp; *is moeg* – gesegde.
Die student – onderwerp; *lees* – gesegde; *die boek* – (direkte) voorwerp; *hier* – bywoordelike bepaling (van plek).
Sannie – onderwerp; *skryf* – gesegde; *'n brief* – (direkte) voorwerp; *aan haar ma* (indirekte) voorwerp.
Ek – onderwerp; *is moeg* – gesegde; *baie* – bywoordelike bepaling (van wyse).
Die student – onderwerp; *lees* – gesegde; *die boek* – voorwerp; *vinnig* – bywoordelike bepaling (van wyse).
Sannie – onderwerp; *skryf* – gesegde; *nou* – bywoordelike bepaling van tyd; *'n brief* – direkte voorwerp; *mooi* – byvoeglike bepaling; *aan haar ma* – indirekte voorwerp.
Die student – onderwerp; *met die rooi hare* – byvoeglike bepaling; *lees* – gesegde; *die boek* – voorwerp; *dik* – byvoeglike naamwoord; *in 'n hoë tempo* – bywoordelike bepaling (van wyse).

Die verskil tussen 'n byvoeglike en bywoordelike bepaling is, eenvoudig gestel, dieselfde as dié tussen 'n byvoeglike naamwoord en 'n bywoord. 'n Byvoeglike naamwoord beskryf 'n selfstandige naamwoord en 'n bywoord beskryf 'n werkwoord, 'n byvoeglike naamwoord of 'n ander bywoord.

Saamgestelde sinne
Wanneer twee of meer enkelvoudige sinne d.m.v. 'n voegwoord, voegwoordelike bywoord of 'n betreklike voornaamwoord aan mekaar verbind word, kom 'n saamgestelde sin tot stand. 'n Saamgestelde sin bestaan dus uit **twee of meer** gesegdes.
   Voorbeelde van saamgestelde sinne is:

(i) Jan eet pap en Sannie drink koffie.
(ii) Jan eet pap omdat Sannie koffie drink.
(iii) Jan is siek; derhalwe kan hy nie studeer nie.
(iv) Die man wat daar loop, is lank.

Elke saamgestelde sin het 'n hoof- en/of bygedagte. Die hoofgedagte word die *hoofsin* en die bygedagte word die *bysin* genoem. Die hoofsin se woordorde is altyd die normale, d.w.s. soos wat dit in 'n enkelvoudige sin sal wees. Ons kan ook praat van 'n selfstandige/onafhanklike woordvolgorde en dus selfstandige/onafhanklike betekenis. Hiervolgens het sin *(i)* twee hoofsinne – die eerste een (Jan eet pap) noem ons die hoofsin en die tweede (en Sannie drink koffie) die neweskikkende hoofsin.

'n Bysin se woordvolgorde is "versteur", d.w.s. dit toon nie die normale, onafhanklike/selfstandige volgorde nie en kan op sigself nie 'n eie sin met 'n eie betekenis vorm nie. 'n Bysin is vir sy sinsbetekenis van sy verbinding met die hoofsin afhanklik. In sinne *(ii) – (iv)* hier bo kan die sinsdele soos volg benoem word:

Jan eet pap – hoofsin
omdat Sannie koffie drink – bywoordelike bysin
Jan is siek – hoofsin
derhalwe kan hy nie studeer nie – bywoordelike bysin
Die man is lank – hoofsin
wat daar loop – byvoeglike bysin

'n Bepaling wat 'n werkwoord bykry, word 'n bysin.

Dit is belangrik om te beklemtoon dat wat hier bo gesê is, baie elementêr is en in vele opsigte baie onvolledig is. Eintlik is dit 'n kursoriese samevatting van begrippe wat op skool geleer is. Aan die hand hiervan kan nou aan bepaalde sinsboufoute aandag gegee word.

22.2 ONNODIGE LANG SINNE

Die eerste beginsel wat taalgebruikers moet onthou, is: waak teen te lang sinne. Hoe langer 'n sin, hoe groter is die moontlikheid dat 'n fout kan insluip. Kyk na die volgende sinne wat met *en* verbind is en werklik nie meer as goeie sinne bestempel kan word nie:

Oom Jan het gister kom kuier en gee nou my kos dadelik en raai waar gaan ek vanaand heen.

Die probleem met hierdie sin is dat drie sake wat nie in een kraal tuishoort nie, saamgedwing word. Slegs sake wat tematies by mekaar aansluit kan saam in 'n sin gegooi word, bv.:

Sannie het by my kom kuier en ek het vir ons kos gemaak.

Die eerste voorbeeld hier bo sal beslis in meer as een sin verdeel moet word, veral omdat stel-, vraag- en bevelsinne moeilik in een sin saamgebondel kan word. Dus:

Oom Jan het gister kom kuier.
Gee my kos nou dadelik!
Raai waar gaan ek vanaand heen?

Bestudeer die volgende sin:

Ek was gister by Piet en kon ek hom met sy huiswerk help.

Die woordorde ná *en* is nie korrek nie. Ná *en* het ons met 'n neweskikkende hoofsin te make, wat die normale, selfstandige, onafhanklike woordorde van 'n hoofsin moet hê. Die sin moet lui:

Ek was gister by Piet en ek kon hom met sy huiswerk help.
of:
Ek was gister by Piet en kon hom met sy huiswerk help.

Die verskynsel van elektrisiteit is reeds ongeveer 600 v.C. deur die ou Griekse wysgere waargeneem en moderne eksperimente het aangetoon dat die waarneming deur dié ou wysgere in baie opsigte baie akkuraat was.

Hoewel die sinsbou/woordorde hier bo korrek is, is hier te veel inligting in een sin opgestapel. Die oordadigheid daarvan begin by die *en*. Hierdie sin kan baie aan matigheid baat as dit in twee sinne verdeel word:

Die verskynsel van elektrisiteit is reeds ongeveer 600 v.C. deur die ou Griekse wysgere waargeneem. Moderne eksperimente het aangetoon dat die waarneming deur dié ou wysgere in baie opsigte baie akkuraat was.

In die sin:

Die bestuurder se gesag en agting word hoog geag

is dit duidelik dat *agting* nie hier tuishoort nie. Gesag kan hoog geag word, ja, maar nie agting nie. 'n Mens wonder ook of *agting en respek* in die volgende sin nie onnodige herhaling is nie:

Die minister dwing die agting en respek van sy kiesers af.

Word *agting* en *respek* in hierdie geval nie as sinonieme gebruik nie?

22.3 ONNODIGE INLIGTING IN SINNE

Die volgende sinne bevat onnodige inligting:

Die das om jou nek is vuil.
(liewer: Jou das is vuil)

Die sin sal net in besondere situasies van toepassing wees. Normaalweg is die das in elk geval om die nek – die byvoeglike bepaling is dus onnodig.)

Ek wil nie 'n skrywer word wat moet skryf nie.
(liewer: *Ek wil nie 'n skrywer word nie.*)

Ek wil my stukkende TV-stel wat nie wil werk nie verkoop.
(liewer: *Ek wil my stukkende TV-stel verkoop.*)

In Johannesburg is daar vandag geen wind wat waai nie.
(liewer: *In Johannesburg is vandag geen wind nie.*)

Daar was hierdie maand geen reën wat geval het nie.
(liewer: *Daar was hierdie maand geen reën(val) nie.*)

Na die ongeluk het hy nie weer herstel nie.
(liewer: *Na die ongeluk het hy nie herstel nie – weer* is onnodig.)

22.4 **WERKWOORD AAN EINDE VAN 'N SIN?**
Sê watter van die volgende twee sinne is korrek:

(i) Sy het die kind wat gister voor die motor ingehardloop het, herken.
(ii) Sy het die kind herken wat gister voor die motor ingehardloop het.

Tradisioneel is sin *(i)* as die korrekte beskou, maar in spreektaal hoor 'n mens deesdae meestal die volgorde soos in sin *(ii)*. In hierdie stadium lyk dit of sin *(ii)* se woordorde al hoe meer in skryftaal sy verskyning begin maak, sodat dit kwalik nog geweer kan word. Dit is egter moeilik om by sulke sinne 'n absolutistiese uitspraak te maak. In die meeste gevalle moet elke sin indiwidueel beoordeel word. Die woordorde soos in sin *(ii)* hier bo is in orde, maar nie in die volgende sin nie:

Die man is jonk wat daar loop.

Die volgorde in hierdie sin moet wees:

Die man wat daar loop, is jonk.

In kort sinne moet die hoofwerkwoord van die hoofsin ná die bysin verskyn:

Die man wat hier bly, hou vakansie.

In gevalle waar die sin so lank is dat die hoofwerkwoord wat na die bysin staan, moeilik nog met die onderwerp in verband gebring kan word, is dit nie verkeerd om dit nader aan die hoofsin te bring nie. Die sin *Sy het die kind wat voor die motor ingehardloop het, herken* word dan:

Sy het die kind herken wat voor die motor ingehardloop het.

22.5 **VAE EN ONDUIDELIKE BETEKENISOORDRAG**
Die algemeenste fout wat taalgebruikers maak, is om sinne te formuleer wat nie die bedoelde betekenis eenvoudig en duidelik genoeg weergee nie. Let op die volgende vae en onduidelike sinne:

(i) Jan gaan sy eerste jaar druip omdat hy swak lesings bywoon.

Die vraag is: gaan hy druip omdat die lesings swak is of omdat hy die lesings swak bywoon? Om hierdie vaagheid uit te skakel kan die twee moontlikhede onderskeidelik soos volg geformuleer word:

Jan gaan sy eerste jaar druip omdat die lesings wat hy bywoon, swak is.
Jan gaan sy eerste jaar druip omdat hy die lesings swak bywoon.

Uit hierdie sinne blyk die noodsaaklikheid om deeglik met die korrekte gebruik van bepalings en bysinne rekening te hou.

(ii) Alf bestuur die motor sonder remme.

Uit hierdie sin is dit nie duidelik of Alf die motor bestuur sonder om die remme te gebruik en of die motor self sonder remme is nie. In die een geval is 'n bywoordelike en in die ander geval 'n byvoeglike bepaling ter sprake. Om die onduidelikheid uit die weg te ruim kan een van die volgende twee moontlikhede onderskeidelik gebruik word:

Alf bestuur die motor sonder om die remme te gebruik./Alf gebruik nie die remme as hy die motor bestuur nie.
Alf bestuur die remlose motor./Alf bestuur die motor wat sonder remme is.

(iii) Die rower het die man geskiet wat besig was om te slaap met noodlottige gevolge.

Volgens hierdie sin slaap die man met noodlottige gevolge. Wat dit egter wíl sê, is dat die rower se skoot noodlottig was. Die sin is swak geformuleer omdat bepaalde woorde op die verkeerde plek staan. Die sin behoort só geformuleer te word:

Die rower het die man wat besig was om te slaap, met noodlottige gevolge geskiet.

Nog 'n voorbeeld:

Die hond het op die vleis afgestorm wat op die grond gelê het sonder om te huiwer.

Beter geformuleer lui dit só:

Die hond het sonder om te huiwer op die vleis afgestorm wat op die grond gelê het.

Let ook op die korrekte woordorde in die volgende sinne:

Foutief: *Die blaaie, baie waarvan al geskeur is,...*
Korrek: *Die blaaie, waarvan baie al geskeur is,...*
Foutief: *Die swemmers, baie van wie al verdrink het,...*
Korrek: *Die swemmers, van wie baie al verdrink het,...*

Weereens: die korrekte gebruik van bepalings en bysinne is belangrik.

22.6 DOELTREFFENDE SINNE

Onthou: 'n sin is doeltreffend as dit sonder 'n omhaal van woorde die boodskap oordra. Die volgende oorwegings kan hierin 'n rol speel:

22.6.1 Bysinne kan dikwels in bepalings verander word om die sin te verkort, sonder om aan betekenis in te boet:

Honde wat gedurig tjank, maak my bang.
Tjankende honde maak my bang.
Ek werk totdat die nuwe dag begin.
Ek werk tot dagbreek.

22.6.2 Omskrywings kan dikwels met een woord vervang word:

Meisies met blonde hare is vir my mooi.
Blondines is vir my mooi.
Ek het respek vir 'n persoon wat aanhou veg tot die einde.
Ek het respek vir 'n bittereinder.

22.6.3 Saamgestelde sinne wat uit drie, vier en selfs meer enkelvoudige sinne bestaan, neig om lomp en onduidelik te word – sulke sinne moet in meer as een sin verdeel word.
Van hierdie gevalle is onder 22.6.4 genoegsaam toegelig.

22.6.4 By saamgestelde sinne wat met *en* verbind word, moet taalgebruikers seker maak dat die samestellende dele bymekaar pas. In die volgende sin pas die dele nie by mekaar nie; twee sinne is in so 'n geval beter:

Sannie werk in 'n winkel en sal jy my motor asseblief herstel.
Sannie werk in 'n winkel. Sal jy my motor asseblief herstel?

Moenie 'n klomp sinne met *en* aan mekaar wors nie – verdeel liewer in korter en hegter geboude sinne:

Ek wil skool toe gaan en leer en dan wil ek my by die Universiteit van die Oranje-Vrystaat as 'n elektrotegniese ingenieur bekwaam en terwyl ek my militêre opleiding ondergaan, wil ek met nagraadse studie in die kernfisika en agrariese wetenskappe aangaan en intussen wil ek nog vir my 'n vrou soek ook.
Ek wil skool toe gaan en leer. Daarna wil ek my by die Universiteit van die Oranje-Vrystaat as 'n elektroniese ingenieur bekwaam. Terwyl ek my militêre opleiding ondergaan, wil ek met nagraadse studie in die kernfisika en agrariese wetenskappe aangaan. Intussen wil ek ook nog vir my 'n vrou soek.

22.6.5 Woordordeverskille kan betekenis- en nuanseverskille meebring:

Die son gaan daar onder. x *Daar gaan die son onder.*
Ons staan môre vroeg op. x *Môre staan ons vroeg op.*

Gebruik liewer hierdie sinsboumiddel om, waar nodig, bepaalde betekenisklemme in sinne uit te lig.

Kyk hoe die verskuiwing van die woordorde in die volgende sinne presies teenoorgestelde betekenis meebring:

Soos versoek het ons nie u skool se inskryfvorm saam met die antwoordblaaie ontvang nie.
Ons het nie u skool se inskryfvorm saam met die antwoordblaaie ontvang soos versoek nie.

Volgens die eerste sin hier bo is die skool versoek om nie die inskryfvorm saam met die antwoordblaaie te stuur nie. Skuif 'n mens die woorde *soos versoek* verder aan, beteken die sin dat die skool versoek is om die inskryfvorm saam met die antwoordblaaie te stuur, maar dat dit nie gedoen is nie.

Die sinsposisie van *dus* en die leestekengebruik daarby verdien ook aandag. Let op die posisie van *dus* in die volgende sinne, die kommagebruik daarby en die woordvolgorde:

Ons kan dus sien dat kamele geharde diere is.
Dus, ons kan sien dat kamele geharde diere is.
Dus: ons kan sien dat kamele geharde diere is.
Ons sê dat kamele geharde diere is; dus kan ons sien dat ...
Ons sê dat kamele geharde diere is; dus, ons kan sien dat ...
Ons sê dat kamele geharde diere is; dus: ons kan sien dat ...

Die gebruik van die woorde *(met) die gevolg* lewer dieselfde soort probleme:

Kamele drink baie water. Die gevolg is dat hulle dan baie ver kan loop.
Kamele is geharde diere, met die gevolg dat hulle baie ver kan loop.

22.7 VERLEDETYDSGEBRUIK IN SINNE

In hoofstuk 13 word meer gesê oor die gebruik van *ge-* by werkwoorde in die verlede tyd; hier gaan niks verder daaroor gesê word nie. Wat wél vir sommige taalgebruikers 'n probleem is, is of hulle **al** die werkwoorde in 'n verledetydsin in die verlede tyd moet skryf. Taalgebruikers vra dikwels of al die werkwoorde wat 'n verledetydsvorm in 'n sin kan hê, in die verledetydsvorm moet staan wanneer 'n sin in die verlede tyd geskryf word. Die argument is dat een werkwoord in die verlede tyd genoegsame aanduiding is dat in die verlede tyd geskryf word. Anders gestel: hoe sal die volgende sinne se verledetydsvorme lyk:

(i) Sy moet haar kos eet.
(ii) Piet moet sy werk kan doen.
(iii) Piet sal sy werk moet kan doen.
(iv) Piet wil sy werk begin doen.
(v) Ek bly werk.
(vi) Ek sal wil aanhou werk.
(vii) Jy moet weet dat ek baie werk wil doen.
(viii) Jy moet weet dat ek baie werk wil begin doen.
(ix) Wil jy werk?
(x) Wil jy begin werk?

In sin *(i)* is daar twee werkwoorde: 'n modale hulpwerkwoord en 'n hoofwerkwoord. Albei word in 'n verledetydsin gewysig:

Sy moes haar kos geëet het.

By hierdie sin tree daar natuurlik 'n interessante semantiese skakering na vore. In die sin hier bo word 'n vermaning of teregwysing of houding van spyt geïmpliseer, byvoorbeeld: *as sy haar kos geëet het, sou sy nie nou so honger gewees het nie.* Indien 'n mens egter die sin in die verlede tyd skryf, maar die hoofwerkwoord se teenwoordigetydvorm behou, tree 'n ander betekenisskakering na vore:

Sy moes haar kos eet.

Die betekenis in hierdie sin kan 'n soort verpligting impliseer, byvoorbeeld: sy moes haar kos eet, wat kon sy anders doen?

Waar die modale hulpwerkwoord in die verlede tyd staan, is dit egter nie altyd noodsaaklik dat die hoofwerkwoord ook in die verledetydsvorm moet staan nie, bv.:

Hy moes werk. (Teenoor: *Hy moes gewerk het.*)
Ek wou slaap. (Teenoor: *Ek wou geslaap het.*)

Slegs wanneer daar verskillende betekenisskakerings na vore kan tree indien die hoofwerkwoord nie ook in die verlede tyd staan nie, moet sowel die modale hulpwerkwoord as die hoofwerkwoord die verledetydsvorm aanneem.

In die geval van die omgekeerde, naamlik waar die hoofwerkwoord in die verlede tyd staan, is dit gebruiklik om die hulpwerkwoord ook in die verlede tyd te skryf:

Hy moes gewerk het. (Ongebruiklik: *Hy moet gewerk het.*)
Ek wou geslaap het. (Ongebruiklik: *Ek wil geslaap het.*)

Sin *(ii)* het drie werkwoorde: twee modale hulpwerkwoorde en 'n hoofwerkwoord. Al drie word in 'n verledetydsin gewysig:

Piet moes sy werk kon gedoen het.

In sin *(iii)* is daar vier werkwoorde: drie is modale hulpwerkwoorde en een 'n hoofwerkwoord. Al vier word in 'n verledetydsin gewysig:

Piet sou sy werk moes kon gedoen het.

Sin *(iv)* het drie werkwoorde: een modale hulpwerkwoord, een skakelwerkwoord en een hoofwerkwoord. Die modale hulpwerkwoord word in die verlede tyd gewysig, maar die skakelwerkwoord en die hoofwerkwoord bly onveranderd:

Piet wou sy werk begin doen (het). (Die *het* is in hierdie sin nie noodsaaklik nie.)

Let ook op die hantering van die verledetydsvorm in die volgende sinne met meer as een modale hulpwerkwoord of met skakelwerkwoorde:

Sy sou wou werk.
Sy sou wou gewerk het.
Die bestuurder moes die kind kon sien.
Die bestuurder moes die kind kon gesien het.

Al twee gevalle is telkens gebruiklik:

Sy sou wou gewerk het.
Sy sal wil gewerk het.
Die bestuurder moes die kind kon gesien het.
Die bestuurder moet die kind kon gesien het.

Die eerste sin is in bogenoemde twee gevalle telkens die gebruiklikste. Let ook op die volgende gevalle:

Hulle wou gaan swem. x *Hulle wou gaan swem het.* x *Hulle wou gegaan swem het.* x *Hulle wil gaan swem het.*
Ons moes bly werk. x *Ons moes bly werk het.* x *Ons moes gebly werk het.* x *Ons moet bly werk het.*

In al twee hierdie gevalle is die laaste sin telkens die ongebruiklikste. Let ook op die volgende geval:

Ek sou wou kon bly speel. x *Ek sou wou kon bly speel het.*

Ander variasies by verledetydsaanduiding in bostaande geval kom waarskynlik nie voor nie.

In sin *(v)* is twee werkwoorde: 'n skakelwerkwoord en 'n hoofwerkwoord. Nie een van die twee toon verandering in die verledetydsvorm nie:

Ek het bly werk.

Sin *(vi)* het vier werkwoorde: twee modale hulpwerkwoorde, 'n skakelwerkwoord en 'n hoofwerkwoord. In 'n verledetydsin wysig die twee modale hulpwerkwoorde, maar die skakelwerkwoord en die hoofwerkwoord nie:

Ek sou wou aanhou werk (het). (Die *het* kan weggelaat word.)

Sin *(vii)* – *(x)* lyk in die verlede tyd só:

(vii) Jy moes geweet het dat ek baie werk wou gedoen het.
(viii) Jy moet geweet het dat ek baie werk wou begin doen het.
(ix) Wou jy gewerk het?
(x) Wou jy begin werk (het).

Koppelwerkwoorde (vgl. die vetgedruktes in die onderstaande sinne) word in die verlede tyd soos volg gebruik:

(xi) Jurg is siek. x *Jurg was siek (gewees).*
(xii) Jurg word siek. x *Jurg het siek geword.*
(xiii) Jurg bly siek. x *Jurg het siek gebly.*
(xiv) Die kos ruik heerlik. x *Die kos het heerlik geruik.*
(xv) Die kos sal heerlik smaak. x *Die kos sou heerlik gesmaak het.*
(xvi) Die kos begin heerlik smaak. x *Die kos het heerlik begin smaak.*

Uit die sinne hier bo kan 'n mens enkele afleidings maak wat betref die gebruik van werkwoorde in die verlede tyd:

(a) In sinne in die verlede tyd word die **hulpwerkwoord van tyd**, *het,* altyd aangetref. Die uitsonderings is: verledetydsinne waarin die koppelwerkwoord *is/was* voorkom; verledetydsinne waarin die modale hulpwerkwoord én die skakelwerkwoord saam met die hoofwerkwoord voorkom.

As die modale hulpwerkwoord en die skakelwerkwoord gelyktydig saam met die koppelwerkwoord voorkom (soos in sin *(xv)* hier bo), kom die *het* wel voor.

(b) In verledetydsinne waarin net modale hulpwerkwoorde en hoofwerkwoorde voorkom, wysig albei dié soort werkwoorde na verledetydsvorm.
(c) Skakelwerkwoorde neem nooit 'n verledetydsvorm nie. In sinne waarin 'n skakelwerkwoord voorkom, verander die hoofwerkwoord ook nie.
(d) In verledetydsinne waarin die modale hulpwerkwoord, skakelwerkwoord en hoofwerkwoord saam voorkom, verander net die modale hulpwerkwoord na die verlede tyd.
(e) Hou hierby in gedagte dat sommige hoofwerkwoorde nie *ge-* in die verlede tyd bykry nie (vgl. hoofstuk 13).

22.8 LYDENDE VORM

In die teenwoordige tyd word die hulpwerkwoord *word* saam met die hoofwerkwoord gebruik wanneer 'n sin in die lydende vorm geskryf word.

Bedrywend   **Lydend**
Niemand skryf hom voor nie.   *Hy word deur niemand voorgeskryf nie.*

In die verlede tyd word die hulpwerkwoord *is* (en nie *was* nie!) saam met die hoofwerkwoord gebruik:

Bedrywend   **Lydend**
Niemand het hom voorgeskryf nie.   *Hy is deur niemand voorgeskryf nie.*

Die verledetydsvorme by lydende en bedrywende vorm lyk só:

Bedrywend   **Lydend**
Iemand slaan my.   *Ek word deur iemand geslaan.*
Iemand het my geslaan.   *Ek is deur iemand geslaan.*
(Dit is foutief om te sê: *Ek was deur iemand geslaan.*)

Wanneer twee gebeurtenisse uit die verlede in die lydende vorm weergegee word, die een gebeurtenis verder terug as die ander, word die *is*-vorm in albei gevalle gebruik, soos in:

Nadat die nuwe leier se naam aangekondig is, is die volkslied gesing.

(Bedrywend kan dit só lui: *Nadat hulle die nuwe leier se naam aangekondig het, het hulle die volkslied gesing.*)

Let daarop dat net die vetgedrukte gedeelte in die volgende sin in die lydende vorm is:

***Voordat die nuwe leier se naam aangekondig is**, was almal aan die slaap.*

22.9 *OF-* EN *DAT*-SINNE

Let op die posisie van die werkwoorde in die volgende sinne:

Hy werk vinnig.
Ons het gister gaan kuier.

Wanneer hierdie sinne voorafgegaan word deur *of* en *dat* wat agter aan 'n ander deel bykom, verander die woordorde:

Ek wonder of hy vinnig werk.
Hy weet dat ons gister gaan kuier het.

Die volgende woordorde is onaanvaarbaar:

Ek wonder of werk hy vinnig.
Hy weet dat ons het gister gaan kuier.

Minder gewens: *Ek is seker dat hy onskuldig is.*
Korrek: *Ek is seker van sy onskuld.*
Korrek: *Ek is seker daarvan dat hy onskuldig is.*
Minder gewens: *Ek is oortuig dat hy onskuldig is.*
Korrek: *Ek is oortuig van sy onskuld.*
Korrek: *Ek is oortuig daarvan dat hy onskuldig is.*
Minder gewens: *Hy wil aanvoer dat daar dreigemente teen hom is.*
Korrek: *Hy voer getuienis aan van dreigemente teen hom.*

22.10 REFLEKSIEF

Sommige werkwoorde is in bepaalde sinsverbande verpligte wederkerende werkwoorde, d.w.s. ná die werkwoord moet daar 'n (verpligte) wederkerende voornaamwoord aangegee word. Hier volg enkele van hierdie gevalle:

Ek gaan my uittrek.

Ek wil my aantrek.
Jy moet jou nie oor alles bekommer nie.
Sy vererg haar vir alles.
Ek herinner my talle staaltjies uit my jeugjare.
Ons moet ons afvra of ons die regte koers inslaan.
Sy het haar besin voordat sy die misdaad gepleeg het.

Baie van die werkwoorde wat hier bo as refleksiewe aangegee is, kan natuurlik in ander sinsverbande nierefleksief optree, bv.:

uittrek: *Jy moet daardie skoene uittrek.*
aantrek: *Trek die skoene aan.*
herinner: *Jy moet my herinner aan môre se fliek.*

22.11 *WAAROP, -IN, -BY, -TYDENS, -NA, -AGTER, -VOOR, -ONDER, -OOR, -UIT*
Taalgebruikers openbaar soms 'n onbeholpenheid by die gebruik van bywoorde met *waar-* as eerste element. Enersyds word *wat* eerder ingespan en andersyds word die korrekte *waar-*woord nie in die regte verband aangewend nie. Die volgende voorbeeldsinne dui enkele van die gebruiksituasies daarvan aan:

Die stoel waarop ek sit, is oud. (Ek sit op 'n stoel.)
Die dam waarin ek val, is diep. (Ek val in die dam.)
Die saak waarby ek betrokke is, eindig môre. (Ek is by die saak betrokke.)
Die kerkdiens waartydens die doop bedien is, het tagtig minute geduur. (Die doop is tydens die kerkdiens bedien.)
Die motor waarna ons kyk, is oud. (Ons kyk na die ou motor.)
Die muur waaragter ons skuil, is hoog. (Ons skuil agter die muur.)
Die spieël waarvoor ek staan, is antiek. (Ek staan voor 'n antieke spieël.)
Die dak waaronder ons staan, wil meegee. (Ons staan onder 'n dak.)
Die saak waaroor dit gaan, is duidelik. (Dit gaan oor 'n duidelike saak.)
Die gebeurtenis waaruit die hofsaak voortspruit, is onbenullig. (Die hofsaak spruit uit 'n onbenullige gebeurtenis voort.)

22.12 *SWEM/SWEMMERY; LOOP/LOPERY; STAP/STAPPERY; SPEEL/SPELERY* **AS SELFSTANDIGE NAAMWOORDE**
Die vorm met die *-ery* is gebruiklik wanneer die aktiwiteit aanhoudend plaasvind, bv.:

Die gedurige swemmery moet dadelik gestaak word.
'n Lopery elke aand kafee toe is onnodig.
Die stappery het my vinnig laat fiks word.
Jou geklaery maak my siek.

*Die baie kinders saam gee 'n **spelery** van 'n ander wêreld af.*

Daarteenoor sal 'n mens liewer die simpleksvorm gebruik wanneer jy na die aktiwiteit as sodanig verwys, bv.:

Swem is goed vir jou gesondheid.
Loop is goeie oefening.
Ek hou van stap in die oggend.
In 'n hospitaal is speel verbode.
Kla gaan nie help nie.

23 Spasies by afkappingswoorde

Wanneer klanke voor, binne of aan die einde van 'n woord wegval en met 'n afkappingsteken aangedui word, word geen spasie by die afkappingsteken gebruik nie, bv.:

g'n, g'neen, 'n, elk' (soos in *elk' grashalm* i.p.v. *elke* ...)

In die geval van sametrekkings soos in *waar is, hier is, daar is* wat onderskeidelik *waar's, hier's* en *daar's* word, word geen spasie tussen die *waar, hier, daar* en die -*'s* gebruik nie.

By *as 't ware* is daar nie 'n spasie tussen die afkappingsteken en die *t* nie, maar 'n spasie word wél geplaas tussen die *as* en die afkappingsteken. Dieselfde geld gevalle soos *om 't ewe*, (hy is) *aan 't sterwe* ens.

24 Onderskeid tussen manlik en vroulik

Baie taalgebruikers wil weet: moet 'n mens nog onderskei tussen manlike en vroulike geslag, is dit nog geldig?

Die antwoord is: die taal(kunde) bied, soos altyd nog, die geleentheid vir dié taalgebruikers wat nog die twee geslagte in verwysings van mekaar wil onderskei. Daar is geen grammatikale reël wat die geslagsaanduiding verplig of verbied nie – dit hang van taalgebruikers self af of hulle dit wil aanwend of nie.

In sekere taalgebruikskringe is daar 'n wegbeweeg van geslagsaanduiding en word net gepraat van byvoorbeeld *kaptein, voorsitter, leier, diaken, dokter, advokaat* ens. In ander taalgebruikskringe word die vroulike vorme van bostaande woorde streng gehandhaaf. Die neiging bestaan ook om op hoë vlakke van die samelewing nie onderskeid in geslagsaanduiding te maak nie, maar op laer vlakke wél. So byvoorbeeld sal 'n vroulike persoon wat 'n land lei, die leier of president genoem word, maar 'n vrou wat hoof van 'n plaaslike vereniging is, sal die leidster, presidente of voorsitster genoem word.

Die taalkunde skryf in hierdie opsig nie aan taalgebruikers voor nie – mense moet self besluit of hulle in hierdie gevalle die vroulike vorm wil handhaaf of nie. Die beste is om vir vroulike teikengroepe te vra hoe hulle aangespreek wil word en hulle versoeke in hierdie opsig te eerbiedig. Organisasies moet ook besluit op 'n min of meer vaste beleid wat hulle gaan volg, sodat hulle ten minste konsekwent optree.

Tóg is daar gevalle waar die vroulike vorm gebruik móét word. By diere is die onderskeid tussen manlik en vroulik dikwels noodsaaklik, so ook by mense. Die twee riglyne wat by die onderskeid tussen manlike en vroulike geslag voor oë gehou moet word, is dus:

- Vra vir die betrokke vrou(e) watter aanspreek- of verwysingsvorm verkies word.
- Besluit oor die nodigheid of noodsaaklikheid van geslagsaanduiding.

Dus: die nodigheid al dan nie van geslagsaanduiding is grootliks 'n sosiale aangeleentheid; die taal bied egter steeds die middele en geleentheid om wél tussen die geslagte te onderskei, maar niemand word deur die taal verbied om dit te doen nie.